상식 밖의 경제학

PREDICTABLY

상식 밖의 경제학

이제 상식에 기초한 경제학은 버려라!

IRRATIONAL

댄 애리얼리 지음 | 장석훈 옮김

청림출판

《상식 밖의 경제학》을 출간한 지 어느덧 10년이 지났다. 나는 책에서 "우리는 우리가 생각하는 것보다 이성적이지 않다"라는 주장을 했다. 그리고 2008년의 금융시장 붕괴를 우리가 비이성적이라는 증거의 대표적 사례로 들었는데, 그 사건은 실제로 우리가 살고 있는 세상에서 굉장히 비이성적인 일들이 일어나고 있다는 사실을 여실히 보여주었다.

그 이후로 10년이라는 시간이 지났지만, 여전히 세상은 이성적인 방향으로 나아가고 있는 것처럼 보이지 않는다. 미국 정치에서 어떤 일이 일어나고 있는지만 봐도 알 수 있다. 그렇다면 다른 것들은 어떠한가?

IT 기술이 보급되면서 스마트폰을 거의 모든 사람들이 갖게 되었다. 1인 1스마트폰 시대, 스마트폰에서는 다양한 애플리케이션을 통해 수많은 정보들이 흘러 들어오고, 각종 정보와 관련한 '알림'들이 시도 때도 없이 뜬다. 이렇듯 세상은 스마트폰과 컴퓨터를 통해 우리 삶의 한 부분으로 스며들었다. 그리고 이 정보들은 우리에게 점점 더 큰 영향을 미치고 있다.

그렇다면 우리는 어떻게 주변 환경을 설계해야 할까? 우리 손안에 있는 이 디지털 장치들은 놀라울 정도의 유동성을 갖고 있다. 우리는 장치들을 지불의 고통을 느끼지 않게 만들기 위해 사용할 수도 있고, 혹은 지불의 고통을 매우 크게 느끼게 하는 데도 사용할 수 있다. 우리는 장치들을 우리를 항상 산만하게 만드는 데 사용할 수도 있고 아니면 우리의 시간을 아끼는 데도 사용할 수 있다. 여기서 필요한 질문은 우리가 어떤 환경을 원하는가이다.

우리는 지난 10년간 무엇을 배웠는가? 아마도 우리를 둘러싼 주위 환경이 정말로 중요하다는 것을 깨달았을 것이다. 《상식 밖의 경제학》을 통해 내가 계속 언급했던 법칙 중에 하나는 우리는 스스로 의사결정을 내리기 위해서 합리적인 계획을 세우고 있을지도 모른다는 것이었다.

하지만 우리의 주위 환경을 설계하는 사람들, 즉 마케터나 판매자 역시 우리의 의사결정을 위한 또 다른 계획을 가지고 있다. 그들은 주위 환경을 설계함으로써 (그것이 우리를 유혹하기 위한 목적이든, 판매 가격 정책을 위해서든, 사람들의 주위를 끌기 위한 목적이든 무엇이든 상관없다) 실제 자신들이 원하는 방향으로 우리의 의사결정을 이끌 수 있다. 물론 우리에겐 더 나쁜 상황을 만드는 결과가 도출된다.

자, 그럼 이제 질문을 던질 차례다. 우리는 어떻게 해야 이 수많은 정보들 틈에서 이성적으로 행동할 수 있는가? 한 가지 예를 들어보자. 우리는 현금으로 돈을 지불할 때 지불의 고통을 느낀다. 저녁 식사를 하러 식당에 가 100달러를 현금으로 지불했다고 생각해보자. 별로 기분이 좋지 않을 것이다. 그리고 다음번 지출을 줄이게 될 것이다. 만약 신용카드로 식사비를 지불했다고 하자. 현금을 지불할 때만큼 불쾌한 감정은 느끼지 않을 것이다. 그리고 그것은 돈을 더 쓰게 만들 것이다. 만약 애플페이나 안드로이드페이로 지불했다고 하자. 그 돈에 대해 아무런 감정도 느끼지 못할 것이다. 결국 지출은 점점 늘어날 것이다.

지난 300년간 인류가 성취한 것을 생각해보자. 우리는 물리적 환경을 정복해왔다. 에어컨, 조명, 스피커, 계단, 의자, 에스컬레이터를 만들었으며, 자동차와 비행기도 만들었다. 덕분에 우리는 먼 곳을 여행할 수 있게 되었고, 어떤 날씨에도 적응할 수 있다. 물리적 환경에서 우리는 무엇에든지 적응할 수 있다.

그렇다면 인지적 환경은 어떠한가? 우리는 인지적 환경을 정복했는가? 인지구조란 무엇이며, 우리를 도와줄 인지도구들에는 어떤 것들이 있을까? 우리를 더 강하게 만들어주고, 우리의 실패 가능성을 줄여주는 인지도구를 어떻게 만들 수 있을까? 오늘날 우리들은 어떤 인지도구를 만들어야 할지, 그리고 어떤 방향으로 나아가야 할지 고민하는 과정에서 우리가 가진 제한된 능력에 대해서는 전혀 고려하지 않고 있다. 그러나 우리가 물리적 제약에 대해 그러했던 것처럼 우리의 인지적 제약을 이해하기만 한다면 우리는 앞으로 더 잘 나아갈 수 있을 것이다.

자, 여기 다음 도전 과제가 있다. 우리는 인간의 약점을 어떻게 이해하고 있을까? 그리고 더 나은 의사결정을 할 수 있게 만들어줄 도구는 무엇이라고 생각하는가? 우리의 제한된 인지능력에 도움을 주어 더 나은 의사결정을 할 수 있게 만들어줄 인지적 목발, 자동차, 계단은 무엇인가? 바로 이것이 우리가 사회과학을 바라보는 방식이어야 한다. 우리가 잘 못하는 것은 무엇이며, 더 나은 미래를 만들기 위해 앞으로 우리가 만들어야 할 도구는 무엇일지에 대해 이 책을 통해 함께 고민해볼 수 있다면 더없는 영광이겠다.

우리 모두에게 더 나은 미래가 있기를 바라며, 이 책에서 더 멋진 인생을 위한 도구를 발견하시길. 이 책을 읽는 여러분의 행운을 빈다.

Dan Ari

제 책이 드디어 한국어로 번역되어 나온다니 매우 기쁩니다. 몇 년 전 저는, 현재 예일대학교에서 학생들을 가르치고 있는 신지웅 교수를 저의 첫 한국인 제자로 맞는 귀한 인연을 맺었습니다. 이후 수년간 함께 지내면서, 신지웅 교수는 제가 가장 아끼는 동료 중의 한 사람이 되었고, 운 좋게도 그를 통해 저는 그의 아내, 아들, 부모님, 그리고 MIT의 다른 여러 한국인 학생들을 만날 수 있었습니다. 저는 한국 음식과 문화에 대해 많은 소개를 받았으며, 앞으로도 그러한 만남을 더 가질 수 있기를 고대하고 있습니다.

아직까지는 한국 문화에 대해 아주 제한적으로만 알고 있지만, 확실하게 말씀드릴 수 있는 것은 이 책에서 소개한 실험들, 그 많은 상식 밖의 행동들은 주로 미국인들과 관련이 있다는 것입니다. 제가 보기에 한국인들은 훨씬 더 상식적이고 이성적인 것 같습니다. 그러니 너무 걱정은 마세요.

당신의 비이성적인 벗
댄 애리얼리

많은 사람들은 내가 세상을 보는 방식이 독특하다고 이야기한다. 그도 그럴 것이 나는 지난 20여 년간 우리가 확신하는 것과는 전혀 다른 무언가가 우리가 내리는 결정에 영향을 미치고 있다고 생각하고, 이를 규명해왔다.

왜 우리는 날마다 다이어트를 하겠다고 자신과 약속을 할까? 그러다 디저트가 눈에 띄면 곧바로 그 생각이 사라질까? 딱히 필요도 없는 물건에 혹해 충동구매를 하는 이유는 뭘까? 5센트짜리 아스피린을 먹으면 여전히 머리가 아프고, 50센트짜리 아스피린을 먹으면 아프던 머리가 씻은 듯이 낫는 것은 왜일까?

이런 것도 있다. 우리는 십계명이 뭔지 아느냐는 질문을 받으면, 뜨끔한 나머지 거짓말보다 정직한 대답이 먼저 튀어나온다. 업무윤리조항이 직장 내에서 실제로 부정을 줄여주는 것도 같은 맥락의 현상이다. 왜 이런 일이 벌어질까?

이 책을 다 읽을 때쯤이면 위의 물음들뿐만 아니라 사적인 삶과 공적인 삶에 관련된 문제, 나아가 세상을 바라보는 시각과 관련된 문제의 해답을 얻을 수 있을 것이다. 예를 들어 위에서 언급한 아스피린 문제의 답을 알고 있다는 것은 약을 고르는 문제에 대한 답은 물론, 우리 사회가 직면한 심각한 문제 가운데 하나인 건강보험의 비용과 효용에 대한 답을 알고 있다는 것과 같은 말이 된다. 거짓말하지 말라는 십계명의 영향력을 이해한다면 엔론Enron 사태(미국의 7대 기업에 속했던 에너지 회사 엔론이 회계 부정으로 2001년에 파산하면서 미국 정계와 재계에 큰 파장을 일으킨 사건 – 옮긴이)와 같은 부정을 막을 수 있는 방편을 알게 될 수도 있다. 그리고 폭식의 역학관계를 이해한다면 일상에 스며 있는 다른 모든 충동적 행위를 이해할 수도 있다. 그 이해에는 어려울 때를 대비하여 저축하는 것이 왜 힘든 일인가를 깨달을 수 있는 실마리가 포함되어 있다.

이 책의 목적은 본인과 주변 사람들이 특정한 상황에서 그렇게 행동할 수밖에 없었던 이유에 대해 다시 한 번 깊이 생각해보도록 만드는 데 있다. 나는 여러 실험들, 연구결과, 아주 흥미로운 일화들을 소개할 생각이다. 이를 통해 특정한 실수들이 실은 얼마나 체계적으로 자주 반복되는지 보게 된다면, 여러분들은 그런 실수를 두 번 다시 저지르지 않을 것이다.

하지만 폭식, 쇼핑, 연애, 돈, 게으름, 맥주, 고지식함 등에 대한 신기하고 실용적이며 재미있는, 때로 유쾌하기까지 한 나의 연구에 대해 이야기를 풀기 전에, 정통이라 하기에는 좀 뭣한 내 세계관의 기원, 다시 말해 이 책을 쓰게 된 동기에 대해 짚고 넘어가는 편이 좋을 것 같다. 내가 이 책을 쓰게 된 계기는 오래전 있었던 비극적인 사고에 있다.

베테랑 간호사의
어처구니없는 실수

사고가 없었다면 그저 열여덟 살 난 청년의 평범한 금요일 오후였을 그날, 단 몇 초 만에 모든 것이 돌이킬 수 없는 지경에 이르고 말았다. 다량의 마그네슘 화약이 폭발하는 바람에 내가 3도 화상을 입게 된 것이다.

사고가 난 뒤 3년 동안 나는 온몸에 붕대를 칭칭 감고 병원에 있어야 했다. 불가피하게 바깥에 나갈 때는 스파이더맨처럼 살갗이 전혀 드러나지 않는 합성섬유로 된 옷과 마스크를 착용해야 했다. 친구와 가족들이 매일 하는 일들을 할 수 없었던 나는 사회로부터 일정 부분 동떨어진 신세였고, 나도 한때 그렇게 살았던 일상을 이방인이라도 된 듯 관찰하기 시작했다. 마치 다른 문화권이나 행성에서 온 사람처럼 나와 다른 사람들의 서로 다른 행동에 대해 성찰하기 시작했던 것이다.

예를 들면 이런 것이다. 왜 나는 다른 여자가 아닌 이 여자를 좋아했던 것일까, 왜 나의 하루는 내가 아닌 의사들의 편의에 맞춰져 있을까, 왜 나는 역사 공부보다 암벽 등반을 좋아했을까, 왜 나는 나에 대한 다른 사람들의 생각에 그렇게 신경을 쓸까 등등. 주로 사람들의 행동에 동기를 유발하는 것이 무엇인지 궁금증을 갖기 시작했다.

특히 병원에서 3년을 머무는 동안, 나는 다양한 종류의 고통에 대해 폭넓은 경험을 하게 되었고, 그에 대해 충분히 숙고할 만큼 많은 시간을 보낼 수 있었다.

그 긴 시간 중에서도 매일 '약욕'을 할 때마다 내 고통은 극에 달았다. 소독수에 몸을 담그고 붕대를 바꾸는 과정에서, 괴사된 피부가 떨어져 나가며 생기는 엄청난 고통을 매일 겪었던 것이다. 피부에 아무런 이상이 없다면 소독수가 닿았을 때 싸한 정도의 아픔을 느끼는 데 그친다. 붕대를 감았더라도 벗겨낼 때 문제가 없다. 하지만 나처럼 전신 화상으로 피부가 얼마 남지 않았거나 다 타버린 경우에는, 붕대가 속살에 달라붙었을 때 소독수가 닿으면서 느껴지는 고통이 이루 말할 수가 없었다.

　　화상병동 생활을 막 시작했을 때 나는 목욕을 시켜주는 간호사들에게 치료를 어떻게 하는지 물었다. 간호사들은 환자들을 조금이라도 덜 아프게 하기 위해 붕대를 재빨리 떼어낸다고 했다. 그들은 붕대를 다 떼어낼 때까지 1시간 정도가 걸린다고 했다. 그 과정이 끝나면 내 몸에 연고를 바르고 새 붕대를 감아준다. 그리고 하루가 지나면 이 과정을 반복했다.

　　간호사들은 붕대를 과감하게 떼어내는 것이 서서히 떼어내는 것보다 낫다고 생각했다. 그들은 붕대를 서서히 떼어내면 순간의 찢어질 듯한 아픔은 없을지 몰라도 고통이 더 오래 지속되기 때문에, 재빨리 떼어내는 것이 더 낫다고 했다. 뿐만 아니라 붕대 떼어내는 순서를 가장 통증이 심한 부위에서 덜한 부위로 하는 것과 통증이 가장 덜한 부위에서 심한 부위로 하는 것 사이에 별 차이가 없다는 단정까지 지었다.

　　붕대를 떼어낼 때의 고통을 직접 겪은 사람으로서 나는 과학적으로도 입증된 바 없는 그들의 생각에 동의할 수 없었다. 그들은 환자가 처치를 기다리며 느끼는 두려움이 얼마나 큰지, 처치과정에서의 들쑥날쑥한 고통을 감당하기가 얼마나 어려운지, 고통이 시작되고 누그러지는 때를 예측할 수 없다는 것이 얼마나 두려운지, 그리고 이제 좀 있으면 고통이 누그러질 것을 아는 것이 환자에게 얼마나 위안이 되는지를 전혀 고려하지 않았다. 그러나 일개 환자인 나에게는 이런 부분을 바로잡을 힘이 없었다.

우리가 당연시하는 것들이 잘못된 것이라면……

장기입원 끝에 퇴원을 하게 되자(그래도 이후 5년간 나는 문제가 있을 때마다 통원치료를 받아야 했다) 나는 텔아비브대학에서 학업을 시작했다. 학업을 시작한 첫 학기에 나는 내 연구방향을 바꾸고, 이후 내 미래를 좌우할 강의를 듣게 되었다. 그것은 하난 프렌크Hanan Frenk 교수의 신경생리학 강의였다.

뇌의 작용에 관해 프렌크 교수가 제시하는 자료도 흥미로웠지만, 이 수업에서 나를 가장 매혹시켰던 것은 문제와 가설을 대하는 그의 태도였다. 그가 제시한 결과를 이런 식으로도 해석할 수 있지 않느냐며 내가 문제제기를 할 때마다 그는 늘 내 생각이 불가능한 것은 아니라고 대답했다. 이론상으로는 가능하다는 것이다. 그는 기존 이론과 차별화할 수 있는 실험방법을 생각하여 그 구상을 구체적으로 발전시켜보라고 권했다.

실험방법이 쉽게 머릿속에 떠오르진 않았지만, 새로운 가설을 확인할 수 있는 경험적 방법을 찾아낼 수만 있다면 나 같은 신출내기 학생을 포함해 누구나 새로운 가설을 정립할 수 있겠다는 생각이 들었다. 한번은 프렌크 교수의 연구실을 찾아가 간질발작이 어떤 단계를 거쳐 일어나는지를 나름의 이론으로 설명했다. 그리고 그것을 확인할 수 있는 실험방법에 대해서도 이야기했다.

프렌크 교수는 내 생각을 마음에 들어 했고, 그로부터 3개월 동안 나는 50마리의 쥐를 가지고 실험을 했다. 그들의 척수에 카테터catheter를 꽂은 뒤 간질발작을 촉진시키거나 완화시키는 여러 가지 물질을 주입했다.

이 실험을 할 때 한 가지 문제라면, 화상 입은 손을 자유자재로 움직일 수 없다는 점이었다. 쥐에게 약물을 주입하는 일이 만만치 않았다. 다행히 나와 절친한 론 웨이스버그Ron Weisberg가 몇 차례 주말을 이용해 내 실험을 도와주었다. 그는 철저한 채식주의자이자 동물애호가였는데, 그의 이런 도움은 참다운 우정이 무엇인가를 여실히 보여주었다.

마침내 내 가설이 틀렸다는 것이 드러났다. 그렇다고 내 열정이 식은 것은 아니었다. 어쨌든 난 배운 것이 있었다. 비록 틀렸지만 틀렸다는 사실을 분명히 확인하는 것은 의미 있는 일이었다. 나는 늘 세상 돌아가는 이치와 인간행동의 원리에 대해 궁금한 것이 많았다. 그리고 내가 관심 가지고 있는 것을 자세히 따져볼 방편과 기회가 과학에 있음을 알게 된 후, 나는 본격적으로 인간행동의 원리를 연구하기로 마음먹었다.

　이러한 새로운 방편을 습득한 뒤에는 인간이 어떻게 고통을 경험하는지 알기 위해 많은 노력을 기울였다. 당연하지만 나는 장시간 환자를 고통스럽게 하는, 화상환자 약욕과 같은 것에 깊은 관심을 가졌다. 그런 고통을 조금이라도 누그러뜨릴 수 있는 방법은 없을까?

　그로부터 몇 해 동안 나는 그 답을 찾기 위해 친구와 자원자를 대상으로 실험을 진행했다. 열기, 냉수, 압박, 고성 등으로 인한 육체적 고통, 주식에서 돈을 잃었을 때의 심리적 고통 같은 것까지도 실험주제였다.

　실험을 마칠 즈음 난 화상병동 간호사들이 친절하고 마음 따뜻한 사람들로서 화상환자를 목욕시키고 붕대를 갈아주는 데 노련한 솜씨를 가지고 있지만, 환자의 고통을 최소화하는 방법에 있어서만큼은 제대로 된 생각을 갖고 있지 않다는 것을 알게 되었다.

　그렇게 많은 화상환자를 겪었으면서도 잘못된 생각을 갖고 있다는 사실이 믿기지 않았다. 간호사들을 개인적으로도 잘 알고 있던 터라, 그들이 나쁜 마음에서 혹은 어리석거나 게을러서 그러는 것이 아니라는 것쯤은 알았다. 문제는 그들의 선입견이었다. 아무리 많은 환자를 대했다 해도 고통에 대한 선입견을 바꿀 순 없었던 것이다.

　획기적인 실험결과를 안고 화상병동을 찾은 날 아침, 다른 날과는 달리 상기된 상태였던 나는 간호사와 의사들에게 화상환자의 붕대를 갈아줄 때는 시간이 걸리더라도 되도록 살살 하는 것이 재빨리 떼어내는 것보다 훨씬 고통을 덜 준다는 실험결과가 나왔다고 알려주었다. 그들이 내 몸을 감았던 붕대를 더 천천히 벗겨냈다면 나는 고통을 훨씬 적게 느꼈을 거라는 이야기였다.

간호사들은 정말 놀라는 눈치였다. 그런데 내가 좋아했던 간호사 에티Etty가 전혀 예상치 못한 이야기를 꺼냈다.

"제가 그간 환자의 고통을 제대로 이해하지 못했다는 점은 인정해요. 앞으로 처치방식을 바꿔야 한다는 당신 말에도 수긍하고요. 하지만 환자들이 극심한 고통에 비명을 지를 때 간호사들이 겪는 심리적 고통도 고려하셔야죠."

그녀는 간호사들이 조금이라도 고통을 적게 느끼려고 붕대를 빨리 벗겨내는 것을 이해해줄 수 없느냐고 말했다. 어쨌든 우리가 일치를 본 부분은 처치방식을 바꿔야 한다는 것이었다. 결국 몇몇 간호사들은 내 제안을 받아들이기로 했다.

물론 내가 이런 제안을 했다고 하여 병동 차원에서 화상환자의 붕대를 갈아주는 처치과정이 바뀐 것은 아니었다. 다만 뭔가 내 머리를 스치는 것이 있었다.

경험이 풍부한 간호사들도 환자들을 돌볼 때 오해하는 부분이 있다면, 일반인들도 자신의 행동이 낳는 결과를 잘못 알고 그로 인해 틀린 판단을 내릴 수 있지 않을까?

나는 고통의 문제에서 벗어나 연구범위를 확장하기로 했다. 사람들이 자신의 경험에서 많은 것을 배우지 못한 채 반복적으로 실수를 저지르는 사례들을 연구하기로 한 것이다.

내 선택은 정말
이성적인 것일까?

이 연구는 비이성적인 모든 것을 다양한 방식으로 살펴보는 여정이었다. 나는 행동경제학Behavioral economics의 도움을 받아 비이성적인 것들의 문제를 다루기로 했다.

행동경제학은 심리학과 경제학을 결부시킨 것으로 학계의 새로운 연구영역이다. 나는 행동경제학을 통해 사람들이 은퇴 대비용 저축을 하지 않으려는 것에서부터 성적 충동이 일어날 때 명확한 사고를 할 수 없는 현상에 이르기까지 모든 문제를 연구했다. 사람들의 그런 행동뿐만 아니라 그 행동 이면에 놓인 의사결정 과정까지도 이해하고 싶었다.

이야기에 앞서 행동경제학이란 무엇이며 그것이 일반경제학과 어떻게 다른지에 대해 간단한 설명을 했으면 한다. 이를 위해 먼저 셰익스피어William Shakespeare 작품의 일부를 살펴보자.

인간이란 피조물은 얼마나 대단한가! 이성의 고귀함이며! 능력의 무한함이여! 생김과 동작은 얼마나 반듯하고 멋진가! 행동거지는 천사가 따로 없다! 헤아림은 신의 경지다! 세상 가운데 아름다움이요, 동물 가운데 귀감이다.

- 《햄릿》 2막 2장 중에서

이는 경제학자든 정책입안자든 평범한 사람이든, 대부분의 사람들이 인간본성에 대해 가지고 있는 생각이다. 물론 이런 생각이 대체로

옳긴 하다. 우리의 정신과 육체는 놀라운 일을 할 수 있다.

멀리서 날아오는 공을 보며 그 궤적과 세기를 바로 가늠한 후 몸을 움직여 그것을 잡아낼 수 있고, 어린아이일 때는 새로운 언어도 쉽게 배울 수 있다. 체스 달인이 될 수도 있다. 헷갈리지 않고 수천 명의 얼굴을 구분할 수도 있다. 음악, 문학, 기술, 예술 등 모든 분야에서 인간의 능력은 끝이 없다.

셰익스피어만 인간의 그런 능력을 알아본 것은 아니다. 셰익스피어의 글을 읽는 우리 역시 그런 모습의 자신을 생각한다. 물론 이웃, 배우자, 직장상사 가운데 이런 기준에 미치지 못하는 사람도 있긴 하다. 하지만 경제학에서는 인간이 완벽한 이성적 능력을 갖췄다고 가정한다. 경제학은 인간이 이성적 존재라는 기본적인 전제하에 경제이론을 세우고 예측하고 조언하는 학문이다.

그런 관점에서 본다면 인간의 이성을 믿는다고 할 때 우리는 경제학자나 다름없다. 우리 모두가 직관력을 갖고 복잡한 게임이론 모델을 만들 수 있다는 것은 아니다. 내가 말하고자 하는 것은 경제학이 토대로 삼고 있는 인간본성에 대한 기본적인 믿음을 우리와 같은 보통사람들도 갖고 있다는 것이다. 그것은 우리가 스스로에 대해 올바른 판단을 내릴 수 있다는, 단순하면서도 흔들림 없는 가정이다.

인간능력에 대한 이런 경외감이 충분히 근거 있는 것이긴 하지만, 우리의 이성적 능력이 완벽하다고 경탄해 마지않는 것과 이론적 가설을 세우는 것 사이에는 큰 차이가 있다. 이 책은 인간의 비이성적인 특성을 다루고 있다. 인간이란 완벽함과 거리가 멀다는 이야기를 하려는 것이다.

우리가 이상적인 상태에서 벗어나는 지점을 명확히 인식하는 일이야말로 스스로를 제대로 이해하기 위한 기나긴 여정의 중요한 부분임을 나는 믿는다. 그러한 인식은 여러모로 유익하다. 인간의 비이성적인 특성을 이해한다는 것은 우리가 매일 하는 행위와 의사결정뿐만 아니라, 우리의 환경과 그 환경에서 취할 수 있는 선택사항을 어떻게 바라보아야 하는지를 이해하는 데도 중요하다.

관찰결과에 따르면, 인간은 비이성적인 존재이긴 하지만 다행히 그러한 특성은 예측가능하다. 즉, 우리의 비이성적인 행동은 같은 방식으로 거듭 반복된다. 소비자로서 행동을 하든, 사업가로서 행동을 하든, 정책입안자로서 행동을 하든, 우리의 행동이 얼마나 비이성적인 특성을 띠는지 예측할 수 있다면, 의사결정을 더 좋은 방향으로 이끌어나감으로써 더 나은 삶을 살 수 있을 것이다.

이런 생각을 하다 보니 나는 기존 경제학과 행동경제학이 서로 마찰을 일으키는 지점에 이르렀다. 기존 경제학에서 볼 때, 모든 인간이 이성적이라는 가정에는 우리가 일상생활을 할 때 직면하는 선택사항을 일일이 다 따져보고 그 가운데 최선의 것을 고른다는 의미가 들어 있다. 그러나 우리의 선택이 잘못된 것이고 비이성적인 것이라면, 그것을 어떻게 설명할 것인가? 이에 전통 경제학의 입장에서는 '시장의 힘'에 휩쓸려 우리가 공정하고 이성적인 처신을 하지 못하기 때문이라 대답할 것이다. 이런 가정을 기본으로 삼는다면, 애덤 스미스Adam Smith 이후 여러 경제학자들은 과세와 보건정책에서부터 재화와 서비스의 가격을 책정하는 일에 이르기까지 모든 것을 한데 아우르는 결론을 이끌어낼 수 있었을 것이다.

하지만 이 책을 보면 알 수 있듯이 우리 인간은 기존 경제학 이론의 가정과는 한참 거리가 멀 정도로 비이성적이다. 그런데 인간의 비이성적인 행동은 충동적이거나 맥락 없이 이루어지는 일이 아니다. 오히려 그것은 체계적이며, 거듭 반복되는 것으로 볼 때 예측 가능하다. 그렇다면 경제학의 기본 가정을 수정하고, 단순하기 그지없는 심리학으로부터 경제학을 구해야 하지 않겠는가? 이는 새롭게 부각되고 있는 행동경제학과, 그러한 목적으로 집필된 이 책이 풀고자 하는 문젯거리다.

나는 왜 그런 행동을 할까,
그 해답을 찾아서

이 책은 뛰어난 동료들과 함께 내가 여러 해에 걸쳐 수행한 실험을 바탕으로 집필되었다. 왜 실험이 필요했을까? 인생이란 복잡하기 그지없는 것이다. 수많은 힘이 동시다발적으로 영향을 미치며, 이런 복잡성으로 인해 어떤 힘이 우리로 하여금 그런 행동을 하도록 만들었는지 정확히 가려내기 어렵다.

사회과학 연구자에게 있어 실험이란 현미경과 같다. 그것은 인간 행동을 프레임 단위로 차근차근 볼 수 있도록 해주고, 인간에게 영향을 미치는 힘들을 따로따로 가려낼 수 있도록 해주며, 각각의 힘을 구체적으로 주의 깊게 관찰할 수 있도록 해준다. 그리고 인간으로 하여금 그런 행동을 하도록 만든 요인을 명확하게 보여준다.

실험을 통해 알게 된 사실이 실험실이라는 환경에 국한된 것이라면, 그 사실은 온전한 가치를 지니지 못할 수도 있다. 하지만 나는 실험을 우리가 어떻게 생각하고 또 어떻게 의사결정을 하는지 살필 수 있는 도구로 여겨줬으면 한다. 즉, 실험에서 얻어진 통찰은 특정한 실험상황에만 적용되는 것이 아니라, 우리 삶의 여러 다양한 모습에도 적용될 수 있다는 것이다. 따라서 나는 실험에서 얻은 결과물을 다른 상황에 외삽(실험범위 밖에서 다른 데이터를 예측하는 것 – 옮긴이)하고자 했다. 달리 말해 그 결과물이 우리 일상과 사업, 정치활동에 어떤 의미를 함축하는지를 설명하고자 했다. 물론 내가 이끌어낸 함축적인 결론들은 전체 목록의 일부에 불과하다.

이 책에서 어떤 유용한 교훈을 얻고자 한다면, 실험에서 밝혀진 인간행동의 원리가 자신의 삶에 어떤 식으로 적용될 수 있을지 생각할 필요가 있다. 한 장이 끝날 때마나 실험으로 밝혀진 원리를 가지고 자신의 삶을 더 나은 것으로 만들 수 있을지 잠시 동안만이라도 생각해보기 바란다. 더 나아가 인간의 본성에 대해 새롭게 이해한 것을 가지고 어떤 다른 처신을 할 수 있을지 생각해보기 바란다. 진정한 탐구는 바로 거기에 있다.

1장   사람들은 비교를 좋아해

2장   모든 것은 첫인상에서 결정된다

3장   공짜가 제일 비싸다

PREDICTABLY IRRATIONAL

사람들은 비교를 좋아해

PREDICTABLY
IRRATIONAL

왜 모든 것은 상대적일까?
그러지 말아야 할 때조차도.

1장

하루는 심심풀이로 인터넷을 돌아다니다가 〈이코노미스트The Econo-
mist〉 인터넷판에서 다음과 같은 광고를 우연히 보게 되었다.

정기구독 신청	Economist.com
사설 국제 비즈니스 금융과 경제 과학과 기술 인물 동정 출판과 예술 시장과 자료 기타	어서 오세요. 〈이코노미스트〉 정기구독 신청센터입니다. 신규 또는 재구독 신청을 하실 분은 원하는 구독유형을 고르세요. • 온라인 정기구독 - 59달러. 온라인 1년치 정기구독에 1997년 이후 　의 모든 기사를 홈페이지에서 검색 가능 • 오프라인 정기구독 - 125달러. 인쇄물 형태의 〈이코노미스트〉 　1년 정기구독 • 오프라인 및 온라인 정기구독 - 125달러. 인쇄물 형태의 　〈이코노미스트〉 1년 정기구독과 온라인에서 1997년 이후 모든 　기사 검색 가능

우리는 매일
낚이며 산다

나는 그 구독유형을 하나씩 살펴보았다. 첫 번째 유형인 59달러짜리 온라인 정기구독은 비교적 합리적으로 보였다. 125달러짜리 두 번째 유형은 다소 비싼 듯했지만 뭐, 큰 무리는 없었다.

그런데 세 번째 유형을 보니 125달러에 인쇄물도 받아볼 수 있고, 인터넷으로도 기사를 볼 수 있었다. 앞의 두 유형을 다시 보았다. 같은 가격에 인쇄물과 온라인 구독을 다 할 수 있는데 어떤 사람이 인쇄물만 정기구독을 할까 싶었다.

편집상 실수가 아닌가 싶기도 했지만, 나는 〈이코노미스트〉 런던 사무실의 영리한 친구들 손에 우리가 놀아나는 것이 아닌가 하는 의구심이 들었다. 그들은 영리할 뿐만 아니라 영국식 장난기도 다분할 터, 우리가 온라인판만 정기구독하는 항목을 건너뛰고 훨씬 더 비싼 온라인과 오프라인 정기구독을 눈여겨봐주기 바라는 것이 틀림없었다.

그들은 어떤 식으로 우리를 설득할 것인가? 나는 〈이코노미스트〉의 영업귀재들이 인간행동에 대해 뭔가 중요한 사실을 알고 있는 건 아닐까 하는 생각이 들었다.

인간이란 존재는 절대적 판단기준에 의해 뭔가를 선택하는 일이 드물다는 것을 그들은 꿰고 있었던 것이 아닐까? 우리 안에는 물건 고유의 가치를 알려줄 계측기가 없다. 그래서 다른 것과 비교하여 상대적으로 그것이 더 좋다는 것에 주목하고 거기에 따라 가치를 매긴다.

6기통 자동차의 가격은 알 수 없지만, 그것이 4기통짜리보다 비싸다는 사실은 짐작할 수 있듯이 말이다.

〈이코노미스트〉의 경우 59달러짜리 온라인 정기구독이 125달러짜리 오프라인 정기구독보다 더 이익인지 확실하게 판단할 수는 없지만, 125달러에 온라인과 오프라인 형태로 둘 다 정기구독을 할 수 있다는 것이 125달러에 오프라인 형태의 정기구독만 하는 것보다 훨씬이익이라는 것쯤은 분명히 알 수 있다. 패키지 정기구독을 하면 온라인 정기구독이 무료라는 사실은 금방 알 수 있는 것이다.

"거저나 다름없잖아. 빨리 고르지 않고 뭐해?"

이렇게 외치는 그들의 소리가 템스 강 너머에서 들려오는 듯하다. 인정하건대 내가 만약 정기구독을 할 생각이 있었다면 나 역시 패키지상품을 골랐을 것이다. 실제로 나중에 여러 명을 대상으로 이 실험을 했는데, 많은 수가 패키지상품을 골랐다.

여기에는 어떤 비밀이 숨겨져 있을까? 일단 기본적인 관찰부터 해보자. 대부분의 사람들은 자신이 원하는 것을 콕 집어 말하지 못한다. 그러다 어떤 상황이 조성되면 비로소 자신이 원하는 것을 알게 된다. 예를 들어 경주용 자전거를 사고 싶은데 어떤 것을 사야할지 모르다가, 투르 드 프랑스Tour de France(매년 프랑스 전국을 일주하는 장거리경주로 세계에서 가장 유명한 자전거 경주대회 – 옮긴이)의 우승자가 특정 모델의 자전거를 타고 있는 것을 보고는 결정을 내리는 식이다. 어떤 스피커를 골라야 할지 모르다가 앞서 들었던 것보다 소리가 더 좋은 스피커가 있으면 그것을 고르거나, 앞으로 뭘 하며 살아야 할지 모르다가 내가 원하던 일을 하는 친척이나 친구를 보고서 자신의 미래를 결정하는 것도 마찬가지다.

모든 것이 상대적이라는 것, 이것이 핵심이다. 야간에 비행기를 착륙시켜야 하는 조종사처럼 우리도 선택이라는 랜딩기어를 바른 위치에 내려놓기 위해서는 활주로 양옆에 유도등이 켜져 있어야 하는 것이다.

〈이코노미스트〉 이야기로 돌아가자. 온라인 정기구독과 인쇄물 정기구독 중 하나를 골라야 한다면 고민 좀 해야 한다. 생각하는 것은 피곤한 일이다. 그래서 〈이코노미스트〉 영업사원들은 온·오프라인 패키지상품을 제시함으로써 골칫거리를 없애주었다.

이런 사실을 알아낸 이는 〈이코노미스트〉의 수완 좋은 직원들만이 아니다. 텔레비전 영업사원인 샘Sam은 진열대에 나란히 놓인 제품들에 〈이코노미스트〉 영업사원이 했던 것과 똑같은 영업수완을 부렸다.

19인치 실베니아 텔레비전 - 가격 210달러

26인치 소니 텔레비전 - 가격 385달러

32인치 삼성 텔레비전 - 가격 580달러

당신이라면 이 중에 어떤 제품을 고르겠는가? 샘은 소비자가 서로 다른 제품의 가치를 가늠하기 어렵다는 것을 알았다. 210달러짜리 실베니아 제품이 580달러짜리 삼성 제품보다 좋은지 누가 알 수 있는가? 다만 샘은 3개의 선택사항이 주어졌을 때, 많은 사람들이 중간 것을 선택한다는 사실을 알았다. 양 옆에 켜진 활주로 유도등 사이로 비행기를 착륙시키듯이 말이다. 그렇다면 샘이 중간대로 가격을 매긴 제품은 무엇일까? 바로 샘이 팔고자 하는 제품이다.

물론 샘만 그렇게 수완이 좋은 것은 아니다. 최근 〈뉴욕타임스The New York Times〉에는 그렉 랩Greg Rapp이라는 레스토랑 컨설턴트에 대한 기사가 실렸다. 그가 돈 받고 하는 일은 메뉴판에 넣을 요리의 가격을 매기는 것이다. 예를 들어 그는 양고기 요리를 작년보다 더 많이 파는 법을 알고 있다. 양고기 요리를 호박이나 리조토와 함께 메뉴에 올렸을 때 더 잘 팔리는지, 메인코스의 가격을 39달러에서 41달러로 올렸을 때 주문이 더 늘어나는지를 그는 꿰고 있다.

랩은 앙트레(서양요리의 정찬에서 식단의 중심이 되는 요리 - 옮긴이)를 아무도 주문하지 않는다고 해도, 그것의 가격을 높게 매길 때 레스토랑 매출이 크게 오른다는 것을 알았다. 왜 그런가? 사람들은 가장 비싼 요리를 주문하지는 않을지언정 그다음 가격대의 요리는 주문하기 때문이다. 그러므로 레스토랑 주인은 가장 비싼 가격대의 요리를 메뉴판에 올림으로써 손님들로 하여금 그다음으로 비싼 가격대의 요리를 선택하도록 유도한다. 물론 두 번째로 비싼 가격대의 요리는 충분한 이윤이 남도록 교묘하게 배치한 메뉴다.

미끼 하나의
놀라운 효과

자, 이제 〈이코노미스트〉 영업사원들이 부리는 속임수를 천천히 살펴보자. 선택항목은 다음과 같다.

1. 온라인판 정기구독(59달러)

2. 오프라인판 정기구독(125달러)

3. 온라인 및 오프라인판 정기구독(125달러)

MIT 슬론 경영대학원 학생 100명에게 이 선택문항을 제시했을 때 그들은 다음과 같이 골랐다.

1. 온라인판 정기구독(59달러) - 16명

2. 오프라인판 정기구독(125달러) - 0명

3. 온라인 및 오프라인판 정기구독(125달러) - 84명

슬론 경영대학원 학생들은 머리가 좋다. 그들 모두 오프라인판보다 패키지판이 더 이익이라고 생각했다. 하지만 그들 모두 오프라인판 정기구독이라는 항목 하나에 현혹되었다.

앞으로 나는 이런 것을 두고 '미끼decoy'라고 부르도록 하겠다. 이 미끼를 제거하고 다음과 같이 안내광고를 한다고 할 때 사람들이 어떤 선택을 할지 생각해보라.

정기구독 신청	Economist.com

사설	어서 오세요.
국제	<이코노미스트> 정기구독 신청센터입니다.
비즈니스	신규 또는 재구독 신청을 하실 분은 원하는 구독유형을 고르세요.
금융과 경제	
과학과 기술	• 온라인 정기구독 - 59달러. 온라인 1년치 정기구독에 1997년 이후
인물 동정	의 모든 기사를 홈페이지에서 검색 가능
출판과 예술	• 오프라인 정기구독 - 125달러. 인쇄물 형태의 <이코노미스트>
시장과 자료	1년 정기구독과 온라인에서 1997년 이후의 모든 기사 검색 가능
기타	

학생들은 여전히 똑같은 선택(온라인판 16명, 패키지판 84명)을 할까? 아마도 비슷한 선택을 하지 않을까? 어쨌거나 내가 뺀 항목은 아무도 선택하지 않은 항목이므로 별 차이가 없을 것으로 보인다. 과연 결과는 어떨까?

전혀 반대되는 결과가 나왔다. 이번에는 59달러짜리 온라인판 정기구독을 고른 학생은 68명으로 수가 늘어났고 125달러짜리 패키지판 정기구독을 고른 학생은 32명으로 크게 줄었다.

어떻게 해서 그들의 마음이 바뀌었을까?

이성적으로 설명하기는 어렵다. 하지만 84명이 패키지판을 선택했던 것, 그리고 16명이 온라인판을 선택했던 것은 아주 사소해 보이는 그 미끼 때문이었다. 그리고 그 미끼가 사라지자 사람들은 다른 선택을 했다. 32명이 패키지판을 고르고 68명이 온라인판을 골랐다.

이런 행동은 비이성적이지만 한편으로는 예측 가능한 부분이다. 왜 그럴까?

비교도
골라서 한다고?

상대성을 시각적으로 잘 보여주는 다음의 그림을 살펴보자.

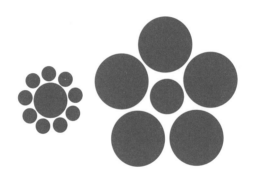

가운데 놓인 두 원은 크기가 서로 달라 보인다. 주변에 그보다 큰 원들이 있으면 작아 보이고, 그보다 작은 원들이 있으면 커 보인다. 하지만 가운데 있는 두 원은 사실 크기가 같다. 주변에 무엇이 놓여 있느냐에 따라 크기가 달라 보일 뿐이다.

이는 정신이 무엇에 영향을 받는지 잘 보여주는 예다. 우리는 주변의 사물을 인식할 때 항상 다른 것과 관련짓는다. 원래 우리는 그렇게 생겨 먹었다. 토스터, 자전거, 애완견, 배우자와 같은 물리적인 존재뿐만 아니라 휴가 및 교육조건과 같은 직장환경, 감정, 태도, 관점과 같은 일시적인 마음가짐에 대해서도 그렇다. 늘 이 직업과 저 직업을 비교하고, 이 회사의 휴가와 저 회사의 휴가를 비교하며, 현재의 연인과 과거의 연인을 비교하고, 이 와인과 저 와인을 비교하는 식이다.

상대성을 이해하기란 상대적으로 어렵지 않지만, 우리는 상대성이 가진 한 가지 특성 때문에 늘 골탕을 먹는다. 즉, 우리에게는 이것과 저것을 비교하고자 하는 성향만 있는 것이 아니라 서로 비교하기 쉬운 것만 비교하려 드는 성향이 있다. 쉽게 비교하기 어려운 것은 잘 저울질하려 들지 않는다.

좀 복잡한 말일지 모르니 예를 들어보겠다. 다른 동네에 집을 구하러 간다고 해보자. 부동산중개인이 세 집을 보여주었는데 다 마음에 든다. 하나는 현대식 가옥이며, 나머지 둘은 식민지 풍의 가옥이다.

세 집의 가격은 같고 모두 마음에 들긴 한데, 단 하나 차이가 있다. 식민지 풍 가옥 중 하나의 경우, 지붕을 새로 해야 해서 집주인이 수리비용으로 몇 천 달러를 깎아주기로 했다는 점이다. 이게 바로 '미끼'다. 당신이라면 어떤 집을 고르겠는가?

아마 현대식 가옥도, 지붕수리가 필요한 식민지 풍 가옥도 아닌, 나머지 식민지 풍 가옥을 고를 가능성이 높다. 왜일까? 내용을 들여다보면 전혀 합리적이지 않은 그 이유는 다음과 같다.

우리는 비교를 통해 결정을 내리는 경향이 있다. 현대식 가옥에 대해서 아는 바가 없는 데다 딱히 그 집과 비교할 집이 없으므로 현대식 가옥은 일단 선택대상에서 제외된다. 하지만 식민지 풍 가옥들은 다르다. 지붕상태가 좋은 집이 그렇지 않은 집보다 나을 수밖에 없다. 따라서 현대식 가옥과 지붕상태가 나쁜 식민지 풍 가옥을 제치고 지붕상태가 좋은 식민지 풍 가옥이 선택될 가능성이 높다.

상대성이 어떤 식으로 작용하는가를 제대로 이해하기 위해 다음의 도표를 살펴보자.

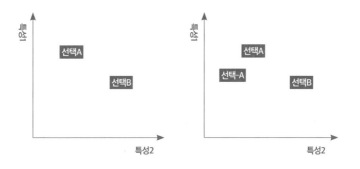

왼쪽 도표를 보면 2개의 선택사항이 각각 서로 다른 면에서 우수하다는 것을 알 수 있다. 선택A는 특성1에서 우수하다. 이 특성1을 '품질'이라고 하자. 선택B는 특성2에서 우수하다. 이 특성2를 '가격'이라고 하자. 둘 사이에서 어느 것을 선택할지 결정을 내리는 것은 어려운 일이다.

이때 −A라고 하는 제3의 선택사항을 추가하면 어떤 일이 일어나는지 보자. 바로 오른쪽 도표다. 이 선택은 선택A에 비해 확실히 부족하다는 것을 알 수 있다.

−A(미끼)를 추가하자 A를 상대적 기준에서 비교하기 아주 쉬워졌다. A가 −A보다 나아 보이는 데 그치지 않고 모든 선택사항 가운데 가장 나아 보이게 되었다. 어느 누구의 선택도 받지 않을 −A를 살짝 끼워 넣음으로써 사람들로 하여금 A를 최종적으로 선택하게 만든 것이다.

이런 식의 선택과정이 왠지 눈에 익다. 〈이코노미스트〉의 정기구독 광고를 생각해보라. 그 잡지의 영업사원들은 온라인판과 오프라인판 2개만 제시하면 사람들이 망설일 것이라는 점을 잘 알고 있었다. 거기에 두 가지 정기구독을 패키지로 만든 세 번째 선택항목을 집어넣으면 사람들이 그것을 택하리라는 것도 잘 알고 있었다.

미끼효과가 드러나는 또 다른 예를 보자.

유럽으로 신혼여행을 떠난다고 하자. 이미 낭만적인 도시 한 군데를 가기로 결정한 참이다. 로마와 파리 두 도시로 선택항목은 좁혀졌다. 두 도시 모두 당신이 좋아하는 곳이다. 여행사 직원은 각 도시의 휴가패키지를 보여준다. 거기에는 항공료, 호텔숙박, 시내관광, 아침식사 등이 포함돼 있다. 자, 이 중에서 당신은 어디로 갈 것인가?

로마에서의 일주일과 파리에서의 일주일 가운데 하나를 선뜻 택할 수 있는 사람은 많지 않다. 로마에는 콜로세움이 있고 파리에는 루브르가 있다. 두 도시 모두 낭만적인 분위기가 물씬 풍기며 음식도 맛있고 명품쇼핑도 할 수 있다. 결정을 내리기가 쉽지 않다.

그런데 여기에 세 번째 항목이 추가된다고 해보자. 아침식사가 제공되지 않는 로마여행 패키지다. 이것을 '‒로마' 혹은 '미끼'라고 부르자.

3개의 패키지, 즉 파리, 로마, ‒로마 중에 하나를 고르게 된다면 당신은 아침식사가 제공되는 로마패키지와 파리패키지는 끌리겠지만, 아침식사가 제공되지 않는 로마패키지는 좀 떨어지는 여행상품이라고 생각할 것이다. 좀 떨어지는 여행상품(‒로마)은 아침식사가 제공되는 로마상품을 더 돋보이게 만든다. 아침식사가 제공되는 파리상품과 비교하여 아침식사가 제공되는 로마상품이 얼마나 더 나은지 알기 어려웠으나, 미끼 덕분에 그 가치가 돋보이게 된 것이다.

조지 클루니와 브래드 피트, 당신의 선택은? ▬

미끼효과가 어떤 식으로 작용하는지를 알게 되면, 그것이 생각보다 훨씬 더 많이 의사결정에 슬쩍 끼어든다는 것을 알 수 있을 것이다. 그것은 심지어 누구와 데이트를 하면 좋을지, 더 나아가 누구와 결혼하면 좋을지를 결정하는 데까지 끼어든다. 이와 관련하여 실험을 한 것이 있다.

어느 추운 겨울날 MIT 캠퍼스를 바삐 걸어가는 학생들을 붙잡고 연구 때문에 학생사진이 필요하다고, 사진을 찍어도 되겠느냐고 물었다. 그중에는 안 된다는 표정을 짓는 학생도 있었고, 대꾸도 없이 그냥 가버리는 학생도 있었다. 하지만 많은 학생들이 기꺼이 응해주었다. 오래지 않아 내 디지털카메라는 미소 짓는 학생들 사진으로 채워졌고 연구실로 돌아온 나는 남녀 각각 30명의 사진을 출력했다.

그다음 주에는 학부생 25명에게 유별난 설문을 했다. 각각 30명의 남녀사진을 보고 남자는 남자끼리, 여자는 여자끼리 비교하면서 외모에 따라 MIT의 브래드 피트Brad Pitt와 조지 클루니George Clooney 짝, 그리고 우디 앨런Woody Allen과 대니 드비토Danny DeVito 짝이라고 할 수 있는 사람들을 둘씩 묶으라고 했다(우디와 대니에게는 미안하다). 학생들이 고른 30쌍 가운데 가장 많은 의견이 나왔던 남녀 각각 3쌍씩을 골라 모두 6쌍을 추렸다.

이제 나는 프랑켄슈타인 박사라도 된 듯 사진 속 얼굴에 손을 대기 시작했다. 포토샵으로 사진을 우스꽝스럽게 조작했던 것이다. 코를 약간만 비틀어도 대칭미가 무너졌다. 눈을 크게 만들기도 하고, 대머리로 만들기도 하고, 여드름자국을 넣기도 했다.

작업을 마치고 나니 최상의 MIT판 조지 클루니(A)와 MIT판 브래드 피트(B), 그리고 눈이 처지고 코가 뭉툭한 조지 클루니(–A, 즉 미끼)와 얼굴 대칭이 맞지 않는 브래드 피트(–B, 역시 미끼)가 만들어졌다.

계속해서 외모가 덜 매력적인 쌍을 가지고도 같은 작업을 했다. 진짜 우디 앨런처럼 미소를 지을 때 입가가 한쪽으로 일그러지는 MIT판 우디 앨런(A)과 초점을 잃은 듯한 눈을 가진 우디 앨런(–A), 그리고 MIT판 대니 드비토(B)와 약간 얼굴을 일그러뜨린 대니 드비토(–B)를 만들었다. 12장의 사진마다 그보다 못한 미끼 사진을 하나씩 만들어두었다.

준비가 됐으니 이제 본격적인 실험을 할 차례였다. 사진들을 챙겨 학생회관으로 갔다. 그리고 한 사람씩 붙잡고 실험에 응해줄 수 있는지 물었다.

흔쾌히 응한 학생에게 3장의 사진이 프린트된 종이를 건네주었다. 몇몇 학생들은 정상사진A, 미끼-A, 다른 정상사진B가 프린트된 종이를 받았고, 다른 학생들은 정상사진B, 미끼-B, 다른 정상사진A를 받았다.

예를 들어 어떤 묶음에는 정상적인 클루니(A), 미끼 클루니(-A), 정상적인 피트(B)가 있었고, 다른 묶음에는 정상적인 피트(B), 미끼 피트(-B), 정상적인 클루니(A)가 있었다. 학생들에게 남학생 혹은 여학생 사진 묶음이 있는 것 가운데 하나를 고르게 한 뒤, 그중 데이트하고 싶은 사람 사진에 동그라미를 치라고 했다. 이 작업은 시간이 꽤 걸렸다. 모두 600장의 프린트를 나눠준 셈이었으니까.

왜 이런 일을 벌였냐고? 일그러뜨린 사진(-A)을 집어넣으면 과연 사람들이 B 대신 A를 고를 것인지 알고 싶었을 따름이다. 다시 말해 좀 덜 매력적인 조지 클루니(-A)가 있을 때 사람들이 완벽한 브래드 피트보다 완벽한 조지 클루니를 선택할 가능성이 많은지 알고 싶었다. 물론 내가 실험을 할 때 진짜 브래드 피트나 조지 클루니 사진을 사용했던 것은 아니다. A와 B는 밝혔듯이 일반학생 사진이다.

앞서 지붕수리가 필요한 식민지 풍 가옥 때문에 사람들이 현대식 가옥보다 식민지 풍 가옥을 구입했던 예를 기억할 것이다. 미끼 역할

을 하는 식민지 풍 가옥 덕분에 문제없는 식민지 풍 가옥이 돋보였었
다. 〈이코노미스트〉 구독광고에서도 구독료 125달러의 오프라인 정
기구독 항목으로 인해 사람들은 구독료 125달러의 온라인 및 오프라
인 패키지에 관심을 가졌다.

그렇다면 이번에도 역시 부족한 외모의 사람(−A, −B)이 미끼가 되
어 완벽한 외모의 사람(A, B)을 선택받게 했을까?

그랬다. 정상사진, 그보다 못한 사진, 다른 정상사진이 프린트된 종
이를 건네줄 때마다, 실험참가자들은 어딘가 좀 부족한 사람과 비교
가 되는 정상적인 사람을 골랐다. 다른 정상적인 사람인 세 번째 인물
은 제쳐두고 말이다. 이러한 선택이 전체의 76퍼센트였다.

왜 그럴까? 미끼작용이 어떤 것인지를 좀 더 구체적으로 설명하기
위해 가정용 제빵기 이야기를 해보겠다.

윌리엄스 소노마Williams Sonoma 사(주방가전 및 생활용품을 만드는 회사 −
옮긴이)가 275달러짜리의 '제빵기'라는 물건을 처음 세상에 내놓았을
때, 대부분의 소비자들은 냉담했다. 도대체 제빵기로 무엇을 한단 말
인가? 그게 필요하기는 한 걸까? 집에서 빵을 만들어 먹을 일이 있을
까? 차라리 그 곁에 있는 예쁜 커피메이커를 사는 게 낫지 않을까?

판매부진에 당황한 제조사는 리서치회사에 조사를 의뢰했다. 그
결과 크기가 더 크고 처음 만들어진 제빵기보다 50퍼센트 이상 비싼
후속 제품을 만들라는 해결책이 나왔다.

그 해결책이 실행된 후부터 정말로 제빵기 판매가 늘기 시작했다.
재미있는 사실은 팔려나간 제빵기는 나중에 만든 큰 제빵기가 아니라

는 점이다.

대체 왜 그럴까? 이제 선택할 수 있는 제빵기 종류가 두 가지로 늘어났다는 단순한 이유 때문이었다. 한 제품이 다른 제품에 비해 더 크고 비싸다는 것을 알게 되었으므로 소비자는 더 이상 진공상태에서 결정을 내릴 필요가 없었던 것이다.

"내가 제빵기에 대해 뭐 아는 게 있어야 말이지. 그런데 하나 장만한다면 작고 저렴한 걸로 고를 거야."

이런 식으로 제빵기는 팔리기 시작했다.

제빵기 이야기는 이쯤하고 이제 이 미끼작용을 전혀 다른 상황에 응용해보자.

당신이 독신이라고 치자. 앞으로 있을 독신자 모임에서 매력적인 데이트 후보감들에게 잘 보이려면 어떻게 해야 할까? 머리색깔이나 체형, 얼굴 생김과 같은 기본적인 신체적 특성이 당신과 비슷한, 하지만 당신보다 좀 덜 매력적인 친구를 데려가라는 조언을 해주고 싶다.

왜일까? 사람들은 비교대상이 주변에 있으면 당신이 얼마만큼 잘났는지 쉽게 판단할 수 있기 때문이다.

당신과 닮은 미끼친구와 당신을 비교할 수 있다면, 당신은 미끼친구와 비교했을 때도 더 나아 보일 뿐 아니라 그 자리에 모인 다른 사람과 비교했을 때도 더 나아 보일 것이다. 비이성적인 이야기로 들리겠지만, 이런 식으로 사람들에게 주목받을 수 있는 기회는 더 늘어난다.

장담할 수는 없지만 외모만 기준이 되는 것은 아니다. 독신자모임에서 멋진 말솜씨로 좌중을 휘어잡을 생각이라면 자신보다 말솜씨도

떨어지고 재치도 부족한 친구를 데리고 가라. 그러면 당신의 말솜씨는 더욱 돋보일 것이다.

이런 내막을 알았으니 앞으로는 훨씬 신중해질지도 모르겠다. 전체적으로 자신과 비슷하지만 자신보다 외모가 좀 더 나은 동성 친구가 저녁모임에 같이 가자고 하면, 그 친구가 자신을 친구로 데려가는 것인지 아니면, 미끼로 데려가는 것인지 갸우뚱거릴 테니 말이다.

남보다 낫지 않으면 무슨 소용!

상대성은 삶에서 어떤 결정을 내리는 데 유용하다. 하지만 그런 상대성은 우리를 철저히 비참하게 만들 수도 있다. 무슨 말일까? 자신에게 주어진 몫과 다른 사람에게 주어진 몫을 비교하게 되면 거기서 질시와 부러움이 생겨나기 때문이다.

십계명 중에 "집과 밭과 노예와 당나귀 등 이웃의 그 어떤 것도 탐내지 말라"는 이야기가 있는 데는 그만한 이유가 있다. 뭔가 비교해야 직성이 풀리는 우리에게는 이것이 가장 지키기 어려운 계명이 아닐까 싶다.

몇 년 전 나는 규모가 큰 투자회사의 한 중역을 만난 일이 있었다. 이야기 도중 그는 직원 중 한 사람이 최근에 찾아와 급료에 대한 불만을 털어놓았다고 했다.

"이 회사에 근무한 지는 얼마나 되었나?"

중역이 젊은 직원에게 물었다. 곧바로 대답이 돌아왔다.

"3년이요. 대학을 졸업하고 바로 들어왔습니다."

"회사에 들어올 때, 3년 뒤에는 보수를 어느 정도 받으리라 예상했는가?"

"10만 달러 정도 받을 것이라 생각했습니다."

중역은 직원을 이상하게 바라봤다.

"지금 자네는 거의 30만 달러를 받고 있어. 대체 뭐가 불만이지?"

"그러니까요."

젊은 직원은 머뭇거리며 말했다.

"제 옆자리에 근무하는 친구 둘은 저보다 그렇게 능력이 뛰어나지도 않은데, 31만 달러를 받고 있거든요."

이 이야기에서 좀 생각해봐야 할 부분이 있다. 1993년 연방증권조정위원회는 처음으로 회사 고위직 임원의 보수와 특전내용을 상세히 공개하도록 지시했다. 보수를 공개함으로써 이사회에서 임원들에게 터무니없는 보수와 특전을 주지 못하도록 하기 위한 것이었다. 규제나 법, 혹은 주주의 압력 같은 방법을 취하지 않더라도 임원보수를 적절히 통제할 수 있게 되길 기대했던 것이다.

그런데 1976년 CEO의 평균보수가 일반직원의 36배였던 데 비해, 1993년 CEO의 평균보수는 일반직원보다 131배나 많아졌다. 어떻게 된 일일까? 보수가 공개되자 언론에서는 보수를 많이 받는 CEO들을 소개하는 기사를 실었다. 그러자 임원의 특전이 제한되기는커녕 CEO들이 자신의 보수를 다른 사람과 비교하는 일이 생겼다. 결국 임원의 보수는 하늘 높은 줄 모르고 치솟았다.

CEO들이 더 많은 보수를 요구하도록 부추기는 임금관련 컨설팅회사(이런 회사를 두고 워런 버핏은 "조금만 더, 조금만 더, 빙고!"라는 말로 비난했다)는 이런 경향을 더욱 부채질하고 있다. 그 결과, 현재 CEO의 평균보수는 일반직원의 369배나 된다. 임원보수가 공개된 시점보다 무려 3배나 커진 상태다.

이런 상황을 떠올리며 한 임원에게 몇 가지 질문을 던진 적이 있다. "당신의 보수가 회사에 공개된다면 어떤 일이 벌어질까요?"

그는 놀란 눈초리로 나를 쳐다봤다.

"내부자거래라든가 금융스캔들 같은 것은 어느 정도 감당할 수 있어요. 하지만 보수가 전면 공개되면 감당할 길이 없지요. 최고임금을 받는 이들도 자신의 보수가 적다고 생각할 거예요. 그들은 회사를 그만두고 다른 곳을 알아볼 겁니다."

이상하게 들리는가? 보수와 행복 사이에 우리가 생각하듯 그리 긴밀한 관계가 있지 않다는 사실은 여러 차례에 걸쳐 거듭 입증된 바 있다. 심지어 어떤 연구에 따르면 스스로 '가장 행복하다'고 여기는 사람들이 사는 나라는 고소득자가 많지 않은 나라였다. 그럼에도 우리는 더 많은 보수를 받기 위해 애쓴다.

20세기 초 냉소적인 사회비평가이자 자유사상가였던 H. L. 멘켄H. L. Mencken은 남자가 자신의 보수에 만족할 때는 "아내의 언니 남편보다 많이 벌 때"라는 말을 하기도 했다.

왜 하필 아내의 언니 남편인가? 이렇게 비교하는 것이 가장 쉽고 확실한 비교가 되기 때문이다. 이런 사실을 알게 됐으니, 미혼이라면 인생의 동반자를 찾을 때 이 점을 고려하는 것이 좋을 것이다. 벌이가 시원찮은 배우자와 결혼한 형제가 있는 사람을 찾아봐야 할 일이다. 그나저나 멘켄의 아내는 그에게 늘 형부의 월급 이야기를 했던 모양이다.

어쨌든 터무니없는 CEO의 연봉은 사회에 해악을 끼쳤다. 그보다 돈을 못 받는 CEO들이 과감하게 더 높은 연봉을 요구했기 때문이다. 〈뉴욕타임스〉의 한 머리기사에는 '인터넷시대에는 백만장자가 억만장자를 부러워한다'는 이야기가 실렸을 정도다.

또 다른 기사에 나온 이야기를 해보자. 한 내과의사가 하버드 의대를 졸업하면서 언젠가 암 연구로 노벨상을 받으리라는 포부를 다졌다고 한다. 그것은 그의 목표이자 꿈이었다.

그로부터 몇 년 뒤, 월스트리트에서 기업의 의료투자자문으로 일하는 동기들이 의사생활을 하는 자신보다 수입이 훨씬 더 많다는 사실을 알게 되었다. 그 사실을 알기 전만 해도 그는 자신의 수입에 만족했다.

하지만 친구들이 요트와 별장을 구입했다는 소리를 듣곤 갑자기 자신이 가난뱅이가 된 것 같았다. 그는 자신의 인생항로를 월스트리트로 바꾸기로 했다.

시간이 흘러 그가 졸업 20주년 기념 동창회에 모습을 나타냈을 때, 그는 의사생활을 하는 동료들보다 최고 10배 이상의 수입을 벌어들이고 있었다. 그가 한 손에 술잔을 들고 동창회 장소 한가운데에 우뚝 서자 그를 중심으로 동그랗게 원을 그리며 사람들이 몰려들었다.

노벨상을 타지 못한 대신 '가난뱅이'라는 기분에서 벗어나고자 자신의 꿈을 월스트리트의 막대한 연봉과 맞바꾼 그는 동네 내과의사를 하면서 1년에 평균 16만 달러를 버는 것이 그렇게 부족했던 것일까?

비교의 순환고리를 끊어라

　　이와 같은 상대성의 문제를 해결할 방법은 없을까? 당신이 동창회에 갔다고 치자. 방 한가운데 서서 수입을 자랑하고 있는 친구를 중심으로 큰 원이 만들어져 있다. 당신은 의식적으로 그 원에서 몇 걸음 빠져나와 다른 친구와 이야기를 나눌 수 있다. 새 집을 사고자 할 때는 과분한 건 빼버리고 매물을 고를 수 있다. 새 차를 살 때도 형편에 맞는 것을 꼼꼼히 따져볼 수 있다.

　　관심영역을 넓힐 수도 있다. 뛰어난 학자인 아모스 트버스키Amos Tversky와 대니얼 카너먼Daniel Kahneman이 수행한 연구 가운데 한 가지 사례를 잠시 살펴보자.

　　당신은 오늘 두 가지 일을 해야 한다. 첫 번째 일은 새 펜을 사는 것이고, 두 번째 일은 회사에 입고 갈 정장 한 벌을 사는 것이다. 사무용품점에서 25달러짜리 멋진 펜을 본다. 막상 사려고 하니, 15분 거리에 있는 다른 상점에서 같은 펜을 18달러에 파는 것을 본 기억이 난다. 어떻게 하겠는가? 7달러를 아끼기 위해 15분을 걷겠는가? 이런 딜레마를 마주한 대부분의 사람들은 7달러를 아끼기 위해 발품을 마다 않는다.

자, 이제 두 번째 볼 일이다. 정장을 사러 간다. 세로 줄무늬가 들어간 고급스러운 회색 정장이다. 가격은 455달러. 막상 사려는데, 다른 손님이 15분 떨어진 다른 가게에서는 같은 정장을 448달러에 판다고 일러준다. 15분 걸음을 할 것인가? 이 경우에는 대부분의 사람들이 그렇게 하지 않는다.

왜 그럴까? 7달러를 절약하기 위해 15분 발품을 팔기가 어려운가? 사실 7달러는 어떻게 해도 7달러다. 10달러에서 7달러를 아끼는 것이든 1만 달러에서 7달러를 아끼는 것이든 상관이 없다.

이런 것이 상대성의 문제다. 우리는 상대성의 관점에서 결정을 숙고하고, 바로 그 자리에서 비교할 수 있는 대상들끼리 비교를 한다. 즉, 비싼 펜과 값싼 펜을 비교하면서 7달러를 아끼기 위해 발품을 팔 필요가 있다는 결론에 도달하는 것이다.

반면 가격이 싼 정장의 상대적 이점은 그렇게 크지 않으므로 7달러를 더 지불하기로 한다.

이런 이유 때문에 1달러짜리 수프통조림을 25센트 할인해주는 쿠폰을 따로 챙기는 사람이, 5,000달러짜리 음식을 주문할 때는 수프 앙트레에 추가로 200달러를 기꺼이 지불하는 것이다. 새 가죽소파를 살 때는 이것저것 주저하면서도, 2만 5,000달러짜리 자동차를 살 때는 가죽시트 추가비용에 3,000달러를 기꺼이 지불하는 것도 마찬가지 상황이다. 차보다 집에서 더 많은 시간을 보내는데도 말이다!

시야를 넓히면 자동차시트를 더 좋은 것으로 바꾸는 데 드는 3,000달러로 더 유익한 일을 할 수도 있을 텐데 막상 사고의 폭을 넓

허는 것이 쉬운 일은 아니다. 상대적 기준을 가지고 판단하는 것이 자연스럽기 때문이다.

정말로 사고의 폭을 넓힐 수는 있는 것일까? 내가 아는 사람 중에 그럴 수 있는 사람이 있다.

그의 이름은 제임스 홍James Hong이다. 그는 상대방에게 점수를 매기고 짝짓기를 하는 사이트 '핫오어낫닷컴Hotornot.com'을 만든 사람이다. 제임스, 그의 동업자 짐 영Jim Young, 레오너드 리Leonard Lee, 카네기멜론대학의 교수인 조지 로웬슈타인George Loewenstein, 그리고 나는 자신의 매력이 다른 사람의 매력을 판단하는 데 어떤 영향을 미치는지에 관한 연구를 진행하고 있다.

제임스는 이미 많은 돈을 벌었으며 그의 친한 친구 중에는 분명 억만장자도 있다. 그에게는 사방이 돈벌이 천지지만, 그럼에도 홍은 자신의 인생에서 비교의 원을 넓히지 않고 오히려 좁히고 있다. 그 일환으로 포르쉐 박스터를 팔고 대신 도요타 프리우스를 구입했다고 한다.

그는 〈뉴욕타임스〉와의 인터뷰에서 이렇게 말했다.

"박스터 인생을 살고 싶지 않아요. 박스터를 타면 911(같은 포르쉐 자동차이지만 박스터보다 비싼 차종임 – 옮긴이)을 갖고 싶을 테니까요. 911을 타는 사람은 또 어떤 것을 갖고 싶어하는지 아세요? 페라리를 몰고 싶어하지요."

우리가 배워야 할 모든 것이 이 말에 들어 있다. 더 많이 가질수록 우리는 더 많은 것을 갖고 싶어한다. 이 문제를 해결할 방법은 비교의 순환고리를 끊는 것뿐이다.

모든 것은 첫인상에서 결정된다

PREDICTABLY
IRRATIONAL

진주의 가격은 왜
하늘 높은 줄 모르고 치솟은 것일까?

2장

제2차 세계대전이 일어나자 이탈리아의 다이아몬드 상인 제임스 아사엘James Assael은 유럽에서 쿠바로 피신했다. 거기서 그는 새로운 생계 방편을 찾았다. 미군에게 방수시계가 필요하다는 사실을 알게 된 것이다. 그는 곧 스위스에 있는 지인을 통해 미군의 수요를 채워주었다.

전쟁이 끝나자 그가 미 정부와 맺었던 계약도 끝이 났다. 그에게는 수천 개의 스위스시계가 재고로 남았다. 일본도 시계를 필요로 했지만 그들에게는 돈이 없었다. 대신 아주 많은 진주가 있었다. 얼마 뒤 아사엘은 자신의 아들에게 스위스시계와 일본진주를 교환방식으로 거래하는 법을 가르쳤다. 사업은 번창했고 곧이어 그의 아들 살바도르 아사엘Salvador Assael은 이른바 '펄킹Pearl King'이라는 별명으로 널리 알려졌다.

1973년 어느 날 펄킹의 요트가 생트로페Saint-Tropez에 정박하고 있을 때, 멋쟁이 프랑스청년 장 클로드 브루이에Jean-Claude Brouillet가 그의 요트에 올라왔다.

브루이에는 항공화물사업을 청산하고 그 대금으로 프랑스령 폴리네시아의 푸른 산호초지대에 있는 산호섬을 매입했다. 그는 자신과 자신의 타히티 출신 아내가 그곳에서 지낼 요량이라고 말했다. 그러면서 섬 주변의 청록색 바다에 흑엽조개Pinctada margaritifera가 얼마나 많은지를 이야기했다. 흑엽조개에서 흑진주가 나온다는 귀가 쫑긋할 만한 이야기도 들려주었다.

당시에는 타히티 흑진주를 거래하는 시장이 형성되어 있지 않았고 수요도 얼마 되지 않았다. 하지만 브루이에는 같이 사업을 하자고 아사엘을 설득했고, 결국 그들은 함께 흑진주를 수확하여 전 세계에 내다팔기로 했다.

처음에는 아사엘의 영업이 먹혀들지 않았다. 머스캣소총 탄환만한 크기의 암회색 흑진주는 단 1개도 팔리지 않았다. 폴리네시아로 돌아온 아사엘은 흑진주를 모두 버릴까, 떨이로 할인점에 내다 팔까, 흰색 진주에 끼워넣기로 팔아치울까, 고민했을 것이다.

하지만 아사엘은 더 나은 품종이 나올 때까지 1년을 기다렸다. 그런 다음 자신의 오랜 친구이자 전설적인 보석상인인 해리 윈스턴Harry Winston에게 상품을 보냈다. 윈스턴은 5번가에 있는 자신의 상점 진열대에 터무니없이 높은 가격표를 달아놓고 흑진주를 진열해주기로 했다. 한편 아사엘은 고급잡지에 전면광고를 의뢰했다. 다이아몬드, 루비, 에메랄드가 이리저리 흩뿌려진 가운데 타히티 흑진주 목걸이가 광채를 내는 광고였다.

　얼마 전까지만 해도 폴리네시아 바다에서 로프로 건져져 알음알이로 거래되던 흑진주가, 마침내 뉴욕에서 가장 잘나가는 연예계 스타들의 목에 걸린 채 맨해튼을 확보하게 되었다. 가치를 떨어뜨리는 꺼림칙한 요소를 제거하고 그것을 최상의 상품으로 만들었기에 가능한 성공이었다. 그는 마크 트웨인**Mark Twain**이 톰 소여**Tom Sawyer**에 대해 말했던 것과 같은 일을 수행한 셈이다.

　"톰은 인간행위의 가장 위대한 법칙 가운데 하나를 알아냈다. 인간으로 하여금 뭔가를 갖고 싶도록 만들려면 그것을 손에 넣기 어렵게 만들면 된다."

사람에게도 적용되는 새끼거위의 법칙

　　　　　　　펄킹은 어떻게 한 것일까? 최상류계급 사람들을 어떻게 타히티 흑진주에 매료시켜 기꺼이 지갑을 열게 만들었을까? 이 질문에 답을 하려면 새끼거위에 대한 이야기부터 해야 한다.

　수십 년 전, 박물학자 콘라드 로렌츠**Konrad Lorenz**는 갓 알을 깨고 나온 새끼거위가 처음 본 사물 가운데 움직이는 것에 애착을 갖게 된다고 말했다. 보통의 경우는 자신의 어미가 그 대상이다.

　로렌츠는 새끼거위가 알을 깨고 나와 처음 본 자신을 졸졸 따라다니는 모습을 관찰한 후 그 사실을 알게 되었다. 이를 통해 로렌츠는 새끼거위가 주변에서 접한 것을 바탕으로 최초의 결정을 내릴 뿐만 아니라, 한번 내린 결정은 끝까지 고수한다는 사실을 입증했다. 그는 이런 현상을 가리켜 '각인imprinting'이라고 했다.

그렇다면 인간 뇌의 작용도 거위 뇌의 작용과 다를 바가 없을까? 첫 인상도 각인되는가? 그렇다면 각인은 우리 삶에서 어떠한 역할을 할까? 이를테면 새로운 상품을 대했을 때는 어떨까? 처음 제시된 제품의 가격을 그대로 받아들일까? 그 가격이 이후 그 상품을 구입하려고 하는 우리에게 오래도록 영향을 미칠까?

그렇다. 거위에게 통용되는 이 원리는 인간에게도 통용된다. 행동경제학에서는 이를 '앵커anchor'라고 한다.

처음에 아사엘은 흑진주를 세계 최고의 보석 반열로 '앵커를 내렸다'. 이후 가격은 정해진 그대로 따라갔다. 이처럼 특정가격에 어떤 신제품을 구입했다면, 우리는 그 가격에 앵커를 내리게 되는 셈이다.

이런 일은 정확히 어떤 작용을 거쳐 이루어지는 것일까? 그리고 우리는 왜 그 앵커를 받아들일까?

다음의 상황을 생각해보자. 내가 당신에게 사회보장번호 뒤의 두 자리를 물어보고 나서 그 숫자만큼의 달러를 지불하며(내 번호는 79이므로 나의 경우에는 79달러가 되는 것이다) 1998년산 코트 뒤 론Côtes du Rhône 와인을 살 것인지 물어본다면, 별 의미 없는 그 숫자가 당신이 그 와인을 사는 가격에 영향을 미칠 수 있을까? 터무니없는 소리처럼 들리는가? 몇 년 전 MIT에서 MBA과정을 밟고 있는 학생들을 대상으로 한 실험을 살펴보자.

구입 결정에
앵커가 미치는 영향

"여기 아주 좋은 코트 뒤 론 와인인 '자불레 파라렐Jabouler Parallel' 한 병이 있어요."

MIT 슬론 경영대학원의 드라젠 프렐렉Drazen Prelec 교수는 와인병을 들어올리며 경탄했다.

"게다가 1998년산이에요."

그 강의실에서 마케팅수업을 듣는 학생은 모두 55명이었다. 이날 드라젠과 조지 로웬슈타인, 그리고 나는 미래의 마케팅전문가들을 대상으로 이상한 요구를 하기로 했다. 학생들에게 사회보장번호 끝 두 자리를 적으라고 한 다음 방금 말한 와인을 포함한 물품들에 입찰하라고 했다.

우리가 확인하려고 했던 것은 '임의적 일관성arbitrary coherence'이라고 부르는 것이 과연 존재하는지였다. 임의적 일관성의 기본개념은 다음과 같다. 처음 매겨진 가격이, 아사엘이 흑진주에 매긴 것처럼 '임의의' 것임에도 불구하고 한번 뇌리에 자리를 잡으면 현재뿐만 아니라 그 이후의 가격도 규정한다는 것이다. 이 때문에 '일관성'이 있다고 하는 것이다.

그렇다면 자신의 사회보장번호를 한번 떠올려본 것만으로도 과연 그것이 앵커기능을 할까? 우리는 이 점이 알고 싶었다.

"와인을 잘 모르는 사람들을 위해 덧붙이자면, 이 와인은 〈와인 스펙테이터Wine Spectator〉에서 86점을 받았어요. 레드베리, 모카, 초콜릿

맛이 나며 중간 정도의 무게감과 농도를 지니고 있는 훌륭한 레드와 인으로, 기분 좋게 음미할 수 있다고 하는군요."

이제 드라젠은 다른 병을 집어 들었다. 1996년산 에르미타주 자불 레 라 샤펠Hermitage Jaboulet La Chapelle 로서 〈와인 애드버킷Wine Advocate〉에서 92점을 받은 것이었다.

"1990년 이후에 생산된 것 중에 가장 좋은 라 샤펠 와인이에요."

드라젠은 읊조리듯 말하고 학생들은 신기한 듯 쳐다보았다.

"8,100상자만 생산되었죠."

드라젠은 차례로 로지텍Logitech에서 만든 트랙맨 마블 FXTrack-man Marble FX(일반적인 마우스와 달리 볼이 위쪽에 달려 있는 마우스인 트랙볼Trackball 마우스의 일종 – 옮긴이), 무선 키보드와 마우스(로지텍에서 만든 아이터치), 디자인 북인《퍼펙트 패키지The Perfect Package》, 노이하우스Neuhaus에서 만든 벨기에 초콜릿 한 상자도 들어올렸다.

드라젠은 모든 품목이 적힌 서식을 나눠주었다.

"자, 이제 종이 상단에 자신의 사회보장번호 끝 두 자리를 적으세요. 그런 다음 각 물품 옆에 그 두 자리 번호로 가격을 매기세요. 뒤의 두 자리가 23이면, 23달러라고 적는 거예요. 다 작성했으면 종이에 그 가격으로 물건을 살 것인지 말 것인지를 '예' 아니면 '아니요'로 표시하세요."

드라젠은 학생들에게 각 품목에 지불할 수 있는 최고 가격도 써넣으라고 했다. 일종의 입찰가격인 셈이다.

학생들은 입찰가격을 적은 종이를 내게 넘겨주었다. 나는 그것을 노트북컴퓨터에 입력한 뒤 낙찰된 학생을 발표했다. 각 품목당 최고가를 적어낸 학생들이 1명씩 앞으로 나와 가격을 지불한 뒤 물건을 가져갔다.

각 품목당 가장 높은 가격을 적어낸 학생은 그가 적어낸 가격이 아니라 두 번째로 높은 가격을 적어낸 학생의 가격대로 대금을 지불했다. 이것을 가리켜 '차순위가격' 경매라고 한다. 윌리엄 비커리William Vickery는 이런 형태의 경매가 자신이 지불하고자 하는 최고가에 입찰할 수 있는 환경을 만들어낸다는 것을 입증하여 노벨경제학상을 받았다. 이는 이베이 옥션에서 사용하고 있는 경매방식이기도 하다.

학생들은 즐겁게 이 실습에 임하면서 내가 사회보장번호 끝 두 자리를 적은 것이 그들의 최종 입찰가에 영향을 미쳤는지 물었을 때는 절대 아니라고 했다.

연구실로 돌아와 데이터를 분석했다. 사회보장번호 끝 두 자리가 과연 앵커역할을 했을까? 놀랍게도 그렇다는 분석결과가 나왔다. 사회보장번호 끝 두 자리가 매우 높은 학생들(80~99)은 아주 높은 가격을 매긴 반면, 끝 두 자리가 매우 낮은 학생들(1~20)은 아주 낮은 가격을 매겼다. 예를 들어 끝 두 자리가 상위 20퍼센트 안에 드는 학생들은 무선 키보드에 평균 56달러를 매긴 반면, 하위 20퍼센트 안에 드는 학생들은 평균 16달러를 매겼다. 결과적으로 사회보장번호 끝 두 자리가 상위 20퍼센트 안에 드는 학생들은 하위 20퍼센트 안에 드는 학생들보다 216퍼센트에서 346퍼센트까지 가격을 높게 매겼다.

이러면 사회보장번호 끝 두 자리가 높은 사람들은 이런 생각을 할지도 모르겠다.

"그렇다면 내가 일평생 모든 것에 터무니없이 비싼 값을 치르고 살아왔단 말이야?"

여기서 말하고자 하는 것은 그것이 아니다. 이 실험에서는 사회보장번호 끝 두 자리를 요구했기 때문에 사회보장번호가 앵커가 됐을 뿐이다. 현재 기온이나 권장소비자가격을 가지고 이 실험을 할 수도 있었다. 어떤 것으로 실험을 했더라도 그것이 앵커가 됐을 것이다.

이런 현상이 이성적으로 보이는가? 당연히 그렇지 않다. 이와 같은 실험을 MIT 최고경영자 과정의 임원과 관리자를 대상으로도 진행했는데, 역시나 초콜릿, 책, 그 밖의 다른 상품에 가격을 매길 때에도 사회보장번호가 영향을 미친다는 결과를 얻었다.

이 실험결과에는 또 다른 흥미로운 부분이 있었다. 물품가격을 매기는 것이 임의적임에도 불구하고 거기에는 논리적이며 일관된 측면이 있었다. 서로 관련이 있는 두 물품, 즉 2병의 와인과 2개의 컴퓨터 관련제품의 가격을 매긴 것을 보면, 두 품목의 가격이 놀라울 정도로 논리적이다. 한 사람도 빠짐없이 트랙볼마우스보다 키보드에, 그리고 1998년산 코트 뒤 론보다 1996년산 에르미타주에 더 높은 가격을 매겼다. 이는 동일한 상품군에 속하는 다른 품목의 가격을 매길 때 처음 매긴 가격, 즉 앵커를 기준으로 삼는다는 것을 뜻한다.

이것이 바로 임의적 일관성이다. 처음 매긴 가격은 넓은 의미에서 '임의적'이며 그것은 무작위 질문에 대한 답에 영향을 받는다. 일단 임의의 가격이 정해지면 그것은 물건값을 매길 때뿐만 아니라 그와 유사한 제품의 가격을 매길 때도 영향을 미친다. 그래서 일관된 것이다.

분명히 해둘 것이 있다. 우리는 가격의 홍수 속에 산다. 자동차, 잔디 깎기 기계, 커피메이커 등에는 권장소비자가격이라는 것이 있다. 부동산중개인은 현지 주택가격에 대해 장광설을 늘어놓지만 가격표 자체는 앵커가 아니다. 그것은 그 가격에 물건을 사거나 서비스를 받을까 고심할 때 비로소 앵커가 된다. 그때부터 우리는 가격범위를 정하고 최초의 앵커를 기준으로 삼는다. 이처럼 최초의 앵커는 이후의 구입결정에도 영향을 미친다.

27인치 LCD 고화질 텔레비전이 특가 600달러라고 하자. 이 가격표는 앵커가 아니다. 하지만 그 가격에 물품을 구입하기로 마음먹으면, 혹은 적어도 진지하게 구매를 생각한다면, 그 결정은 이후 LCD 텔레비전 가격의 앵커가 된다. 그것은 땅에 박은 말뚝과도 같아서 이후 다른 텔레비전을 구입할 때, 혹은 친구들과 어울려 뒤뜰에서 한 잔 하며 대화를 나눌 때, 다른 모든 고화질 텔레비전을 그 가격기준으로 비싼지 싼지 가늠하게 된다.

앵커는 모든 구매에 영향을 미친다. 유리 시몬슨Uri Simonshon 펜실베이니아대학 경제학과 교수와 조지 로웬슈타인 교수는 다른 도시로 이사 간 사람들이 예전 살던 곳의 부동산가격에 앵커를 두고 있음을 알아냈다. 그리고 집값이 싼 지역에서 중간 정도의 집값이 형성된 곳으로 막 이사한 사람은 새 부동산가격에 맞춰 지출을 늘리지 않는다는 것을 알았다. 그들은 작은 집에 맞춰 불편을 감수하는 한이 있더라도 집값에 대한 지출규모를 예전수준에 맞추었다. 마찬가지로 부동산시

세가 비싼 곳에서 살다온 사람은 평소 그랬던 것처럼 새로운 곳에서도 똑같이 지출했다.

부동산시장의 특수성에 익숙해지면 사람들은 잘 변하지 않는다. 이런 상황에서 벗어날 수 있는 유일한 방법은, 새로 이사 갈 곳에서 1년 정도 임대로 살아보는 것이다. 그렇게 하면 새로운 환경에도 적응할 수 있고, 시간이 어느 정도 흐른 후 현지 부동산시세에 맞게 구입을 결정할 수도 있다.

이렇게 우리는 최초의 가격을 앵커로 받아들인다. 그렇지만 우리는 끊임없이 지불의지를 바꾸면서 이 앵커에서 저 앵커로 폴짝거리며 옮아가는 존재는 아닐까? 아니면 처음의 앵커를 오래도록 수많은 구매결정의 앵커로 삼지는 않을까?

이 질문에 답하려면 또 다른 실험이 필요하다. 이 실험에서는 참가자들을 과거의 앵커에서 새로운 앵커로 유인할 수 있는지 알아보기로 했다.

소음을 듣는 대가는 얼마?

이 실험을 하기 위해 학부생, 대학원생, 그리고 취업설명회를 하기 위해 학교에 온 투자은행 관계자들을 실험참가자로 섭외했다. 실험에서는 세 가지 다른 소리를 참가자들에게 들려주었다.

먼저 한 가지 소리를 들려준 뒤, 돈을 받게 된다면 이 소리를 다시

들을 의향(가격앵커와 같은 것이다)이 있는지 물었다. 처음 들려준 소리는 3,000헤르츠의 고음을 30초간 지속시킨 것으로, 이는 비명을 지를 때의 소리다. 두 번째로 들려준 소리는 30초짜리 풀스펙트럼 노이즈full-spectrum noise, 일명 화이트노이즈white noise였다. 이는 방송수신이 되지 않을 때 텔레비전에서 나는 소리와 비슷하다. 세 번째 소리는 30초간 고음과 저음을 오가는 소리였다.

실험에서 소리를 이용한 이유는 거슬리는 소리를 사고파는 시장이 이 세상에는 없기 때문이었다. 실험참가자들은 소리의 값을 매기는 데 기존의 시장가격을 참고할 수 없다. 더구나 귀에 거슬리는 소리를 좋아하는 사람들이 있을 리 없었다. 만약 클래식음악을 실험에 이용했다면 사정은 달라졌을 것이다. 나는 여러 소리를 조음해보고 귀에 거슬린다고 여겨지는 세 가지 소리를 직접 골랐다.

참가자들을 실험실 컴퓨터화면 앞에 앉힌 뒤 헤드폰을 씌웠다. 실험실의 다른 소리가 나지 않게 한 뒤, 첫 번째 실험집단에게 화면을 통해 지시를 내렸다.

"잠시 후 헤드폰을 통해 거슬리는 소리를 들려드릴 것입니다. 그 소리를 얼마나 불쾌하게 받아들이는지 알고자 합니다. 소리를 들려드린 뒤에는 '10센트를 받고서 그 소리를 다시 들으시겠습니까?'라고 물을 것입니다."

두 번째 실험집단에게도 똑같은 지시사항을 전달했는데, 다른 점이라면 여기서는 대가가 10센트가 아닌 90센트였다.

서로 다른 앵커가격이 과연 어떤 결과를 도출할까? 이제 그 사실을 알아내기 위해 30초간 3,000헤르츠의 불쾌한 소리를 들려주었다. 참가자 중에는 인상을 찌푸리는 사람도 있었고, 눈을 동그랗게 뜨는 사람도 있었다.

소음이 멈추자 각 실험참가자에게 앵커를 유도하는 질문이 주어졌다. 질문은 가상의 선택을 전제로 한 것이다. 실험참가자가 현금을 대가로 그 소리를 다시 들을 의향이 있는지 묻는, 앵커를 유도하는 이 질문에 답하고 나면, 참가자들에게 그 소리를 다시 듣는 데 필요한 최소 금액을 화면에 표시하라는 지시를 내렸다.

우리가 제시한 가격이 실험참가자가 귀에 거슬리는 소리를 듣기 위한 최소 대가가 되는지를 확인하기 위해, '벡커 드구르트 마샥Becker–DeGroot–Marschak 방식'을 사용했다. 이것은 경매방식 가운데 하나로 각 참가자가 컴퓨터에서 임의로 추출된 가격과 경쟁하는 방식이다.

참가자는 가격을 입력하자마자 결과를 알 수 있었다. 충분히 낮은 가격을 제시하여 소리를 '상으로 타게 된' 참가자는 그 소리를 다시 듣는, 별로 유쾌하지 않은 기회를 얻고, 그 소리를 듣는 대가로 돈을 받았다. 너무 높은 가격을 제시하여 소리를 들을 수 없게 된 참가자는 그 실험에서 돈을 받지 못했다.

자, 이 실험에서 알고자 하는 바는 무엇일까? 바로 처음 제시한 가격인 10센트 혹은 90센트가 과연 앵커구실을 하는지였다.

결과를 통해 실제로 그러하다는 것을 알았다. 10센트를 받고 소음을 들을 것인지를 두고 전례 없는 상황에서 첫 결정을 내렸던 사람은, 90센트를 받고 소음을 들어야 할지를 결정했던 사람과 달리 평균

33센트를 받는 선에서 다시 소음을 듣고자 했다. 두 번째 집단은 다시 한 번 귀에 거슬리는 경험을 하는 데 첫 번째 집단에 비해 2배의 대가, 즉 평균 73센트 정도를 요구했다.

첫인상은
끝까지 간다

이것은 우리 연구의 첫걸음에 불과했다. 우리는 앵커가 결정과정에서 얼마나 더 강력한 작용을 하는지 알고 싶었다. 실험참가자들에게 앵커를 포기하고 다른 것을 취하도록 만들 수 있을까? 그들이 그렇게 할까? 새끼거위실험에 비유하자면, 처음 각인된 어미를 따라 연못을 헤엄치던 새끼거위들이 중간에 다른 거위를 따라가며 헤엄치는 것이 가능할까?

새끼거위의 경우에는 처음 각인된 어미를 계속 따라갈 것으로 보인다. 그렇다면 인간은 어떨까? 실험의 두 번째 국면으로 들어가면 답을 얻을 수 있을 것이다.

10센트 집단과 90센트 집단에 속했던 사람들에게 30초간 쉭쉭거리는 화이트노이즈를 들려주었다. 그런 다음 "50센트를 받고 이 소리를 다시 듣겠습니까?"라고 물었고, 응답자는 '예' 또는 '아니요'를 가리키는 버튼을 눌렀다.

"다시 이 소리를 듣는다면 얼마를 받아야 한다고 생각하십니까?"라는 질문에 참가자들은 최소액수를 입력했다. 컴퓨터가 결과를 처리했다.

그들이 매긴 액수에 따라 소리를 듣고 돈을 받은 사람이 있는가 하면 그렇지 못한 사람도 있었다. 액수를 비교하니, 10센트 집단이 90센트 집단보다 훨씬 적은 금액을 적어냈다. 이 말은 앵커가 그대로 지배적인 역할을 한다는 것을 의미했다.

왜 그럴까? 10센트 집단의 참가자들은 이런 생각을 했던 것이 아닐까?

"음, 앞서 얼마 되지 않는 돈에 거슬리는 소리를 들었어. 지금 소리도 그리 다르지 않아. 이 가격이면 충분히 들을 수 있어."

90센트 집단의 참가자들에게도 같은 논리를 적용하겠지만 그 출발점과 종착점은 다르다. 그들은 이런 생각을 할 것이다.

"앞서 나는 그보다 더 많은 돈을 받고 귀에 거슬리는 소리를 들었어. 이 소리도 그리 다르지 않아. 앞의 가격 정도는 되어야 들을 수 있겠어."

이처럼 앵커는 여전히 영향을 미치고 있었다.

이 실험에서도 좀 더 앞으로 나아간 부분이 있었다. 30초 동안 오르락내리락하는 음을 들려준 후 10센트 집단에게 물었다.

"90센트를 받고 이 소리를 들으시겠습니까?"

그런 다음 90센트 집단에게도 물었다.

"10센트를 받고 이 소리를 들으시겠습니까?"

앵커를 바꾸었을 때 어떤 반응이 나타나는지 알 수 있을 터였다.

다시 한 번 참가자들은 "예" 혹은 "아니요"로 대답을 한 다음 실제 입찰가를 적었다.

"얼마면 이 소리를 다시 듣겠습니까?"

그들은 3개의 앵커를 겪었다. 첫 번째 실험에서의 앵커(10센트 또는 90센트), 두 번째 앵커(50센트), 바로 직전의 앵커(90센트 또는 10센트)가 그것이다. 그들이 거슬리는 소리를 듣는 데 가장 큰 영향을 미치는 앵커는 어떤 것일까?

다시 참가자의 마음속으로 돌아가보면 그들은 이런 생각을 할 것이다.

"처음 소리는 x센트를 받고 들었고 두 번째 소리도 x센트에 들었다면, 이번 것도 x센트에 들을 수 있어."

그들은 그렇게 했다. 처음 10센트를 앵커로 삼았던 사람은 90센트 앵커 제시에도 불구하고 낮은 액수를 받아들였다. 반면 처음 90센트를 앵커로 삼은 사람은 이후 제시되는 앵커는 신경 쓰지 않고 높은 액수를 요구했다.

여기서 무엇을 알 수 있을까? 처음 내린 결정이 오랫동안 이후의 결정에 영향을 미친다는 것이다.

초기 DVD플레이어의 가격이 지금의 플레이어 가격보다 훨씬 비쌌다는 것을 기억하든 못하든, 그때에 비해 지금 가격이 거저나 다름없다는 것을 알든 모르든, 기름가격이 갤런당 1달러였던 때를 기억하면서 주유소를 갈 때마다 속 쓰려 하든 말든, 첫인상은 중요하다. 어떤 경우든 임의로 접하게 되는 최초의 앵커는 이후 오랫동안 주변을 배회한다.

우리가 비싼 스타벅스에
열광하는 이유

인간도 새끼거위와 다를 바 없이 행동한다는 것을 알았다면, 이제 최초의 결정이 장기간 지속되는 습관으로 바뀌는 과정을 이해할 필요가 있다. 이 과정을 구체적으로 살피기 위해 다음의 예를 생각해보자.

한 레스토랑 앞에 2명이 줄을 서 있다. 당신은 이렇게 생각한다. "괜찮은 레스토랑인가보군. 줄까지 서서 기다리는 것을 보니."

당신도 그 뒤에 줄을 서기로 한다. 또 다른 사람이 지나간다. 세 사람이 줄 서 있는 것을 보고 "아주 좋은 레스토랑인가보다"라고 여기며 줄을 선다. 그런 식으로 다른 사람도 줄을 선다.

이런 행동을 가리켜 양떼현상herding이라 한다. 양떼현상이란 다른 사람의 행동을 기준으로 상황을 판단하고, 그들이 하는 대로 따라하는 것을 말한다. 그런데 자기양떼현상self-herding이라고 하는 또 다른 형태의 양떼현상이 있다. 이는 앞선 자신의 행동을 기준으로 상황을 판단하는 것을 말한다. 감이 오는가? 좀 더 살펴보자.

스타벅스Starbucks를 처음 알게 되었던 때를 돌이켜보자. 스타벅스가 미국 곳곳에 자리한 뒤 거의 모든 사람이 이와 비슷한 경험을 했으리라 생각한다. 오후 일을 보는데 식곤증이 몰려와 뭔가 기운을 차릴 만한 음료수를 마셔야 할 것 같다. 유리창을 통해 스타벅스를 보고 안으로 들어간다. 커피가격이 충격적이다. 오랫동안 던킨도너츠Dunkin'Donuts에서 더없이 만족스러운 가격에 커피를 마셔왔기 때문이다. 하지만 일단 들어온 이상 도대체 맛이 어떻기에 저 가격인지 궁금해진다. 작은 컵을 주문하여 음미한 뒤 기운을 차린 듯하자 다시 일을 보러 나간다.

다음 주 스타벅스 근처를 지나게 되었다. 들어가게 될까? 나무랄데 없는 의사결정 과정에 의거하여 스타벅스 커피와 던킨도너츠 커피의 맛을 따진다. 가격도 고려한다. 물론 몇 블록 떨어진 곳에 위치한 던킨도너츠까지 가는 발품도 따져본다. 셈이 복잡하다. 셈은 그냥 접고 가까운 곳에 가기로 한다.

"지난번에 스타벅스 가봤는데, 분위기도 좋고 커피도 좋았어."

결국 스타벅스로 들어가 작은 컵으로 한 산 주문한다.

이렇게 함으로써 그는 자신이 맨 앞에 섰던 줄에 두 번째로 선다. 며칠 후 스타벅스 앞을 또 지난다. 지난번 내렸던 자신의 결정이 생생히 떠오르면서 그 결정을 또 한 번 따르기로 한다. 자, 이제는 자신이 맨 앞에 섰던 줄에 세 번째로 선다. 시간이 가면서 스타벅스에 종종 들르게 되고, 들를 때마다 이는 자신의 취향에 입각한 선택이라는 확신을 강하게 갖게 된다. 이렇게 스타벅스 커피를 마시는 일은 습관이 된다.

이야기는 여기서 끝이 아니다. 커피를 마시는 데 더 많은 돈을 지불하는 것이 당연해지면서 새로운 소비곡선을 타게 되면, 다른 변화는 더 쉽게 일어난다. 2달러 20센트 하는 작은 컵에서 3달러 50센트 하는 중간 컵으로, 혹은 4달러 15센트 하는 큰 컵으로 커피의 선택이 옮겨진다. 자신이 어떤 식으로 비싼 가격대에 진입하는지는 모를지라도 상대적으로 비싼 가격대의, 양 많은 커피를 마시는 것이 대단히 이성적인 것 같다고 생각한다. 그런 다음에는 카페아메리카노, 카페미스토, 마키아토, 프라푸치노 같은 스타벅스의 다른 메뉴로도 수평이동을 하게 된다.

자신의 이런 모습을 잠시 멈추고 돌아본다면, 던킨도너츠에서 좀 싼 커피를 마시거나 사무실에서 공짜 커피를 마시지 않고 스타벅스에서 이 많은 돈을 꼭 뿌려야 하는 것인지 자신도 그 이유를 모를 것이다. 하지만 그것을 두고 고민하는 사람은 아무도 없다. 이미 거기서 마시기로 여러 차례 결정을 내린 바 있으므로, 앞으로도 똑같이 지출을 하겠다고 생각할 뿐이다. 스스로 양떼몰이를 해오다가 이제 그 양떼 가운데 한 마리가 된 것이다.

이 이야기에서 석연치 않은 부분이 있다. 첫 결정에 입각하여 앵커가 정해지는 것이라면, 스타벅스는 어떻게 다른 것을 제치고 그 첫 결정의 자리를 차지할 수 있었을까? 특히 던킨도너츠에 먼저 앵커를 두고 있었다가 어떻게 스타벅스로 앵커를 이동시킬 수 있었느냐 하는 점이 궁금해진다. 매우 흥미로운 부분이다.

스타벅스를 세운 하워드 슐츠Howard Shultz는 살바도르 아사엘처럼 직관력이 뛰어난 사업가였다. 그는 스타벅스를 다른 커피숍과 차별화하기 위해 많은 노력을 기울였다. 그가 선택한 차별화 부분은 가격이 아닌 분위기였다. 그 일환으로 그는 처음부터 스타벅스를 유럽풍 카페로 만들고자 했다.

초기 스타벅스는 커피콩 볶는 냄새로 향기로웠다. 던킨도너츠보다 더 품질이 좋은 원두를 사용한 것은 물론이다. 진열장에는 아몬드 크

루아상, 비스코티, 나무딸기 커스터드 과자 등 먹음직한 간식들도 있었다. 던킨도너츠의 커피는 스몰Small, 미디엄Medium, 라지Large 등 크기로만 세 가지로 분류되지만, 스타벅스의 커피는 크기로는 쇼트Short, 톨Tall, 그란데Grande, 벤티Venti가 있고, 종류로는 카페아메리카노, 카페미스토, 마키아토, 프라푸치노 등 훨씬 다양하다.

스타벅스는 색다른 커피숍 분위기를 만들어내기 위해 할 수 있는 모든 것을 다했다. 고객이 던킨도너츠의 커피가격을 앵커로 삼지 않고 스타벅스가 마련한 새로운 가격을 앵커로 받아들인 것은 이러한 차별성 때문이다. 그것은 스타벅스가 엄청난 성공을 거둔 이유이기도 하다.

돈을 받는 순간
놀이도 일이 된다

조지와 드라젠, 나 세 사람은 일관된 임의성에 대한 이 실험결과에 몹시 흥분하여, 그 실험을 좀 더 밀고나가기로 했다. 이번에는 복잡한 경우를 실험했다.

《톰 소여의 모험The Adventures of Tom Sawyer》에서 톰이 폴리 아줌마 집 담을 흰색페인트로 칠하는 일을 가지고 친구들을 속여먹은 유명한 일화를 기억하는가? 톰은 페인트칠을 마치 즐거운 놀이인 양 이야기했다.

"이게 일이라고?"

톰은 친구들에게 말한다.

"남자애가 담에 흰색 페인트칠을 할 수 있는 기회가 날이면 날마다 올 것 같아?"

이것을 새로운 '정보'로 받아들인 톰의 친구들은 흰색 페인트칠이 재미있다고 여기게 된다. 곧, 톰의 친구들은 그 특권을 누리기 위해 돈을 지불할 뿐만 아니라 페인트칠에서 진짜 즐거움까지 맛본다. 누이 좋고 매부 좋은 결과가 나온 것이다.

톰은 부정적인 경험을 긍정적인 경험으로 바꾸었다. 톰은 자신이 돈을 주어야 하는 상황에서, 오히려 그 친구들이 즐거움에 대한 대가로 자신에게 돈을 주도록 상황을 바꿔버렸다.

우리도 그렇게 할 수 있을까? 한번 해보기로 했다.

어느 날 나는 학생들에세 예고하지 않고 시를 한 편 골라 그것으로 경영심리학에 관한 특강을 한다고 했다. 시는 월트 휘트먼Walt Whitman 의 시집《풀잎Leaves of Grass》가운데 '지금 내 손 붙잡은 그대 누구이든 Whoever you are holding me now in hand'의 일부였다.

지금 내 손 붙잡은 그대 누구이든

하나라도 빠트리면 전부 쓸모없으리니

그대 나를 어찌 하려들기에

미리 경고하는 바

나는 그대 생각하는 그런 이 아니오. 오히려 그와 멀다오.

내 뒤 이을 사람 누구일까? 내 사랑 이어받을 이 누구일까?

이 길인지 자신 없고 결과는 모를 일.

어쩌면 파멸일지도

그대 다른 모든 것 접고 나 홀로 당신의

오직 하나 기준이길 바랄 터이니.

그대의 수련은 너무 더디고

힘에 겨워.

그대의 지난 날 인생관,

주변 사람과 어울리던 일 모두 버려야 하오.

그러니 더 이상 마음의 고통 생기기 전에

나를 놓아주오.

내 어깨에서 그대 손 거두어

나를 놓아주고 그대 갈 길 가오.

그날은 금요일이었다. 나는 시집을 덮고서 저녁에 월트 휘트먼의 《풀잎》에서 짧은 시, 중간 길이의 시, 긴 시 이렇게 세 편을 읽는 낭독회를 하겠다고 했다. 공간문제도 있으니 참석할 자격을 경매에 붙이겠다고 하고 입찰가를 적을 종이를 나눠줬다.

입찰가를 작성하기에 앞서 한 가지 요청을 했다. 학생들 가운데 절반에게는 10분 동안 시 낭송을 듣는 데 10달러를 낼 의향이 있는지 적으라고 했다. 나머지에게는 내가 그들에게 10달러를 준다면 시 낭송을 10분간 들어줄 수 있는지 적으라고 했다. 물론 이렇게 적은 것은 앵커다.

그다음에는 시낭송회 참석자격에 입찰하라고 했다. 처음 앵커가 이어지는 입찰에 영향을 미칠까?

이에 대한 답을 말하기 전에 생각해볼 문제가 두 가지 있다.

먼저 내 시낭송 솜씨는 일류가 아니다. 따라서 사람들에게 내 시낭송을 듣는 대가로 돈을 지불하라고 하는 것이 무리일 수 있다.

두 번째는 내가 학생들에게 시낭송 참석자격을 얻기 위해 돈을 지불할 것인지를 물어볼 수는 있지만, 학생들이 꼭 그런 요구에 따라 입찰에 응할 것이라는 법은 없다는 점이다. 주객이 전도되어 내게 돈을 내라고 할 수도 있었다.

자, 그럼 결과는 어땠을까? 내게 돈을 지불할 것인지에 대한 가상질문에 답을 한 사람들은 시낭송을 듣기 위해 돈을 지불할 의향이 있다고 했다. 그들은 평균 잡아 짧은 시에 1달러, 중간 길이의 시에 2달러, 긴 시에 3달러가 좀 넘는 액수를 제시했다. 학교를 그만둬도 밥 벌어 먹고 살 수는 있을 것 같았다.

그러나 자신들이 돈을 받아야 한다는 생각을 앵커로 삼고 있는 학생들의 경우는 어땠을까? 예상할 수 있듯이 그들은 지불을 요구했다. 평균 잡아 짧은 시에 1달러 30센트, 중간 길이의 시에 2달러 70센트, 긴 시를 참고 들어주는 데 4달러 80센트를 요구했다.

톰 소여와 다름없는 입장에 선 나는 뭐라 꼭 집어 말할 수 없는 경험을 그들에게 안겨줄 수도 있었고, 내 기분 내키는 대로 그 경험을 즐거운 것으로도, 고통스러운 것으로도 만들 수 있었다. 두 집단으로 나뉜 학생들 가운데 어느 누구도 내 시낭송 수준이 돈을 지불하고 들을 만한 것인지, 아니면 대가를 받고 들어줄 만한 것인지 전혀 아는 바가 없었다. 그들은 시낭송 참석이 즐거운 일이 될지 고통스러운 일이 될

지조차 몰랐다.

하지만 한번 첫인상이 자리를 잡으면, 즉 그들이 내게 돈을 지불할지 내가 그들에게 돈을 지불할지 정해지면, 주사위는 던져진 것이고 앵커가 형성된 것이다. 첫 결정이 내려지면 다른 결정은 겉보기에 논리적이고 일관된 형태로 그 결정을 따른다.

학생들은 내 시낭송을 듣는 것이 즐거운 경험이 될지 그 반대가 될지 전혀 몰랐지만, 첫 결정이 어떤 것이 되었든지 간에 다음 결정을 내리는 데 첫 결정을 기반자료로 사용했고, 따라서 세 번의 낭송에 대해 일관된 답변을 했다.

일찍이 마크 트웨인도 같은 결론에 도달했다.

"만약 톰이 이 책을 쓴 작가처럼 위대하고 현명한 철학자였다면, 일이란 몸을 움직여서 하는 것이며 놀이란 꼭 몸을 움직이지 않아도 되는 것이라는 사실을 이해했을 것이다."

나아가 마크 트웨인은 다음의 사실도 간파했다.

"영국에는 4마리 말이 끄는 마차를 타고 여름 내내 20~30마일을 달리는 부유한 신사들이 있다. 이런 특권을 누리려면 돈이 꽤 든다. 그런데 돈을 받고 그 짓을 하려는 순간 그것은 일이 되어 그들은 그만두고 말 것이다."

반성 없는 삶은
살 가치가 없다

마크 트웨인의 생각에서 알 수 있는 것은 무엇인가? 빅맥을 살 것인지, 담배를 필 것인지, 빨간 신호를 무시하고 그냥 갈 것인지, 파타고니아에서 휴가를 보낼 것인지, 차이코프스키 Tchaikovsky를 들을 것인지, 박사논문에 매달릴 것인지, 결혼을 할 것인지, 아이를 가질 것인지, 교외에서 살 것인지, 공화당에 투표할 것인지 등 사소한 것에서부터 커다란 문제에 이르기까지 많은 결정에는 앵커가 중요한 역할을 한다. 경제이론에 따르면 우리는 호불호의 기본적 가치판단에 의거해 이런 결정을 내린다.

그런데 일련의 실험을 통해 얻을 수 있는 중요한 교훈은 무엇일까? 그동안 아주 조심스럽게 꾸려왔던 삶이 결국 임의적 일관성의 결과물에 불과하다는 것일까? 새끼거위가 로렌츠를 자기 부모로 여겼던 것처럼, 과거 어느 시점에 임의의 결정을 내린 바 있고, 이후 처음의 그 결정이 옳았다고 생각하며 삶을 꾸려왔다는 것일까? 이런 식으로 직업, 배우자, 의복, 헤어스타일 등을 결정해왔던 것일까? 처음 내린 결정들은 제대로 된 것이었을까? 아니면 어쩌다 처음으로 각인되어 걷잡을 수 없어져버린 것일까?

철학자 데카르트 R. Descartes는 '코기토 에르고 숨 Cogito ergo sum', 즉 '나는 생각한다. 그러므로 나는 존재한다'는 말을 했지만, 실험결과를 보면 인간은 처음으로 행한 단순하고 임의적인 행동으로 이루어진 존재, 그 이상도 이하도 아닌 것 같다. 과연 인간이란 무엇인가?

쉽게 해결할 수 있는 문제는 아니지만 비이성적인 행동을 능동적으로 개선할 수 있는 여지는 있다. 우선은 스스로가 얼마나 심약한 존재인지를 알아야 한다. 최신형 휴대폰을 구입하거나 혹은 매일 4달러짜리 고급커피를 마실 계획이라고 하자. 그러면 그 습관부터 따져봐야 한다.

그 후 거기서 자신이 얼마나 큰 기쁨을 누리는지 자문해야 한다. 기대했던 만큼의 기쁨을 누렸는가? 거기에 들어갈 돈을 아껴 다른 일에 썼다면 더 큰 기쁨을 누릴 수 있지 않았을까? 자신이 하는 모든 일에 어떤 행동이 반복되어 나타날 때는 그것을 꼼꼼히 따져보는 훈련을 해야 한다.

휴대폰 구입의 경우 최신형이라는 것을 고집하지 않으면 지출을 줄일 수 있다. 커피의 경우에도 오늘은 어떤 고급커피를 마실까 고민하기보다, 꼭 그렇게 비싼 커피를 습관처럼 마실 필요가 있을까 자문할 필요가 있다.

오랫동안 의사선택을 좌우할 첫 번째 결정에는 특별히 주의를 기울여야 한다. 처음 어떤 결정을 내릴 때는 보통 그 결정이 이후에 별다른 영향을 미치지 않고 한번으로 끝날 것이라고 생각하지만 첫 번째 결정이 이후 다른 결정에 미치는 영향력은 상당하다. 그러므로 첫 결정을 내릴 때는 그에 상응하는 주의를 기울여야 한다.

소크라테스는 말했다. 반성 없는 삶이란 살 가치가 없다고. 지금이라도 우리 삶에 스며 있는 각인과 앵커를 낱낱이 헤아려보아야 한다. 한때 더할 나위 없이 이성적으로 보였던 그 선택이 여전히 그런지 따져볼 일이다. 과거에 자신이 했던 선택을 재고해볼 수 있다면 새로운 기회를 맞이할 수도 있다. 그것이 정말 이성적인 것이다.

공급과 수요가 ▬
시장가격을 결정한다?

앵커와 새끼거위에 관한 이 모든 이야기에는 소비취향의 형성과정, 그 이상의 내용이 들어 있다. 전통경제학에 따르면, 시장의 상품가격은 다음 두 힘의 균형에서 결정된다. 즉, 일정가격대에 물건을 생산하는 것(공급)과 그 가격대의 구매력을 갖춘 자가 물건을 얻고자 하는 욕망(수요) 사이의 균형이다. 이 두 힘이 만나는 지점에서 시장가격이 결정된다.

겉보기에는 멋진 생각이지만, 이 생각의 중심에는 독자적인 두 힘이 함께 시장가격을 형성한다는 가정이 깔려 있다. 그러나 이 장에서 소개된 모든 실험에서 말하고자 하는 결론, 즉 임의적 일관성이 존재한다는 것은 이런 가정에 문제가 있음을 보여준다.

먼저 표준경제학의 틀에서 보면, 소비자의 지출의지는 시장가격을 결정하는 두 요인 가운데 하나, 바로 수요에 해당된다. 하지만 실험에서 보았듯이 소비자의 지출의지는 쉽게 조작이 가능하다. 이 말은 곧 소비자가 자신의 소비취향을 제대로 통제할 수 없으며, 다른 상품이나 서비스에 지불해야 하는 가격에도 이 영향이 미친다는 것을 의미한다.

또한 표준경제학의 틀에서는 공급과 수요, 이 두 힘을 서로 독립적이라고 가정하지만 앞서 살폈던, 앵커를 만들어내는 조작과정을 보면이 둘은 상호의존적이다. 앵커는 권장소비자가격, 실판매가, 판촉, 상품안내 등의 공급 쪽 변수에 영향을 받는다.

소비자의 지출의지가 시장에 영향을 미친다고 하지만 실은 그 반대다. 즉, 소비자의 지출의지에 영향을 미치는 것은 시장가격 그 자체다. 수요는 공급으로부터 완전히 독립된 힘이 아니라는 뜻이다.

이것이 이야기의 전부는 아니다. 임의적 일관성이라는 측면에서 볼 때, 공급과 수요의 관계는 필요가 아닌 돈에 좌우된다. 구체적인 예화를 들어 설명하겠다.

내일부터 우유와 와인에 대한 새로운 과세안이 시행된다고 하자. 와인 가격은 50퍼센트 내리고, 우유 가격은 100퍼센트 오른다. 이때 어떤 일이 벌어질까? 이런 가격변화는 분명 소비에 영향을 미친다. 많은 사람들이 살짝 취기가 오른 채, 그러나 칼슘은 좀 부족한 상태로 거리를 돌아다니게 될지 모른다.

한편 다음의 경우를 상상해보자. 새로운 과세안이 시행된 후, 이전의 와인가격과 우유가격을 더 이상 기억하지 못한다면 어떻게 될까? 사람들이 이전 가격과 가격인상분을 뚜렷이 기억한다면, 가격변화는 수요에 큰 영향을 미친다. 하지만 이전 가격을 기억하지 못한다면, 가격변화가 수요에 미치는 영향은 미미하여 우유와 와인 소비량은 마치 가격변동이 없었던 것처럼 제자리를 유지할 것이다.

다시 말해 가격변화에 얼마나 민감한가는 예전에 지불했던 가격을 기억하고 그 가격에 구매결정을 했던 경험을 일관되게 유지하려는 욕구에 크게 좌우된다. 정말 구입하고 싶은지 혹은 필요가 있는지에 좌우되는 것이 아니라는 말이다.

정부가 휘발유가격을 2배로 인상시킬 수 있는 세금을 부과하기로 했을 때도 위의 원칙이 똑같이 적용된다. 전통적인 경제학 이론에서는 이렇게 되면 수요가 줄어야 맞다. 과연 그럴까?

분명히 처음에는 자신의 앵커와 새로운 휘발유 가격을 비교하곤 인상된 새로운 가격에 경악을 금치 못할 것이다. 휘발유 소비를 줄이기도 하고 하이브리드 자동차를 구매할 생각까지도 할지 모른다. 그러나 장기적으로 볼 때 소비자가 새로운 가격에 적응되어 새로운 앵커가 자리를 잡게 되면, 휘발유 소비는 새로운 가격대에서 추가적인 세금부과 이전 수준에 도달하게 될 것이다. 뿐만 아니라 스타벅스의 예에서 봤듯이 가격인상과 더불어 고급휘발유 제품을 출시한다거나 새로운 연료제품이 나온다면 가격재적응 과정은 아주 빠른 속도로 진행될 것이다.

휘발유 가격을 2배 이상 올려도 수요에 아무런 영향이 없다는 말을 하는 것은 아니다. 하지만 장기적으로 보았을 때, 가격인상이 수요에 미치는 영향은 예상하는 것보다 훨씬 미미하다.

경제정책에도 인간의 특성을
고려하면 어떨까?

임의적 일관성은 자유시장과 자유무역의
이점과도 관련이 있다. 자유시장의 기본개념은 상대가 나보다 더 가
치를 인정해줄 무언가를 내가 갖고 있으면 이 물건을 교역하는 것이
서로에게 이득이라는 것이다. 교역이 서로에게 이익이 된다는 것은
시장을 통해 교역하는 사람들이 자신이 가진 것의 가치와 거래를 통
해 얻을 것으로 기대하는 것의 가치를 안다는 것을 전제로 한다.

그러나 우리의 선택이 처음 뿌리를 내린 임의의 앵커로부터 영향
을 받는다면, 선택과 교역은 우리가 그 재화로부터 얻게 될 기쁨과 유
용성에 대한 제대로 된 평가의 결과물이라고 할 수 없다. 다시 말해 시
장에서 어떤 재화를 구입하고자 할 때 그것은 그 재화의 가치를 제대
로 반영한 것이 아니다.

이처럼 특정재화를 구입함으로써 얻는 '만족'이라는 가치를 정확
히 산출하지 못하고 임의로 설정된 앵커를 따르는 일이 빈번하다면,
교역을 한다고 해서 우리에게 이득이 된다는 보장은 없다.

이런 생각은 우리를 어떤 지경으로 몰고 갈까? 공급과 수요라는 시
장의 두 힘을 가지고 최선의 시장가격을 만들어낼 수 없고, 우리의 유
용성을 극대화할 방편으로 자유시장체제를 믿을 수 없다면, 다른 것
을 찾아봐야 한다.

이는 보건, 의료, 식수, 전기, 교육과 같이 사회적으로 중요한 공공
재에도 해당되는 이야기이다. 시장의 힘과 자유시장만으로도 항상 시

장을 최선의 상태로 만들 수 있을 것이라는 생각을 접어야 한다.

기업의 자유로운 활동을 제약하는 한이 있더라도 정부가 시장활동을 조정하는 중요한 역할을 맡는 것이 옳다.

인간이 이성적 존재라면 공급과 수요, 그리고 그 둘의 조화를 전제로 한 자유시장이 가장 이상적인 것일지 모른다. 하지만 인간은 이성적이지 않고 불합리한 존재다. 경제정책은 이러한 인간의 특성을 중요하게 고려해야 한다. 물론 그 정책을 집행하는 정부가 합리적이고 신중하기를 먼저 바라야 하겠지만.

공짜가 제일 비싸다

PREDICTABLY
IRRATIONAL

왜 우리는 공짜일 때
가장 비싼 값을 치를까?

3장

커피를 마시지도 않고 원두를 가는 기계도 없는데, 공짜라고 해서 덥석 원두 무료쿠폰을 챙긴 적이 있는가? 뷔페에서 추가비용이 없다고 마구 먹은 결과, 과식으로 속이 불편했던 적은? 아무 필요도 없는데 공짜라고 해서 라디오방송국에서 나눠주는 판촉용 티셔츠 하며, 발렌타인 초콜릿상자에 딸려오는 테디베어 하며, 해마다 보험사 직원이 보내주는 자석식 달력 같은 것을 챙긴 적은 없는가?

공짜로 뭔가를 얻으면 기분이 좋아지게 마련이다. 0은 가격의 한 형태가 아니다. 그것은 감정을 뒤흔들고, 비이성적인 흥분을 유발하는 뜨거운 버튼이다. 50센트짜리 물건을 20센트까지 할인해서 판다면 구입하겠는가? 아마도. 50센트짜리 물건을 2센트까지 할인해서 판다면 구입하겠는가? 아마도. 50센트짜리 물건을 공짜로 준다면 곧바로 집어들겠는가? 당연히!

우리가 저항할 수 없는 '공짜'란 도대체 무엇일까? 왜 공짜에 열광하는가? 공짜로 인해 곤란을 겪을 수도 있는데 말이다. 구입할 생각을 전혀 하지 않았던 물건도 공짜가 되는 순간 우리의 관심을 확 끌어당긴다. 회의에서 공짜 연필, 열쇠고리, 노트패드 등을 챙겨 집으로 가져와서는 대부분 버린 경험이 있을 것이다. 아이스크림 무료시식을 하기 위해 긴 시간 줄을 서본 적도 있을 것이고, 어떤 물건을 2개까지 살 필요가 없는데 그렇게 하면 하나 덤으로 준다는 말에 2개를 구입한 적도 있을 것이다.

재미있는 0의 역사

0의 역사는 참으로 오래됐다. 최초로 0의 개념을 고안한 것은 바빌론 사람들이었다. 고대 그리스인은 '어찌하여 아무것도 아닌 어떤 것이 있을 수 있단 말인가?'와 같은 현학적인 수사로 0을 논했다. 고대 인도의 학자 핑갈라Pingala는 1에 0을 덧붙여 두 자리 수를 얻었다. 마야인과 로마인은 수 체계에 0의 자리를 만들었다. 그러나 0이 본격적으로 자리를 잡은 것은 서기 498년 인도의 천문학자 아리아바타Aryabhata가 아침잠에서 깨어 이렇게 외치면서부터였다.

"스타남 스타남 다사 구남Sthanam sthanam dasa gunam."

이 말을 대략 옮기자면 "10의 배수 값이 되는 자리를 만들라" 정도 된다. 이로써 십진법 기반의 기수법이 탄생했다. 그때부터 0은 전성기를 맞는다. 아랍세계로 퍼진 0은 화려한 꽃을 피운 뒤 이베리아 반도를 거쳐 유럽에 전해진다. 스페인을 지배했던 무어인에게 감사할 일이다. 그 뒤 0은 이탈리아에서 더욱 다듬어지고 대서양을 거쳐 신세계로 전달된다. 마침내 0은 그곳 실리콘밸리에서 다양한 쓰임새를 갖는다.

0의 역사를 간단히 살펴보면 위와 같다. 그런데 0이라는 개념이 돈에 적용되면? 쉽게 이해되지는 않는다. 사실 어떤 역사적 과정이 있었던 것 같지도 않다. 그럼에도 공짜는 그 쓰임이 아주 많다. 가격할인과 판촉에도 사용될 뿐 아니라 자신과 사회에 이로움을 줄 결정을 내리는 데도 사용된다.

만약 공짜가 바이러스 혹은 소립자라도 된다면, 그 존재를 밝히기 위해 전자현미경으로 관찰하면서 여러 시료를 묻혀보기도 하고, 내부 구조를 보기 위해 잘라보기도 할 것이다. 그러나 행동경제학에서는 인간의 행동을 슬로모션으로 만들어 그것을 한 프레임씩 관찰하는 방식을 사용한다. 그런 방식을 '실험'이라고 한다.

이성을 마비시키는 공짜의 매력

한 실험에서 MIT 박사과정에 있는 크리스티나 샴파니어Kristina Shampanier와 나는 초콜릿 사업에 뛰어들었다. 말이 그렇다는 것이다. 우리는 대학 내 종합관 건물에 판매대를 펼친 뒤, 린트 트러플Lindt truffles과 허쉬 키세스Hirshey's Kisses 두 종류의 초콜릿을 진열했다. 매대 위에는 다음과 같이 큼지막한 안내판을 올려놓았다.

"고객 1명당 초콜릿 1개."

우리는 사람이 가까이 다가와야만 볼 수 있게 가격표를 붙여 놓았다. 이는 다른 조건에 있는 다른 유형의 사람을 끌어들이지 않기 위해서였다.

초콜릿을 잘 모르는 사람들을 위해 한마디 하자면, 린트는 좋은 카카오를 가지고 160년 동안 초콜릿을 만들어 온 스위스 회사의 제품이다. 린트 사의 초콜릿 트러플은 크림 빛으로 유명하며 먹음직스럽다. 가격은 포장 없이 쌀 때 개낭 50센트다.

반면 허쉬 사의 키세스는 앙증맞게 작은 초콜릿인데, 한번 맛을 보면 평범치 않은 초콜릿이라는 것을 알게 된다. 허쉬 사는 키세스를 하루에 8,000만 개 생산한다. 펜실베이니아의 도시 허쉬는 가로등마저 눈에 익은 허쉬 키세스의 모양이다.

학생들이 판매대 주변에 몰려들었을 때 어떤 일이 벌어졌을까? 우리는 린트 트러플을 개당 15센트, 키세스는 개당 1센트로 가격을 매겨놓았기 때문에 사람들이 다음과 같이 이성적으로 행동하는 것을 보고 그리 놀라지 않았다. 즉, 그들은 키세스의 가격 및 품질을 트러플의 가격 및 품질과 비교한 뒤 결정을 내렸다. 몰려든 학생 가운데 73퍼센트는 트러플을 골랐고, 27퍼센트는 키세스를 골랐다.

이제 공짜라고 했을 때 상황이 어떻게 바뀌는지 보기로 하고 린트 트러플은 14센트에, 키세스는 공짜에 주기로 했다. 어떤 차이가 있을까? 차이가 있어야 하는 것일까? 따지고 보면 각 제품을 1센트씩 더 깎은 것에 불과하다.

그런데 공짜가 어떤 결과를 빚었는지 보자. 고만고만한 허쉬 키세스가 갑자기 인기상품이 되었던 것이다! 69퍼센트의 고객이 공짜 키세스를 선택했다. 반면 린트 트러플의 판매는 곤두박질쳐 구매자가 73퍼센트에서 31퍼센트로 떨어졌다.

도대체 무슨 일이 벌어진 것일까? 공짜제품을 고르는 것이 당연한 경우는 종종 있다. 이를테면 백화점에서 운동양말을 공짜로 나눠준다고 해보자. 사람들은 최대한 많은 양말을 집기 위해 바닥까지 헤집을 것이다. 그러나 공짜가 공짜제품과 그렇지 않은 제품 사이의 갈등을 초래하고, 그 갈등 속에서 사람들이 올바른 결정을 내리지 못할 때는 이에 대한 논란이 일기도 한다.

당신은 발뒤꿈치 부분이 덧대져 있고 발가락 부분이 금색인 흰 양말 한 켤레를 구입하기 위해 스포츠용품점에 갔다. 15분 뒤 상점을 나서는 당신의 손에는 그 상점에서 구하려고 했던 양말이 들려 있지 않고, 전혀 좋아하지도 않던 싸구려 양말 한 켤레와 공짜로 더 얹어준 또 한 켤레의 양말이 들려 있다. 공짜에 혹해 원하지도 않는 구매결정을 내린 경우다.

이런 현상을 초콜릿 실험에서 재현하기 위해 우리는 손님들에게 단 한 제품, 즉 트러플 아니면 키세스만을 구입할 수 있다고 말했다. 한 종류의 운동양말을 구입하는 것처럼 양자택일을 해야 하는 것이다. 바로 그런 조건이 공짜 키세스에 대한 고객의 반응을 극적으로 드러냈다.

표준경제학에 따르면, 가격인하가 늘 소비행위에 변화를 주는 것은 아니다. 가격을 내리기 전에는 약 27퍼센트가 키세스를 골랐고, 73퍼센트가 트러플을 골랐다. 상대적인 부분에서 아무런 차이가 없다면, 가격인하가 있어도 소비자의 반응은 그대로여야 한다. 지팡이를 휘두르면서 정통경제학을 옹호하는 경제학자는 모든 조건이 동일할 경우 고객이 동일한 양허폭에 의해 트러플을 선택한다고 말했을 것이다.

자, 다시 우리 이야기로 돌아오자. 허쉬 키세스를 집어들기 위해 판매대 가까이 온 사람들은 무리를 비집고 들어오기 전에 합리적인 비용수익cost-benefit 결정을 내린 이들이 아니다. 그들은 그저 키세스 초콜릿이 공짜여서 온 것이다. 인간이란 얼마나 이상한, 그러면서도 예측가능한 존재란 말인가!

이런 결론은 다른 형태의 실험에서도 똑같이 나왔다. 허쉬 키세스 값을 각각 2센트, 1센트, 공짜로 두고, 같은 비율로 트러플을 27센트, 26센트, 25센트로 내려보았다. 이는 키세스 초콜릿 가격을 2센트에서 1센트로 내리고 트러플을 27센트에서 26센트로 내릴 때, 각 제품의 구매자비율이 달라지는지를 보기 위한 실험이었다.

달라지는 것은 없었다. 그러나 키세스 초콜릿을 공짜로 하고 실험을 반복하면 그 반응은 전혀 달랐다. 사람들은 키세스 초콜릿을 열심히 집었다.

구매자가 지갑이나 가방에서 동전을 꺼내는 게 귀찮았다거나 수중에 돈이 없었다거나 하는 변수로 인해 실험에 차질이 생긴 것은 아닌가 하는 생각도 했다. 그런 것의 영향을 받을 때는 공짜에 구미가 더 당길 테니 말이다.

이런 가능성을 고려하여 MIT 구내 카페테리아 몇 군데서는 다른 실험을 했다. 이번 실험에서는 초콜릿 할인판매가 카페테리아에서 행하는 할인행사 가운데 하나인 것처럼 보이도록 계산대 옆에 진열했다. 초콜릿을 사고 싶은 학생이 음식을 고르면서 쉽게 그것을 집어 같이 계산할 수 있게 했다. 자, 어떻게 됐을까? 두말할 것도 없이 학생들은 공짜제품을 열심히 집어들었다.

딱히 필요없는 물건을
고른 이유는?

왜 우리는 정말 원하는 제품도 아닌데 공짜라면 분별없이 달려드는 것일까?

대부분의 거래에는 상한선과 하한선이 있다. 그런데 어떤 물건이 공짜라면 하한선을 망각하게 된다. 공짜라는 말이 심리적으로 끼치는 영향은 지대하여, 우리는 공짜물건에 실제가치보다 훨씬 더 큰 가치를 부여한다.

왜 그럴까? 인간이란 본능적으로 손해에 대한 두려움을 갖고 있는 존재이기 때문이다. 공짜의 실제 매력은 이런 두려움과 깊은 관련이 있다. 공짜제품을 손에 넣는 순간, 손해의 가시적인 가능성은 완전히 사라진다.

공짜가 아닌 제품을 선택할 때는 어떨까? 거기에는 잘못된 결정일 수 있는 위험이 도사리고 있다. 즉, 손해를 볼 가능성이 있다.

이런 이유로 가격의 세계에서 공짜는 그저 가격의 한 형태가 아니다. 물론 10센트도 수요차원에서 큰 영향을 미칠 수 있지만(당신이 수백만 배럴의 원유를 판매한다고 생각해보라) 공짜제품을 향해 격해지는 감정을 넘어설 수 있는 것은 없다. 공짜효과zero price effect라고 하는 이것은 독자적인 영역을 가지고 있다.

공짜의 거역할 수 없는 매력 때문에 원하지도 않는 물건을 얼마나 많이 구입해왔던가? 얼마 선 고화질 DVD 플레이어 신세품을 구입하면 공짜타이틀 7개를 챙겨준다는 중견 전자업체의 신문광고를 보면서 생각했다. 내게 그 고화질 플레이어가 필요할까? 딱히 필요 없다. 고화질 타이틀이 얼마 되지 않기 때문이다.

가격이 좀 내려갈 때까지 기다리는 것은 어떨까? 신제품은 가격이 떨어지게 마련이다. 지금은 600달러 나가는 고화질 DVD 플레이어가 얼마 되지 않아 200달러짜리 기계가 될지도 모른다.

DVD 제조사가 공짜타이틀을 끼워주는 데 뭔가 다른 속셈은 없는 것일까? 이 회사의 고화질 DVD 장비는 다른 여러 제조회사가 합작한 블루레이Blu-ray(DVD보다 약 10배의 용량을 가진 차세대 광디스크 규격 – 옮긴이)와 치열한 경쟁을 벌이고 있다. 현재 블루레이가 시장점유율에서 앞선 상태고 앞으로도 시장을 장악해버릴 가능성이 크다. 만약 이 회사 제품이 시대에 뒤처진 것이 되어버린다면, 공짜로 끼워주는 타이틀의 가치는 얼마나 될까? 이렇게 공짜라는 말에 현혹되지 않을 수 있는 합리적 사유를 적어도 2가지 정도는 댈 수 있어야 한다.

그나저나 공짜로 준다는 DVD타이틀이 괜찮아 보이긴 한단 말이야…….

공짜에 휘둘리지 않을
자신이 있는가?

무언가를 공짜로 얻을 수 있다는 말에는 분명 귀가 솔깃해진다. 그런데 가격이 공짜인 것이 아니라 돈을 주고받는 일 없이 물건을 교환하는 경우에는 어떤 일이 벌어질까? 계속 공짜로 물건을 받게 되면, 정말 공짜 물건에 익숙해질까? 몇 년 전 할로윈이 다가올 무렵 나는 그 문제를 입증할 실험아이디어를 떠올렸다.

이른 저녁, 아홉 살 꼬마 조이는 스파이더맨 차림을 하고 등에 커다란 노란색 가방을 메고는 우리 집 현관계단을 오르고 있었다. 면도날이 들어간 사과를 주지나 않을까 감시라도 하려는 듯, 아이의 엄마가 동행했다. 물론 엄마는 아이가 스스로 "사탕 주면 안 잡아먹지Trick or treat"라는 구호를 외치며 할로윈 기분을 만끽할 수 있도록 저만치 인도에 멈춰 섰다.

조이가 할로윈 전통구호인 "사탕 주면 안 잡아먹지"를 외치자, 나는 아이에게 오른손을 벌리라고 했다. 그의 손바닥에 허쉬 키세스 3개를 얹어주고는 잠시 쥐고 있으라고 했다.

"여기 2개의 스니커즈 초콜릿 바가 있는데, 이 중에 하나를 네가 가져갈 수 있단다."

나는 각각 크고 작은 2개의 초콜릿 바를 보여주며 말했다.

"단, 조건이 있어. 네가 허쉬 키세스 1개를 주면 난 작은 스니커즈를 줄 거고, 네가 2개를 주면 난 큰 스니커즈를 줄 거야."

아이가 커다란 거미복장을 하고 있다고 해서 세상물정을 모르지는 않았다. 작은 스니커즈의 무게는 1온스이고 큰 쪽은 2온스다. 조이가 해야 할 일은 허쉬 키세스 1개(약 0.16온스)를 내게 주고, 1온스짜리 스니커즈를 얻는 것이었다. 이런 제안은 머리에 든 게 많은 사람일수록 선택을 주저하게 만든다.

하지만 아홉 살 난 아이의 셈은 간단하다. 그는 자신이 큰 스니커즈 바를 취하기로 한다면, 투자한 것이 6배가 되어 돌아오는 것을 안다. 조이는 주저하지 않고 키세스 초콜릿 2개를 내 손에 올려놓고 2온스짜리 스니커즈 바를 집고서는 자신의 가방에 넣었다.

조이만 그런 빠른 결정을 내리지는 않았다. 똑같은 제안을 받은 아이들 가운데 단 1명만 빼고는 키세스 초콜릿과 더 큰 초콜릿 바를 바꾸었다.

그다음으로 찾아온 아이는 조였다. 그 아이는 하얀 드레스의 공주 차림을 하고 한 손에는 마술지팡이, 다른 손에는 할로윈 호박 모양의 바구니를 들고 있었다. 조의 여동생은 아버지 품에 편안히 안겨 있는데 토끼복장을 한 모습이 귀엽고 앙증맞았다. 조가 크고 귀여운 목소리로 외쳤다.

"사탕 주면 안 잡아먹지!"

고백하건대 예전에는 가끔 짓궂게 이렇게 응대해준 적도 있었다.

"그럼 잡아먹어봐라."

그렇게 하면 대부분의 아이들은 전혀 생각지도 못했던 대답이 나온 것 때문에 어찌할 바를 몰랐다.

어쨌든 나는 조에게 허쉬 키세스 3개를 주면서 작은 계략을 하나 꾸몄다. 어린 조에게 거래를 제안한 것이다. 즉, 허쉬 키세스 1개와 큰 스니커즈 바를 바꾸든가, 아니면 허쉬 키세스를 내주지 않고 작은 스니커즈 바를 갖고 가든가 둘 중 하나를 택하라고 했다.

이성적으로 셈을 해보면 작은 스니커즈 바를 포기하고, 허쉬 키세스 1개를 내주고는 큰 스니커즈 바를 받는 것이 최선의 거래라는 것을 알 수 있다. 순중량을 비교하면 작은 스니커즈 바를 받는 대신, 조그만 허쉬 키세스를 내주고 큰 스니커즈 바를 받는 것이 훨씬 이익이다.

2개의 스니커즈 모두 비용을 치러야 하는 상황에 처했던 조이와 그 밖의 다른 아이들은 셈을 어떻게 해야 할지 분명히 알았다. 하지만 조는 어떻게 할 것인가? 영악한 아이의 마음으로 합리적인 선택을 할 것인가, 아니면 작은 스니커즈 바가 공짜라는 말에 눈이 어두워 엉뚱한 선택을 할 것인가?

이제는 어느 정도 감을 잡았을 것이다. 조를 비롯해 이런 제안을 받은 아이들은 공짜라는 말에 판단이 흐려졌다. 70퍼센트 가량의 아이들이 공짜라는 것 때문에 더 좋은 거래를 놓치고 엉뚱한 거래를 했다.

철모르는 아이들만 데리고 실험한다고 생각하는 사람들이 있을까

봐 더 큰 아이들, 이를테면 MIT 학생회관의 대학생들을 대상으로도 같은 실험을 하고 또 했다. 그 결과 할로윈에서 나타났던 결론이 그대로 되풀이되었다. 공짜의 매력은 돈이 오가는 거래에서만 나타나는 것이 아니다. 상품이 되었건 돈이 되었건, 공짜라는 중력에는 저항할 도리가 없었다.

정말 공짜에 휘둘리지 않을 자신이 있는가? 그렇다면 문제를 하나 내겠다. 10달러짜리 온라인서점 아마존 상품권을 공짜로 받는 것과, 20달러짜리 상품권을 7달러에 사는 것 중에서 하나를 골라보라. 빨리 생각하라. 어느 것을 고르겠는가?

공짜상품권을 골랐다면 우리 실험에 참여했던 사람과 당신은 큰 차이가 없다. 다시 한 번 자세히 보라. 20달러짜리 상품권을 7달러에 구입할 수 있다면 13달러가 이익인 셈이다. 10달러짜리 무료상품권을 고르는 것보다 훨씬 이익이다. 어떤 불합리한 행동을 했는지 알겠는가?

공짜가 우리 행위에 미치는 영향력이 얼마나 큰지를 보여주는 이야기를 들려주겠다. 몇 년 전 아마존닷컴에서는 일정액수 이상의 책을 주문한 경우 무료배송을 해주었다. 이를테면 16달러 95센트짜리 책 1권을 구매한 고객은 3달러 95센트의 배송료를 따로 지불해야 하지만, 고객이 다른 책을 또 구입하여 구매액이 31달러 90센트가 되면 배송비가 무료가 된다.

고객 중에는 1권을 더 살 필요가 없지만 무료배송에 혹하여 1권을 더 주문하는 고객이 많았다.

아마존에서는 이런 정책으로 재미를 봤는데 딱 한 군데, 프랑스에서는 판매가 늘지 않았다. 프랑스 소비자들이 미국 소비자보다 더 합리적이기 때문일까? 그럴 리는 없다. 프랑스 소비자들은 다른 형태의 거래에 반응하고 있었다.

내막은 이랬다. 아마존 프랑스에서는 특정액수 이상의 주문을 하면, 무료배송을 해준 것이 아니라 같은 조건에 배송료로 1프랑을 받았던 것이다. 1프랑이면 20센트 정도 된다.

무료와 별 차이가 없어 보이지만, 실제로는 차이가 없는 것이 아니었다. 아마존 프랑스에서도 무료배송 정책을 시행하자 판매가 획기적으로 늘어났다. 파격적인 1프랑 배송료에는 크게 흔들리지 않았던 프랑스 소비자들도 무료배송에는 다른 반응을 보였다.

몇 년 전 AOL 사도 시간당 서비스를 월 19달러 95센트에 마음껏 접속할 수 있는 월정액제로 바꿀 때 그와 비슷한 일을 겪었다. 새로운 이용요금제도를 마련하면서 AOL은 수요가 5퍼센트 정도 늘 것으로 예상하고 대비했다. 결과는 어땠을까? 하룻밤 사이 접속인원이 14만 명에서 23만 6,000명으로 늘었다. 평균 접속자의 2배였다.

잘된 일로 보일지 모르지만 실상은 그렇지 않다. 접속이 원활하게 되지 않아 AOL은 다른 온라인 공급업체로부터 회선을 빌려야 했다. 당시 AOL 사장이던 밥 피트먼Bob Pittman도 사실 걸신들린 사람들이 뷔페라도 간 것처럼, 소비자들이 공짜의 매력에 그렇게까지 반응할 줄은 미처 몰랐을 것이다.

공짜의 치명적인
함정

　　　두 제품 가운데 하나를 고를 때 공짜가 있으면, 거기에 마음이 쏠린다. 한 달에 5달러의 수수료를 내는 수표계좌보다 아무런 이점이 없더라도 수수료 없는 계좌를 선택하는 이유도 그 때문이다. 5달러의 수수료가 부과되는 수표계좌상품에 여행자수표발급수수료 무료, 온라인거래수수료 무료라는 조항이 서비스로 제공되고, 수수료 없는 수표계좌상품에는 그런 서비스가 없다면, 사람들은 5달러의 수수료를 내는 계좌가 아닌 무료 수수료 계좌를 선택하여 다른 부가서비스를 이용하는 데 더 많은 지출을 하게 될 것이다. 이와 비슷하게 수수료 없는 담보대출상품은 이율과 기타 수수료가 터무니없이 높은 경우가 많다. 그러나 공짜 사은품이 있다는 이유로 물건을 구입하는 것은 흔한 일이다.

　　지난 해 새 차를 둘러보던 중 미니밴을 사야겠다는 생각을 했다. 이미 혼다 미니밴에 대한 자료를 읽고서 그 차를 속속들이 꿰고 있던 참이었다. 이때 3년간 오일교환 무료라는 제안에 아우디가 내 시선을 끌었다. 어떻게 외면할 수 있겠는가?

　　솔직히 말하자면 아우디는 스포티한 외양에 빨간색이어서 두 아이를 둔 성숙하고 책임감 있는 가장인 나에게 그다지 어울리지 않았다. 그러나 무료 오일교환은 나를 크게 흔들어놓았다. 단지 그 사실 때문에 아우디의 매력에서 헤어나오지 못했다. 냉철한 머리로 좀 더 이성적인 계산을 했어야 옳지만, 결국 나는 무료 오일교환권과 함께 아우디를 구입했다.

나는 1년에 대략 7,000마일을 주행하는데, 오일은 1만 마일 단위로 교환해줘야 한다. 오일교환 비용은 약 75달러. 그렇다면 3년간 아낄 수 있는 비용은 150달러다. 차량 구입가의 0.5퍼센트 정도이니, 구입결정을 하게 된 이유가 무색해진다. 오히려 낭패다.

지금 내 아우디는 아이들의 장난감, 유모차, 자전거, 아이들 친구의 잡동사니 등으로 천정까지 미어터질 지경이다. 아, 미니밴이었으면 정말 좋았을 것을.

공짜전략을
활용하라

0이라는 개념은 시간에도 적용된다. 어떤 활동에 쓰는 시간은 다른 것에서 빼온 시간이다. 시식용 아이스크림을 받기 위해 45분 동안 줄을 서거나, 얼마 되지 않는 돈을 환불받기 위해 1시간 30분 동안 장황한 서식을 작성한다면, 그 시간은 버리는 시간이다.

내가 즐겨 드는 일화로 박물관 무료 관람일에 관련된 이야기가 있다. 대부분의 박물관 입장료가 그리 비싸지 않음에도 입장료 무료인 날이면 유독 예술에 대한 욕구를 충족시키고 싶은 열망이 강렬해진다. 물론 이런 욕망을 나 혼자만 느끼는 것은 아니다. 그런 날이면 박물관은 미어터진다. 줄은 길고 뭐 하나 제대로 감상하기 어렵다. 박물관과 카페테리아에서 짜증스럽게 사람들을 헤치고 다니며 무료 관람

일에 박물관을 찾는 것은 실수임을 뼈저리게 느끼지만, 나는 또 간다.

0이라는 개념은 먹을거리를 구입하는 데도 영향을 미친다. 식품제조업체는 포장용기 옆에 내용물에 관한 정보를 모두 표시해놓아야 한다. 거기에는 칼로리, 지방, 섬유질 등의 함유량이 적혀 있다. 공짜라는 말에 현혹되듯이 칼로리 제로, 트랜스지방 제로, 탄수화물 제로에도 현혹이 될까? 같은 원리를 적용한다면 펩시콜라도 용기에 '1칼로리'보다 '칼로리 제로'라고 적어놓는 게 더 많이 팔리지 않을까?

친구와 바에서 대화를 나누고 있다고 하자. 선택할 수 있는 음료는 칼로리제로 맥주와 3칼로리의 맥주다. 어떤 맥주를 마셔야 부담되지 않는 맥주를 마신다는 기분이 들까? 두 맥주의 차이는 무시해도 좋을 만큼 별 것 아니지만, 당신은 건강을 생각하며 칼로리제로 맥주를 마시는 것이 좋을 것이라고 확신한다. 그리고 이런 선택에 흐뭇해하며 감자튀김 한 접시를 주문한다. 이런 이런.

공짜는 할인의 한 형태가 아니다. 그것은 다른 위치에 있다. 2센트와 1센트의 차이는 작지만 1센트와 0의 차이는 엄청나다.

이러한 사실을 이해하는 사업가라면, 놀라운 일을 벌일 수도 있다. 사람들을 끌어들이고 싶은가? 그러면 뭔가를 공짜로 만들어라! 물건을 더 많이 팔고 싶은가? 팔 물건 가운데 공짜로 내놓는 것이 있어야 한다.

마찬가지로 사회정책을 시행할 때도 공짜전략을 이용할 수 있다. 전기자동차를 널리 보급하고 싶은가? 등록세와 검사수수료를 낮추는 수준이 아니라 아예 면제하라. 보건문제도 마찬가지다. 중병이 진행되는 것을 막으려면 조기검진에 신경을 써야 한다. 사람들로 하여금 정기적으로 내시경, 엑스레이, 콜레스테롤 검사, 당뇨 검사 같은 것을 하게 만들어야 한다. 그러려면 단순히 환자본인부담금을 줄여주는 방식으로 검사비용을 깎아줄 것이 아니라 중요한 검사를 무료로 해주면 된다.

많은 정책입안자들이 공짜라는 카드가 자신의 손에 쥐어져 있는 줄도, 그것을 사용할 줄도 모르는 것 같다. 공짜정책은 예산을 줄이려고 애쓰는 요즘 시대흐름에 역행하는 정책이지만 그 정책에는 분명 엄청난 효과가 있음을 기억해야 한다.

돈이 해결해줄 수 없는 것들

PREDICTABLY
IRRATIONAL

왜 우리는 돈을 받고 뭔가를 하면
기분이 안 날까?

4장

추수감사절 저녁식사를 하기 위해 처갓집에 간 당신. 장모는 당신을 위해 특별히 좋은 식탁보를 깔았다. 노릇노릇 잘 구워진 칠면조 속은 당신이 좋아하는 재료들로 꽉꽉 차 있다. 향긋한 감자 위에 마시멜로가 녹아 있는 것을 본 아이들도 신이 났다. 아내도 우쭐하다. 그녀가 자신 있게 만든 호박파이가 그날 디저트였던 것이다.

명절 저녁식사는 늦게까지 계속된다. 당신은 허리띠를 느슨하게 풀고 와인을 홀짝거리며 다정한 눈빛으로 식탁 너머의 장모를 바라본다. 그러다 갑자기 벌떡 일어나 지갑을 꺼내며 진지하게 말한다.

"장모님, 이 모든 요리에 담아주신 장모님 사랑에 대한 보답으로 얼마면 될까요?"

좌중이 고요한 가운데 당신은 한 움큼의 지폐를 흔든다.

"300달러면 될까요? 아뇨, 잠깐만요. 400달러는 드려야겠죠?"

다음에 벌어진 일은 누구나 그려볼 수 있는 그런 장면이다. 장모는 와인잔을 넘어뜨리면서 상기된 얼굴로 자리를 박차고 일어난다. 처형이 화난 얼굴로 쏘아본다. 조카딸은 울음을 와락 터뜨린다. 아무래도 다음해 추수감사절에는 텔레비전이나 켜놓고 그 앞에서 썰렁한 저녁식사를 해야 할 것 같다.

도대체 무슨 일이 벌어진 걸까? 돈을 드리겠다고 한 것이 왜 명절날 저녁식사의 흥을 깨뜨렸을까?

이유는 간단하다. 우리가 2개의 세계, 즉 사회규범이 우세한 세계와 시장규칙이 우세한 세계를 동시에 살고 있기 때문이다.

사회규범 안에서는 한 사람이 다른 사람에게 도움을 청할 수 있다. "이 소파 옮기는 것 좀 도와줄래요?", "타이어 교체하는 것 좀 도와줄래요?" 같은 말을 하는 것이 자연스럽다.

사회규범은 인간의 사회적 본성과 공동체를 유지하기 위한 것이다. 그것들은 보통 온정적이고 두루뭉술하다. 그 자리에서 어떤 대가를 지불해야 하는 것이 아니다. 소파 옮기는 이웃을 도와주었다고 해서, 그 이웃이 곧바로 우리 집 소파를 옮겨주어야 하는 것은 아니다.

또 다른 세계는 시장규칙이 지배하는 세계로 앞의 세계와는 전혀 다르다. 온정이라든가 두루뭉술한 것은 없다. 임금, 가격, 집세, 이자, 비용 – 수익 등 주고받음이 명확하다. 시장규칙이 지배하는 세계에서는 무엇이든 값을 치러야 얻을 수 있다.

가장 값비싼 섹스는
돈이 오가지 않는 섹스

사회규범과 시장규칙을 잘 구분해서 지키면 인생은 만사형통이다. 섹스를 예로 들어보자. 감정이 무르익으면 돈을 지불하지 않고도 관계를 맺을 수 있다. 한편 성매매시장도 존재한다. 거기에서는 섹스를 원하면 돈을 지불해야 한다. 꽤나 노골적이다. 남편이나 아내에게 화대를 요구하지 않듯, 몸 파는 사람에게는 진정한 사랑을 구할 필요가 없다.

문제는 사회규범과 시장규칙이 충돌할 때다. 한 남자가 여자와 저녁을 먹고 영화도 본다. 비용은 남자가 지불한다. 둘은 또 데이트를 하고 이번에도 남자가 비용을 댄다. 세 번째 데이트에서도 데이트비용은 여전히 남자의 몫이다. 이제 남자는 여자와 열정적인 키스라도 나눴으면 한다. 지갑이 가벼워지는 것도 걱정이지만, 더 심각한 문제는 머릿속에서 벌어지는 일이다.

그의 머릿속에서 사회규범(연애)과 시장규칙(돈으로 성을 사는 것)이 서로 갈등을 일으키고 있다. 네 번째 데이트에서 남자는 연애를 하면서 돈이 얼마나 드는지를 무심코 말한다. 그러면서 넘어선 안 될 선을 넘어 여자를 덮친다. 여자가 남자를 짐승이라고 하며 한바탕 소동이 일어난다. 남자는 사회규범과 시장규칙을 혼동해서는 안 된다는 것을 알았어야 했다. 특히 이번 경우처럼 데이트 상대를 몸 파는 여자로 여기지 않고서야 그런 행동을 할 수는 없는 노릇이다. 남자는 우디 앨런 **Woody Allen**의 명언을 명심했어야 한다.

"가장 값비싼 섹스는 돈이 오가지 않는 섹스다."

싼값을 받느니
돈을 받지 않겠어!

몇 년 전 세인트토마스대학의 교수인 제임스 헤이먼James Heyman과 나는 사회규범과 시장규칙의 효과를 연구하기로 했다. 추수감사절 사건과 같은 것을 재현하면 좋겠지만 그렇게 하면 실험참가자의 가족관계에 해를 끼칠 수 있으므로 좀 더 일상적인 방법을 찾았다. 이 실험은 가장 따분한 작업 가운데 하나였다. 물론 아주 따분한 실험을 하는 것이 사회과학에서는 하나의 전통처럼 돼 있긴 하지만.

이 실험에서는 원을 컴퓨터화면 왼쪽에 배치하고, 네모상자를 오른쪽에 배치한다. 실험참가자가 할 일은 마우스를 이용하여 원을 끌어다 네모상자에 포개는 것이다. 원을 상자 안으로 잘 끌어다 놓으면 원은 화면에서 사라지고, 새로운 원이 처음 원이 있던 자리에 다시 생긴다.

실험참가자에게 가능하면 많은 원을 끌어다 놓으라고 주문한 뒤, 5분 동안 얼마나 많은 원을 끌어다 놓는지 쟀다. 그들이 이 일을 하는 데 들인 노력을 잰 것이다.

이런 실험설정이 사회규범과 시장규칙의 어떤 면을 보여주는 것일까? 실험참가자 가운데 일부는 이 짧은 실험을 하는 데 5달러를 받았다. 그들에게는 실험 전에 돈을 주고, 컴퓨터에서 실험이 끝났다고 알려주면 실험실을 떠나도 좋다고 했다. 우리는 그들의 수고에 돈을 지불했기 때문에, 그들이 이 상황에 시장규칙을 적용하고 그에 따라 행동해주기를 바랐다.

두 번째 참가집단에게도 똑같은 지시사항과 해야 할 일을 주었는데, 미안하지만 그들에게는 수고비를 낮게 책정했다. 한 실험은 50센트, 또 다른 실험은 10센트였다. 이번에도 이 상황에 시장규칙을 적용하고 그에 따라 행동해주기를 바랐던 것이다.

마지막으로 세 번째 참가집단에게는 사회규범의 차원에서 실험참가를 부탁했다. 어떠한 물질적 대가도 제공하지 않고 그저 시간을 좀 내달라는 부탁 정도만 했다. 우리는 그들이 이 상황에 사회규범을 적용하고 그에 따라 행동해주기를 바랐다.

각 집단은 얼마나 열심히 실험에 응했을까? 시장규칙의 상도덕에 따라 5달러를 받은 참가자들은 평균 159개의 원을 끌어다 놓았고, 50센트를 받은 참가자들은 평균 101개의 원을 끌어다 놓았다. 예상했던 대로 더 많은 보상을 받은 사람이 그러지 않은 사람보다 50퍼센트 이상 일에 더 많은 동기를 부여받아 훨씬 열심히 일했다.

보상을 받지 않은 집단은 어땠을까? 그들은 현금보상을 받은 이들보다 작업을 덜 열심히 했을까? 아니면 돈을 받지 않은 상황에 사회규범을 적용하며 더 열심히 작업에 임했을까?

그들은 평균 168개의 원을 끌어다 놓으며 50센트를 받은 사람들보다 훨씬 더 열심히 작업을 했다. 5달러를 받은 사람들보다도 조금 더 높은 성과였다. 아무리 돈의 위력이 강하다 해도 돈이 오가지 않는 사회규범에 따라 작업을 할 때 사람들은 더 열심히 일했다.

사람들이 돈이 아닌 명분 때문에 더 열심히 일을 한다는 사실을 보여주는 예는 무수히 많다. 몇 년 전 미국퇴직자협회AARP는 몇몇 변호사들에게 가난한 퇴직자들을 위해 시간당 30달러의 저렴한 비용에 법률서비스를 해줄 수 있는지 물었다. 변호사들은 거절했다. 그런 일이 있은 후 미국퇴직자협회의 프로그램 담당자는 기발한 생각을 했다. 그는 변호사들에게 가난한 퇴직자들을 위해 무료로 법률서비스를 해줄 수 있는지를 재차 물었다. 놀랍게도 변호사들은 응낙했다.

도대체 어떤 일이 벌어진 것일까? 어떻게 공짜가 30달러보다 더 나은 것일까? 돈이 언급되면 변호사들은 시장규칙을 적용하게 되고 제안받은 액수가 그들의 수입과 비교하여 작다는 생각을 하게 된다. 그런데 돈이 언급되지 않으면 변호사들은 사회규범을 적용하여 기꺼이 시간을 내주는 것이다.

왜 그들은 퇴직자들을 도와주는 셈치고 30달러의 저렴한 비용에 사람들을 도와주겠다는 생각은 하지 못한 것일까? 일단 시장규칙이 사람들 마음에 자리 잡으면 사회규범은 밀려나게 마련이다.

컬럼비아대학의 경제학과 교수 네이쿰 지커만Nachum Sicherman도 이런 사실을 알아냈다. 그는 일본에서 무예를 배운 적이 있다. 그의 스승은 수련생들에게 웬일인지 훈련을 시키지 않았다. 수련생들은 어느 날 스승을 찾아가 교습비를 줄 테니 시간을 내서 지도를 해달라고 했다. 스승은 죽도를 내려놓더니 조용히 대답했다. 만약 그가 교습비를 매긴다면 그들 가운데 그 액수를 감당할 이는 없을 것이라고.

현금 대신 선물을 주면 어떻게 될까?

앞의 실험에서 50센트를 받은 사람들은 "잘됐군. 이 연구자들을 위해 좋은 일도 하고 용돈벌이도 하자"는 식으로 생각했을 법한데, 오히려 아무 대가도 받지 않는 사람들만큼도 일하지 않았다. 자신들의 처지를 시장규칙에 입각하여 파악한 후, 50센트가 그리 넉넉한 금액이 아니라 판단하고 대충 실험에 임한 것이다. 일단 시장규칙이 분위기를 지배하면 사회규범의 자리는 그 어느 곳에서도 찾아볼 수 없다.

현금을 지불하는 대신 선물을 주면 어떻게 될까? 맨 처음 일화에 등장했던 장모를 떠올려보자. 그녀는 추수감사절 저녁식사 자리에서 좋은 와인을 선물 받았다면 기뻐했을 것이다.

친구에게 주는 집들이 선물은 어떨까? 선물을 주고받아도 우리는 여전히 사회규범 안에 놓여 있을까? 실험에 참여한 대가로 선물을 받은 참가자는 사회규범에서 시장규칙으로 기준을 바꿀까, 아니면 사회규범이 지배하는 세계에 그대로 머물러 있을까?

선물이 사회규범의 영역에 있는지 시장규칙의 영역에 있는지를 알아보기 위해, 제임스와 나는 새로운 실험을 하기로 했다. 이번 실험에서는 참가자가 컴퓨터에서 원을 끌어다 놓는 일을 할 때 어떤 금전적 보상도 하지 않고 대신 선물을 주었다. 50센트 집단에는 그에 상당하는 스니커즈 바를 주었고, 5달러 집단에는 그에 상당하는 고디바Godiva 초콜릿 한 상자를 주었다.

참가자는 실험실에 들어와서 자기가 하고 싶은 만큼 작업을 하고 실험실을 떠났다. 그 결과, 세 집단은 거의 비슷한 수준으로 실험에 임했다. 스니커즈 바를 받은 집단은 평균 162개의 원을, 고디바 초콜릿을 받은 집단은 평균 169개의 원을, 아무것도 받지 않은 집단은 평균 168개의 원을, 각각 끌어다 놓았다. 큰 차이가 없었다. 선물이 보잘 것 없어도 그것 때문에 언짢아 한 사람은 없다는 이야기였다. 작은 선물을 받더라도 사회규범의 세계에 시장규칙을 끌어들이지 않은 것이다.

사회규범과 시장규칙을 뒤섞으면 어떻게 될까? 즉, '50센트짜리 스니커즈 바' 혹은 '5달러짜리 고디바 초콜릿 한 상자'라고 참가자에게 가격을 말하면서 주면 어떻게 될까? 50센트짜리 스니커즈 바를 받은 참가자는 앞서 그냥 스니커즈 바를 받은 참가자만큼 열심히 실험에 임할까? 아니면 처음에 50센트를 받은 참가자만큼 대충 실험에 임할까? 중간 정도 될까?

실험 결과, 50센트짜리 스니커즈 바를 받은 참가자는 실험에 큰 동기부여를 받지 못했다. 그들은 50센트를 받았던 참가자들이 기울였던 정도의 노력만 기울였다. 그들은 값을 매긴 선물을 대할 때 그 액수의 현금을 대하듯 반응했다. 값이 드러난 선물은 참가자들을 사회규범의 세계에 머물도록 하지 않고 시장규칙의 세계로 들어가게 했다.

이후에도 같은 실험을 했다. 길 가는 사람에게 트럭에서 소파 내리는 일을 도와달라고 한 것이다. 역시 같은 결과였다. 사람들은 아무 대가도 받지 않을 때와 합리적인 수고비를 준다고 했을 때 기꺼이 도와주었다. 그러나 보잘 것 없는 수고비를 준다고 하니 그냥 가버렸다. 선물도 비슷했다. 사람들에게 작은 선물을 준다고 하자 기꺼이 도와주었지만, 선물의 가격을 말하자 시장규칙에 따라 요청했을 때보다 더 빨리 등을 보이며 가버렸다.

사랑하는 사람 앞에서 음식값 이야기는 금물 ▬

이 실험에서 알 수 있듯이 시장규칙을 적용하고자 한다면 돈이라는 말을 언급하는 것만으로 충분하다.

그렇다면 사람들에게 단순히 돈에 대한 생각만 하게 만들어도 그들은 다른 행위를 할 것인가? 이 가정은 미네소타대학의 캐슬린 보Kathleen Vohs, 플로리다주립대학 대학원생 니콜 미드Nicole Mead, 브리티시컬럼비아대학 대학원생 미란다 구디Miranda Goode가 수행한 아주 멋진 실험에 의해 확인되었다.

그들은 실험참가자들에게 '뒤섞어놓은 문장'의 단어를 재배열하여 온전한 문장을 만들라고 요구했다. 한 실험집단에는 별 의도가 없는 단어들을 제시했다(예컨대 '밝은 춥다'). 그리고 다른 집단에는 돈과 관련된 단어들을 제시했다(예컨대 '고소득'). 이처럼 돈에 대한 생각만으로도 실험참가자의 행위방식이 달라질까?

참가자들은 단어를 재배열하는 실험을 마친 뒤 12개의 원을 네모 안에 배열해야 하는 어려운 문제를 받았다. 실험진행자는 실험실을 나가면서 도움이 필요하면 자기를 찾아와도 된다고 말했다. 두 집단

가운데 어디서 먼저 도움을 청하러 갔을까? 돈이 암시된, '고소득'이 들어간 문장을 재배열했던 집단일까, 아니면 '중립적' 문장을 재배열했던 집단일까?

고소득이 들어간 문장을 재배열했던 학생들은 5분 30초가 지나서야 도움을 요청한 반면, 중립적 문장을 재배열했던 집단은 3분이 지나자 도움을 요청했다. 고소득이 들어간 문장을 다뤘던 참가자들은 자립의지를 더 보였고, 도움을 청하려는 경향도 약했다.

이 집단은 또한 남을 도와주려는 경향도 적었다. 돈에 대한 생각을 한 다음부터는 참가자들이 실험자를 도와 자료를 입력하는 데도, 그리고 어쩔 줄 몰라 하는 다른 참가자를 도와주는 데도 소극적이었다. 연필통을 실수로 넘어뜨린 외부인(변장한 실험자)을 도와주는 데도 인색했다.

전체적으로 볼 때, 고소득이 들어간 문장을 다룬 참가자집단은 여러모로 시장의 특징을 많이 보여주었다. 더 이기적이고 자립적이었다. 그들은 더 많은 시간을 혼자 보내고자 했으며 같이 하는 것보다 개별적으로 해야 하는 일을 주로 골랐다. 어디에 앉을지를 정할 때도 되도록 다른 참가자들과 멀리 떨어진 자리에 앉았다. 돈에 대한 생각만으로도 사회적 동물로 생활하지 못하는 것이다.

이런 모습을 보다보니 그런 생각이 들었다. 데이트 상대와 레스토랑에 갈 때는 절대로 선택한 음식의 가격을 입 밖에 내서는 안 된다! 물론 가격은 메뉴에 다 쓰여 있을뿐더러 고급레스토랑에 데려간 것만으로 상대에게 깊은 인상을 남겨줄 수도 있다. 하지만 음식의 가격을 소리 내어 이야기하는 순간, 상대와의 관계는 사회규범의 세계에서 시장규칙이 지배하는 세계로 달라질 수 있다.

물론 이야기해주지 않으면 음식 값에 얼마나 많은 비용을 들였는지 모를 수도 있다. 당신이 선물한 60달러짜리 고급 와인을 장모가 10달러짜리로 알 수도 있다. 하지만 그것은 당신이 인간관계를 사회적 영역에 붙들어두고 거기에 시장규칙이 끼어들지 않도록 하기 위해 치러야 하는 값이기도 하다.

벌금을 부과하는 것도 생각해볼 문제 ▬

결국 2개의 세계, 즉 사회규범이 지배하는 세계와 시장규칙이 지배하는 세계에 살고 있는 우리는 각각의 인간관계에서로 다른 규범을 적용해야 한다. 사회적 관계에 시장규칙을 들이밀었다가는 사회규범을 깨뜨리고 관계를 해칠 수 있다. 이런 형태의 실수를 범하게 되면 사회적 관계를 회복하는 일이 쉽지 않다.

즐거운 추수감사절 저녁식사 초대를 받고 돈을 지불하겠다고 하면 장모는 그 일을 두고두고 잊지 않을 것이다. 잘 될 수도 있는 데이트 상대에게 노골적으로 연애과정에 드는 비용이나 말하고 그저 잠자리나 같이할 뿐이라고 생각한다면, 당신에게 낭만적인 사랑이 이루어지지 않는 것은 하나도 이상한 일이 아니다.

나와 절친한 사이인 UC 샌디에이고대학 교수인 유리 그니지Uri

Gneezy와 미네소타대학 교수인 알도 러스티치니Aldo Rustichini는 사회규범에서 시장규칙으로 바뀔 때 달라지는 점들을 확인할 수 있는 실험을 한 가지 했다.

몇 년 전 그들은 이스라엘에 있는 한 탁아소에서 아이를 늦게 찾으러 오는 부모에게 벌금을 부과하는 것이 유용한 억제기능을 하는지 알아보기 위한 연구를 했다. 우리와 알도는 벌금이 그다지 효과적이지 않으며 장기적으로 부정적인 영향을 미친다는 결론을 내렸다. 왜 그랬을까?

벌금을 부과하기 전, 보육교사와 부모는 아이를 늦게 찾으러 오는 것이 사회규범의 영역에 있다고 생각했다. 따라서 부모들은 어쩌다 늦으면 진심으로 죄송스러워했다. 그런 미안함이 부모로 하여금 다음부터는 제 시간에 아이를 찾으러 가도록 만들었다.

그러나 벌금을 부과하기 시작하자, 사회규범이 시장규칙으로 바뀐 꼴이 됐다. 부모는 자신들이 늦은 것을 돈으로 처리하면서부터 아이를 늦게 찾으러 오는 상황을 시장규칙으로 받아들이기 시작했다. 벌금을 내면 되니까 이제는 늦을지 말지를 상황에 맞춰 결정하면 그만이었다. 두말할 필요 없이 이는 탁아소에서 의도했던 바가 아니었다.

진짜 이야기는 지금부터 시작이다. 이 실험에서 가장 흥미로운 일은 그로부터 몇 주 뒤 탁아소가 벌금을 없애면서 일어났다. 탁아소가 사회규범의 세계로 되돌아간 것이다. 그렇다면 부모들도 사회규범의 세계로 돌아왔을까? 다시 죄책감을 느끼기 시작했을까? 전혀 그렇지 않았다. 벌금은 없었지만 부모의 처신은 바뀌지 않았다. 그들은 여전히 늦게 아이를 찾으러 왔다. 벌금을 없애자 오히려 아이를 늦게 찾으러 오는 횟수가 조금 늘기까지 했다. 결국 사회규범도 시장규칙도 모두 제거되어버린 것이다.

이 실험을 통해 한 가지 유감스러운 사실을 알 수 있었다. 사회규범과 시장규칙이 충돌하면 사회규범이 밀린다. 다시 말해 사회적 관계는 다시 세우기 어렵다. 다 피어버린 장미처럼 사회규범이 한번 시장규칙에 밀리게 되면 회복은 거의 불가능하다.

사회규범과 시장규칙 사이의 미묘한 균형

사회적 세계와 시장의 세계에 동시에 산다는 것은 우리 삶에 시사하는 바가 많다. 물건을 옮길 때, 아이를 맡겨야 할 때, 부재중에 우편물을 받아둘 사람이 필요할 때, 친구와 이웃으로부터 도움을 얻기 위한 가장 좋은 방법은 무엇일까? 현금일까, 아니면 선물? 얼마나 줘야 할까? 그냥 해달라고 하면 안될까?

잘 알다시피 이러한 사회적 유연성의 실체를 정확히 파악하기란 쉬운 일이 아니다. 특히 인간관계를 시장규칙이 지배하는 세계로 몰아넣을 위험이 있을 때는 더더욱 그렇다.

친구에게 커다란 가구의 일부분이나 작은 상자 몇 개 정도를 옮겨달라고 부탁하는 것은 괜찮다. 하지만 친구에게 큰 상자 여러 개 혹은 가구 하나를 통째로 옮겨달라고 하는 것은 문제가 있다. 특히 친구가 이삿짐센터 직원과 나란히 같은 일을 하게 될 때는 더더욱 그렇다. 그럴 경우 친구는 자신이 이용당한다는 느낌을 받을 것이다. 마찬가지로 변호사인 이웃에게 휴가로 집을 비운 동안 우편물을 대신 받아달라고 부탁하는 것은 괜찮다. 하지만 임대계약서를 준비하는 일을 공짜로 부탁하는 것은 문제가 있다.

사회규범과 시장규칙 사이의 미묘한 균형은 사업을 할 때 더더욱 두드러진다. 지난 몇십 년 동안 회사들은 자신들을 사회적 기업으로 알리고자 노력했다. 고객이 자신들을 한 가족이나 적어도 한 배에 올라탄 친구로 여겨주길 바라면서 "당신의 좋은 이웃, 스테이트 팜State Farm이 여기 있습니다"와 같은 선전문구를 수도 없이 썼다. "당신은 할 수 있습니다. 저희들이 도와 드리겠습니다"와 같은 홈디포Home Depot의 상냥한 격려문구는 물론이다.

이러한 풍조가 누구에 의해 시작되었는지는 몰라도 정말 획기적인 발상이다. 고객과 기업이 한 가족이라면, 기업은 몇 가지 이점을 갖게 된다. 그중 '고객충성도'가 으뜸이다. 실수로 더 많은 금액을 청구한다든지 혹은 보험료율을 살짝 올린다든지 하는 사소한 실수쯤이야 어떻게 넘어갈 수 있다. 고객과 기업의 관계는 다소 부침이 있긴 하겠지만 전반적으로 큰 문제는 없을 것이다.

하지만 이상한 것이 있다. 회사가 고객과 사회적 관계를 유지하기 위해, 혹은 적어도 사회적 관계를 맺으려 한다는 인상을 주기 위해 영업과 광고비용으로 수십 억 달러를 쏟아붓는다 할지라도, 기업은 먼저 사회적 관계의 본질을, 특히 그 위험성을 제대로 이해해야만 한다.

그러나 현실에서는 기업이 그렇게 하지 못하는 것 같다.

예를 들어 고객의 수표가 일시적인 잔고부족으로 부도가 난 경우, 어떻게 될까? 시장규칙에 따른다면 은행은 고객에게 수수료를 물리고, 고객은 수수료를 낸 후 거기에 더 이상 신경 쓰지 않으면 된다. 사업은 사업이니까. 수수료를 무는 일이 번거롭긴 하겠지만 크게 문제될 것은 없다.

사회적 관계가 형성된 곳에서라면 이야기가 달라진다. 담당자가 친절하게 전화를 걸거나 자동으로 수수료를 철회해주지 않고 과중한 수수료를 물리면, 그것은 관계를 끝장내겠다는 것과 다름없을 뿐만 아니라 다시는 안 보겠다는 배반행위로 치부된다. 소비자는 그것을 모욕으로 받아들이고 화를 내며 은행과 거래를 끊은 다음 친구에게 이 고약한 은행을 성토할 것이다. 이는 사회적 관계의 틀에서 기업과 고객의 관계가 형성되었을 때의 이야기다.

은행이 우정을 나타내는 슬로건과 상징을 제 아무리 많이 내건들, 한번 사회적 관계가 무너지면 소비자는 시장관계로 돌아선다. 그것도 순식간에.

당신이 회사 쪽이라면, 양쪽의 관계를 모두 취할 수 없다는 것을 명심해야 한다. 고객을 가족처럼 여기다가 그다음에는 아무 관계도 없다는 듯이, 심지어 방해물 혹은 경쟁자 보듯이 대할 수는 없다. 사회적 관계는 그런 식으로 돌아가지 않는다. 만약 사회적 관계를 맺기 원한다면 어떤 상황이 될지라도 그 관계를 유지해야만 한다는 것을 명심하라.

그러나 당신이 추가서비스에 대한 요금을 더 부과한다든가 혹은 고객이 줄을 서도록 살짝 나무란다든가 하면서 까칠하게 굴어야 한다면, 애초 당신 회사가 친근하게 보이도록 하는 데 돈을 낭비할 필요가 없다. 그럴 때는 단순한 명제를 분명히 하면 된다. 당신이 줄 수 있는 것과 그 대가로 당신이 기대하는 것을 말하는 것이다. 어떠한 사회규범도 기대하지 않는다면 어길 것도 없다. 그저 사업일 뿐이니까.

열심히 일한 직원에게 특별한 보상을 주면 어떨까?

요즘 기업은 직원들과도 사회규범의 관계를 맺고자 한다. 처음부터 그랬던 것은 아니다. 수년 전까지만 해도 미국의 노동자들은 산업과 시장이 주도하는 세계에 놓여 있었다. 당시는 9시부터 5시까지 일한다는 근무시간 개념이 지배적이었다. 주당 40시간을 일하고 금요일에 급료를 받아가는 식이었다. 시간당 급료를 받기 시작하면서부터는 고용주를 위해 일할 때와 그러지 않을 때를 명확히 구분했다. 공장에서 호각을 불면 하루 계약이 종료되는 것이다. 이는 분명한 시장교환관계였으며 고용자과 고용인 양쪽 모두에게 그런대로 받아들여졌던 관계였다.

오늘날의 회사는 사회적 관계를 만드는 것이 좋다고 본다. 시장에서는 무형의 것이 중요해지면서 창조성이 공장의 기계보다 필수적인 것으로 여겨진다. 회사를 꾸려나가는 사람이 우리가 차를 몰고 퇴근

할 때와 샤워를 할 때도 일에 대한 생각을 하기를 바라게 되면서 노동과 여가의 구분 역시 희미해졌다. 그들은 노트북컴퓨터와 휴대폰을 지급하며 집으로까지 일터를 연장시킨다.

9시부터 5시까지 근무한다는 개념이 희미해지면서 많은 회사들이 시급체제에서 월급체제로 바뀌었다. 이러한 근무환경에서는 사회규범이 훨씬 유익하다. 직원들로 하여금 일에 대해서는 열의와 성실성, 회사에 대해서는 애정을 갖도록 할 수 있기 때문이다. 고용인에 대한 피고용인의 충성도가 약한 시장에서 사회규범은 고용인들이 충실히 일하도록 동기를 부여하는 데 가장 좋은 방법 중 하나다.

한편 소스를 공개한 소프트웨어는 사회규범의 가능성을 보여준다. 리눅스Linux 등에 버그가 있다며 해당 게시판에 글을 올리면 누군가가 얼마나 신속하게 자신의 여가시간을 쪼개 문제를 해결하는지를 볼 수 있다.

이런 서비스에는 돈을 지불할 수 있을까? 그러고 싶지만 그런 능력을 가진 사람을 고용하는 비용이 만만치 않다. 그런데 이런 커뮤니티에 있는 사람들은 사회를 위해 자신의 시간을 기꺼이 쪼갠다. 그렇게 함으로써 그들은 사회적 도움을 주었다는 기분을 느낀다.

이런 것이 사업의 세계에도 들어맞을까? 물론이다. 이것 말고도 특정행위를 강력하게 유도하는 사회적 보상들이 있다. 그중 기업에서 거의 사용하지 않는 것이 사회적 보상과 평판을 통한 격려다.

사원이 집안일을 취소하면서까지 중요한 프로젝트의 기한을 지키기 위해 열심히 일한다고 약속한다면, 갑작스레 회의에 참석해야 하니 당장 비행기에 타라는 지시를 군소리 없이 이행한다면, 그들은 그에 상응하는 대가를 받아야 한다. 아팠을 때 지원을 해준다든가, 시장 상황이 좋지 않을 때 해고위험에서 벗어나게 해준다든가 하는 식으로 말이다.

신명나게 일하는 행복한 직장을 만들기 위해서 ━━

일부 회사들이 성공적으로 직원들과 사회적 관계를 맺어오기는 했지만, 단기성과와 하청, 과감한 비용절감 등에 집착하는 기업의 최근 경향으로 볼 때 그런 분위기는 뿌리부터 흔들리고 있다.

사람들은 사회적 관계를 생각하며 어떤 일이 잘못되면 다른 팀에서 자신들을 보호하고 도와줄 것이라 믿는다. 이런 믿음은 특별히 계약서에 명시할 필요도 없다. 도움이 필요할 때 신경 써주고 도와주는 것은 보편적인 의무다.

거듭 말하지만, 회사는 양쪽을 모두 취할 수 없는 모양이다. 기업이 최근 육아 및 집세 보조, 자유근무제도, 체력단련실, 구내매점, 가족야유회 등의 혜택을 줄여나가는 모습을 보면, 그것이 사회적 관계를 희생시켜 결국에는 고용인의 생산성에 영향을 미치지나 않을까 우려스럽다. 특히 의료혜택 부문의 예산삭감은 고용주와 고용인의 사회적 관계 중 많은 부분을 시장관계로 바꿀 것이다.

사회규범의 관계에서 얻어지는 이점을 취하고 싶다면, 기업은 그런 규범을 계발하기 위해 노력을 기울여야 한다. 의료혜택, 그 가운데 종합의료보험은 기업이 견지하고 있는 사회적 관계를 가장 잘 보여주는 것이다.

그러나 많은 기업들이 현재 보험시책에 있어 공제액은 많이 요구하고 혜택은 줄이고 있다. 간단히 말해 회사와 고용인 사이에 형성된 사회적 관계의 토대를 무너뜨리고, 그 자리에 시장규칙의 관계를 대신 채우고 있다. 이렇게 기업이 판을 깨는 상황에 고용인이 사회규범에서 시장가치의 영역으로 쏠려 더 나은 제안을 하는 회사로 배를 갈아탄다면, 이를 두고 뭐라 비난할 수 있을까? '애사심'이라는 말이 씁쓸하게 들리는 것도 그리 놀랄 일은 아니다.

조직은 사람들이 사회규범과 시장규칙에 어떻게 반응하는지 곰곰이 따져볼 줄 알아야 한다. 고용인에게 1,000달러 상당의 선물을 주는 것이 나을까, 아니면 현금으로 1,000달러를 주는 것이 나을까? 고용인에게 물어보면 대다수가 선물보다는 현금을 선호할 것이다.

그러나 사람들이 종종 오해해서 그렇지, 선물도 나름의 가치가 있다. 그것은 고용주와 고용인의 사회적 관계를 돈독히 만들어주며 장기적인 차원에서 모두를 이롭게 한다. 이렇게 생각해보자.

현금 1,000달러를 받은 사람과 그만한 액수의 선물을 받은 사람 가운데 누가 더 열심히 일하고 회사에 더 많은 애정을 가지며 자신의 일을 진심으로 좋아할까? 물론 여기서 선물을 하는 것은 상징적인 행위다. 누구도 봉급이 아닌 선물을 받기 위해 일을 하려고 하진 않는다. 하지만 직원들을 위해 다양한 혜택을 제공하는 구글Google 같은 회사를 보면, 회사가 직원과의 사회적 관계를 중요하게 여길 때 얼마나 잘 돌아가는지를 알 수 있다. 신명나게 뭔가를 같이 할 수 있도록 만드는 사회규범이 성과를 거둔 만큼 월급이 올라가는 시장규칙보다 강할 때, 사람들이 회사를 위해 얼마나 열심히 일하는지 알면 분명 놀랄 것이다.

이런 사회규범은 직원들의 애사심을 이끌어낼 뿐만 아니라 직원들이 자신의 능력을 십분 발휘하게 만든다. 이런 회사에서라면 직원들은 적응도 잘하고 회사 일에 깊은 관심을 가지며 열심히 일하게 된다. 사회적 관계가 가져다주는 성과는 이토록 놀랍다.

돈으로 사명감을 살 수는 없다

미국인의 생산성은 점점 더 노동자의 능력과 노력에 좌우되고 있다. 사업을 사회규범의 영역에서 시장규칙의 영역으로 억지로 몰아갈 수 있을까? 노동자들은 애사심과 신뢰라는 사회적 가치보다 돈을 더 중시할까? 사회적 관계가 장기적인 관점에서, 그리고 창조성과 헌신도의 관점에서 미국인의 생산성에 어떤 영향을 미칠까? 정부와 국민 사이의 사회적 계약이란 어떤 것일까? 그것 역시 시장규칙의 영역으로 바뀌고 있는가?

이런 물음에 대해서는 어느 정도 답이 나와 있다. 이를테면 사람들은 돈에 목숨까지 걸지는 않는다. 경찰관, 소방관, 군인들은 주급 때문에 목숨을 바치는 것이 아니다. 그것은 자신의 생명과 육신의 안녕을 과감히 버릴 수 있도록 만드는 사회규범, 즉 자기 직업과 임무에 대한 사명감 때문이다.

한 친구가 마이애미에서 해상순찰을 하는 미 세관원으로 일한 적이 있다. 세관원은 AK-47 자동소총을 소지하고 있었다. 그는 달아나는 마약밀매선을 향해 총을 쏜 적이 있었을까? 세관원은 그런 적이 없다고 하면서, 정부에서 받는 월급 때문에 자신의 목숨을 위태롭게 할 생각은 없다고 잘라 말했다. 솔직히 말해 마약밀수꾼들이 총을 쏘지 않는 한 연방관리들도 총을 쏘지 않는다는 무언의 협정을 밀수꾼들과 맺고 있다고도 했다. '마약과의 전쟁'이 벌어지는 최전선에서 총격전이 벌어졌다는 소식이 정말 드물다면 이유는 아마 이것 때문이지 싶다.

이런 상황을 어떻게 바꿀 수 있을까? 우선 연방관리들이 기꺼이 위험을 감수할 만큼 급료를 충분히 올려주는 방법이 있다. 그런데 얼마나 많이 줘야 할까? 바하마에서 마이애미로 밀매선을 타고 들어오는 밀수꾼이 벌어들이는 수입에 맞먹는 액수이면 될까?

다른 방법은 관리들에게 자신의 임무가 돈으로 따질 수 없을 만큼 중요한 가치를 가지고 있다는 인식을 심어주는 것이다. 경찰관과 소방관에게 그렇게 하듯이 사회질서를 유지하고 청소년들을 마약의 위험으로부터 지켜내는 그들의 직업을 치하하는 것이다.

이런 생각을 교육계에 어떻게 적용할 수 있을지 생각해보자. 일전에 나는 공교육 활성화와 책무에 대한 연방위원회에 참석했다. 이는 최근 몇 년 동안 내가 연구해왔던 사회규범과 시장규칙에 관련된 문제 가운데 하나였다. 위원회의 목적은 '뒤처지는 아이가 없도록 한다'는 교육정책을 재점검하고, 학생, 교사, 관료, 부모들이 교육문제를 적극적으로 풀어나갈 수 있도록 도움을 주고자 함이었다.

획일화된 시험과 수행능력에 기반을 둔 체계는 교육을 사회규범의 영역에서 시장규칙의 영역으로 몰고 간다. 미국은 학생 1인당 교육비를 다른 서구국가에 비해 이미 많이 지출하고 있다. 여기에 예산을 더 늘리는 것이 과연 현명한 일일까? 시험도 이미 너무 많다. 시험을 자주 본다고 해서 과연 교육의 질이 향상될까?

나는 그에 대한 해결책 가운데 하나가 사회규범의 영역에 놓여 있다고 생각한다. 실험을 통해 알 수 있듯이, 우리는 현금에 어느 정도 끌린다. 하지만 장기적 관점에서 볼 때 더 중요한 영향을 미치는 힘은 사회규범이다. 시험, 성적, 월급, 경쟁 등에 대한 교사, 학부모, 학생들의 관심에 초점을 맞출 것이 아니라 교육의 목적, 사명감, 자부심 등을 사람들 마음속에 스며들게 하는 것이 더 나을 수 있다. 이를 위해서는 시장규칙 쪽으로 방향을 잡아서는 안 된다. 예전에 비틀즈가 '내 사랑을 돈으로 살 수 없어요 Can't buy me love'라고 외쳤던 말은 배움에 대한 사랑에도 그대로 적용된다.

먼저 교육과정을 좀 더 명확하게 가난과 범죄를 줄이고 인간의 기본권을 향상시키는 등의 사회적 목표와, 에너지 절약, 우주개척, 나노기술 개발 등의 기술적 목표, 암, 당뇨, 비만치료 등의 의학적 목표와 같은 사회적 현안과 결부지어야 한다. 학교, 교사, 학부모가 교육에서 이런 중요한 점을 볼 수 있다면 교육문제에 대해 훨씬 열의를 가지게 될 것이다. 교육이 교육의 목적 그 자체를 성취할 수 있도록 노력해야 하며, 학생들이 학교에서 보내는 시간과 학생들이 받는 교육의 질을 혼동하지 말아야 한다.

어린 학생들은 다양한 것에 깊은 관심을 갖게 마련이다. 따라서 사회는 어린 학생들에게 노벨상 수상자 이름뿐만 아니라 야구선수 이름도 기억할 수 있도록 해줘야 한다. 교육에서 사회적 열정을 끌어내는 것이 쉬운 일이라고 말하는 것은 아니다. 다만 그렇게 할 수만 있다면, 그로 인해 얻어지는 가치가 어마어마할 것이라는 점만은 분명하다.

사막의 상상발전소
버닝맨에서 미래를 보다

돈으로 사람들에게 동기를 부여하는 것은 가장 값비싼 방식이다. 사회규범은 그에 비하면 훨씬 저렴할 뿐만 아니라 더 효과적이다.

예전에 돈은 교역을 간편하게 만들어주던 수단이었다. 돈이 생기자 시장에 거위를 들고 갈 필요가 없어졌고 상추 한 단이 거위의 어느 부위 가격과 맞을지 따질 필요가 없었다. 오늘날 돈은 지불하고 차용하고 저축할 수 있기 때문에 편리한 도구다.

그와 함께 돈은 인간적 상호작용의 가장 좋은 부분을 없애버렸다. 그럼에도 돈이 필요할까? 물론이다. 하지만 돈이 고려되지 않아야 더 잘 돌아가는 부분이 있지는 않을까?

이런 생각은 극단적인 것이어서 상상하기가 쉽지 않지만 몇 년 전 그런 상황이 어떤 것인지 잠시나마 겪은 적이 있다. 그때 난 그룹 그레이트풀 데드Grateful Dead의 작사가였던 존 페리 발로우John Perry Barlow로부터 전화 한 통을 받았다. 그는 돈이 필요 없는 공동체를 만드는 과정에서 자기가 겪었던 흥미로운 체험을 사람들에게 이야기하는 행사에 나를 초대했다. 발로우는 자기와 함께 버닝맨Burning Man 행사에 꼭 같이 가야 한다고 했다. 가보면 집에 온 듯 편안할 것이라고도 했다.

버닝맨은 네바다주 블랙 락Black Rock 사막에서 1년에 한 번씩 일주일 동안 진행되는 자기표현과 자기신뢰의 행사였다. 참가자만 4만 명이 넘었다. 1986년 샌프란시스코의 베이커 비치Baker Beach에서 처음 시작할 때만 해도 버닝맨은 나무로 된 높이 8피트의 사람조각상과, 그보다 좀 작은 개조각상에 불을 지르는 행사에 불과했다. 그 뒤 축제 참가자가 크게 늘었다. 이제 이 행사는 미국에서 가장 큰 규모의 문화예술축제 가운데 하나이며 임시 공동체 안에서 행해지는 실험적인 행사로 일컬어진다.

버닝맨은 여러모로 놀라운 행사지만 그 가운데 내가 가장 인상 깊게 여기는 것은 이 행사가 시장규칙을 일절 거부한다는 점이다. 버닝맨에서는 돈을 받지 않는다. 행사공간 전체가 물물교환 체제로 돌아간다. 다른 사람에게 물건을 줄 때, 거기에는 그들이 언젠가 다시 뭔가를 준다, 혹은 다른 곳에서 다른 사람이 그렇게 한다는 약속이 전제돼 있다.

요리를 할 줄 아는 사람은 음식을 준비한다. 심리학자는 무료로 상담치료를 해준다. 마사지하는 사람은 앞에 누운 사람을 마사지한다.

물을 가진 사람은 샤워할 수 있게 해준다. 사람들은 음료수와 직접 만든 장신구를 나눠주고 포옹을 아끼지 않는다. 나는 MIT 소품가게에서 퍼즐을 만들어 사람들에게 나눠줬다. 대부분의 학생들은 즐거운 마음으로 그것을 풀었다.

처음에는 이런 것이 매우 생소했지만, 얼마 있지 않아 버닝맨의 규범에 적응이 되었다. 놀랍게도 버닝맨은 내가 겪어본 곳 가운데 가장 포용력 있고 사회적이며 서로를 배려하는 공간이었다.

1년 365일 내내 버닝맨에서 아무런 불편 없이 지낼 수 있을지는 모르겠지만 이번 경험을 통해 시장규칙은 최소로 하고 사회규범은 늘린 상황에서의 삶이, 훨씬 더 만족스럽고 창의적이며 충만감 넘치고 즐겁기까지 한다는 확신이 들었다. 버닝맨 같은 사회를 다시 만들자는 것이 아니다. 사회규범이 우리가 생각했던 것보다 훨씬 더 중요한 역할을 할 수 있다는 것을 기억하자는 것이다.

지난 수십 년 사이에 시장규칙이 우리 삶을 얼마나 잠식했는지, 고액 연봉을 받아 많이 벌고 많이 쓰자는 식의 삶만을 우리가 추구한 것은 아닌지 되돌아볼 필요가 있다. 곰곰이 생각해보면 예전의 몇몇 사회규범으로 돌아간들 그리 나쁘지는 않으리라는 것을 알 수 있다. 그렇게 할 수만 있다면 지난 시절 우리들의 문화를 오늘날의 삶에도 가져올 수 있을 것이다.

내 안의 지킬 박사와
하이드 씨를 다루는 방법

PREDICTABLY
IRRATIONAL

왜 성적 충동은
우리가 생각했던 것보다 충동적일까?

5장

버클리에서 생물학을 전공하는, 붙임성 있는 성격의 로이Roy는 흥분한 상태다. 어두운 기숙사 방 침대 위에서 그는 오른손으로 재빨리 자위를 한다. 왼손으로는 얇고 투명한 스킨이 덮인 키보드를 조작한다. 컴퓨터화면으로는 풍만한 가슴의 벌거벗은 여자가 도발적인 자세를 취한 사진들이 보인다. 사진들을 훑으며 그의 심장박동 소리는 커져만 간다.

　흥분도가 올라감에 따라 로이는 컴퓨터화면에 떠 있는 '흥분계측기'를 올린다. 흥분계측기가 아주 높은 적색지점에 도달했을 때, 화면상에 다음과 같은 질문이 뜬다.

　"당신은 정말 싫어하는 사람과도 섹스를 할 수 있습니까?"

　로이는 왼손을 움직여 커서를 '아니요'에서 '예'로 옮긴 뒤 엔터를 친다. 그다음 질문이 나온다.

"당신과 섹스하고 싶은 마음이 들도록 여자에게 약을 먹일 수도 있습니까?"

로이가 답을 한다. 그러자 또 새로운 질문이 나왔다.

"콘돔을 항상 사용하겠습니까?"

성적 충동은 의사결정에 어떤 영향을 미칠까?

스무 명 되는 남자대학생에게 무방비상태로 섹스할 생각이 있는지 물어보면, 그들은 아마 무서운 질병과 임신의 위험성에 대해 시시콜콜 읊을 것이다. 다른 데 신경 쓸 수 없는 상황에 있는 학생들, 즉 과제를 하고 있다든가 강의를 듣고 있는 학생들에게 변태섹스나 그룹섹스를 좋아하냐고 물으면 그들은 움찔할 것이다. 그리고는 단호하게 아니라고 대답하면서 눈을 가늘게 뜨고 질문한 사람을 쳐다볼 것이다. 다짜고짜 이런 질문을 하다니, 도대체 어떤 미친놈이야?

2001년 버클리대학 방문교수로 있을 때 나의 친구이자 유명한 학자이며 오랫동안 나와 함께 연구를 해온 조지 로웬슈타인과 몇몇 똑똑한 학생들을 불러 다음과 같은 실험을 도와달라고 했다. 사람이 특정한 감정에 사로잡힌 상태에서 자신의 태도가 어떻게 바뀔지 예상할 수 있을까 하는 문제를 이해하기 위한 실험이었다.

이 연구를 좀 더 현실적으로 만들기 위해서 특정한 감정상태에 있는 참가자들의 반응을 측정해야 했다. 우리는 참가자들을 화난 상태, 배고픈 상태, 실망한 상태, 혹은 속상한 상태로 만들 수도 있었지만 결국 긍정적인 감정상태를 가지고 실험하기로 하고 성적 충동이 일어난 상태에서의 의사결정을 연구하기로 했다. 무슨 변태성향이 있어서 그런 것이 아니라, 10대 임신과 에이즈 확산 같은 심각한 사회문제를 해결하는 데 도움이 될까 해서 그런 상황을 설정한 것이다.

성적 충동을 일으키는 것은 곳곳에서 볼 수 있다. 그러나 성적 충동이 우리의 의사결정에 어떤 영향을 미치는지에 관해서는 거의 알려진 바가 없다. 더구나 참가자들이 어떤 특정한 감정상태에서 어떻게 행동하는지를 보기 위해서는 그 감정이 참가자들에게 매우 익숙한 것이어야 할 필요가 있다. 그래야 실험결과를 판단하기에도 용이하다. 스무 명의 남자대학생들에게 있어 익숙한 것이 있다면 그것은 당연히 섹스에 대한 생각이다.

여전히 금기시되는 섹스를 연구하다

버클리는 상반된 성격이 공존하는 공간이다. 1960년대에는 반체제 폭동이 일어났고, 샌프란시스코 만 지역민들은 이 유명한 중도좌편향의 도시를 가리켜 '버클리 인민공화국'이라고 무덤덤하게 부른다.

하지만 학교가 큰 까닭에 체제순응적인 우수학생들도 의외로 많이 몰려든다. 2004년 신입생 통계를 보면, 응답자의 51.2퍼센트만이 자신을 자유주의자라고 답했다. 36퍼센트의 학생은 중도라고 했으며, 12퍼센트의 학생은 보수라고 했다. 버클리에 처음 도착했을 때, 대부분의 학생들이 그리 과격하지도, 반항적이지도 않고, 모험을 불사하는 그런 류가 아니라는 사실을 알고는 좀 놀랐다.

우리는 스프라울 플라자Sproul Plaza에 다음과 같은 광고를 냈다.

의사결정과 성적 충동에 관한 실험에서 남자실험자를 구함. 18세 이상의 이성애자일 것.

모든 실험은 1시간 안에 끝나며 실험당 10달러가 지급되고 실험에는 자위도구가 사용될 것이므로 관심 있는 학생은 이메일로 실험조교 마이크Mike에게 신청하라고 공고했다.

이 실험에서는 남학생만 모집하기로 했다. 남자들을 흥분시키는 것이 여자들을 흥분시키는 것에 비해 훨씬 간단하기 때문이다. 이는 남녀 조교들과 많은 논의를 한 끝에 내린 결론이었다. 〈플레이보이Playboy〉 잡지 1권과 어두운 방만 있으면 실험을 성공적으로 치르기에 충분했으니 말이다.

남은 문제는 MIT 슬론 경영대학원으로부터 이 프로젝트의 승인을 받는 일이었다. 만만치 않은 일이었다. 연구를 승인하기 전에 리처드 슈말렌지Richard Schmalensee 학장은 대부분이 여자교수인 위원회를 소집하여 프로젝트를 검토했다. 위원회는 몇 가지 우려를 표명했다.

만약 참가자가 실험에 참여했다가 성적학대와 같은 억압된 기억이 드러나게 되면 어떻게 하겠느냐? 참가자가 자신이 섹스중독이라는 것을 알게 되는 경우를 생각해보았느냐?

이런 우려들은 사실상 별 근거가 없다. 컴퓨터를 갖고 있고 인터넷 접속을 할 수 있는 대학생이라면 누구나 적나라한 포르노사진을 볼 수 있는 세상 아닌가.

비록 이 프로젝트 때문에 경영대학원과는 일이 잘 풀리지 않았지만, 다행히 MIT 미디어랩에 자리를 잡을 수 있었고, 당시 랩의 책임자였던 월터 벤더Walter Bender 교수는 기꺼이 이 프로젝트를 승인해주었다. 실험은 진행됐다. 하지만 MIT 슬론 경영대학원과의 경험을 통해 킨제이보고서가 나온 지 반세기가 지난 지금에도, 섹스가 적어도 경영대학원에서는 연구주제로 금기시된다는 사실을 알았다.

로이,
실험에 참가하다

실험참가자 모집광고가 나간 뒤 얼마 되지 않아 우리는 로이를 포함한 열혈 실험참가자 명단을 받아들었다. 로이는 우리 연구에 참가한 25명의 학생 가운데 가장 평범한 축이었다. 샌프란시스코에서 태어나 자란 그는 교양이 풍부하고 영리하며 상냥한 학생이었다. 딸 가진 부모가 사위 삼고 싶어할 만한 그런 친구였다. 로이는 쇼팽 소곡을 피아노로 칠 줄 알았으며 테크노음악에 맞춰 춤

추는 것을 좋아했다. 그는 고등학교 시절 전 과목 A를 받았고 배구부 주장에, 자유의지론을 신봉하는 공화당 지지자였다. 다정다감하고 상냥한 그에게는 1년 넘게 사귀고 있는 참한 여자친구도 있었다. 의과대학원에 진학할 예정인 그는 톡 쏘는 캘리포니아롤 초밥과 샐러드를 좋아했다.

로이는 스트라다Strada 커피숍에서 대학원 연구조교인 마이크를 만났다. 이 커피숍은 여러 지적인 사고를 잉태한 스페인정원 풍의 커피숍이었다. 마이크는 마르고 컸으며 짧은 머리에 예술가다운 분위기를 풍기는, 미소가 매력적인 친구였다.

마이크는 로이와 악수를 나눈 뒤 자리에 앉았다.

"모집에 응모해줘서 고마워요."

몇 장의 서류를 꺼내 탁자 위에 올려놓으며 마이크가 말했다.

"먼저 동의서를 작성하도록 하죠."

마이크의 어조는 엄숙했다.

"연구는 의사결정과 성적 충동에 관한 것입니다. 참가는 자유의사에 따르고, 실험결과는 비밀에 붙입니다. 참가자는 실험에 참가하는 과정에서 자신의 인권을 보호받기 위해 관련위원회와 상담을 할 수 있습니다."

로이는 연거푸 고개를 끄덕였다. 이보다 더 협조적인 참가자는 찾아보기 어려울 정도였다.

"실험은 중간에 언제든 그만둘 수 있습니다. 지금 이야기 다 이해하셨죠?"

로이는 "네"라고 대답하고는 펜을 잡고 서명했다. 마이크는 배낭에서 천으로 된 가방을 꺼냈다.

"여기 해야 할 것이 들어 있습니다."

그가 가방에서 애플 아이북 컴퓨터를 꺼내 펼쳤다. 기본 키보드 외에 12개의 컬러 키패드가 있었다. 마이크가 설명해주었다.

"특별장치가 된 컴퓨터예요. 응답을 할 때는 이 키패드만 사용하세요."

그는 컬러 키패드의 키를 건드렸다.

"입력할 비밀번호를 드릴 텐데, 그 비밀번호를 넣어야 실험이 시작됩니다. 실험 중에 질문을 받으면 '아니요'와 '예' 중에 하나를 고르세요. 명심할 것은 성적 충동이 일어난 상태에서 당신이 어떤 행동을 하고 싶은지를 묻는 질문을 받게 된다는 겁니다."

로이는 끄덕였다. 마이크는 설명을 계속 이어나갔다.

"먼저 우리는 당신에게 침대에 누우라고 할 것이고, 침대 왼쪽에 의자를 갖다 놓고 그 위에 컴퓨터를 올려놓으라고 할 겁니다. 누운 상태에서 잘 보이고 손에 닿는 위치에 컴퓨터가 있어야겠지요. 키패드는 바로 곁에 두어서 조작하는 데 불편이 없게 하세요. 그리고 다른 사람의 방해를 받지 않도록 하시고요."

로이의 눈이 언뜻 반짝거렸다.

"실험을 끝내면 제게 메일을 보내주세요. 그러면 다시 만나 참가비 10달러를 드리도록 하지요."

마이크는 로이에게 질문에 대해서는 이야기하지 않았다. 실험은 로이에게 성적 충동을 불러일으켜 보라고 하고, 성적 충동이 일어나면 질문에 하나씩 답하라고 하면서 시작되었다.

질문들 가운데 일부는 성적 취향에 관한 것이었다. 이를테면 여자의 신발을 보면 성적 매력을 느끼는지? 50세 여자에게도 끌리는지? 아주 뚱뚱한 여자하고도 섹스를 하고 싶은지? 자신이 싫어하는 사람과 섹스를 해도 쾌감을 느낄 수 있는지? 자신을 묶거나 혹은 상대를 묶는 행위에서 쾌감을 느끼는지? 입맞춤만으로 끝나면 욕구불만에 휩싸이는지?

그다음 질문들은 데이트강간과 같은 부도덕한 행위를 하고 싶은지에 관한 것이었다. 섹스를 하고 싶다는 이유로 여자에게 사랑한다고 말할 수 있는지? 섹스를 하고 싶으면 상대에게 자꾸 술을 권할 것인지? 상대가 싫다고 하는데도 집요하게 섹스를 요구할 것인지?

세 번째 부류의 질문들은 로이가 안전하지 않은 섹스를 할 소지가 있는지에 관한 것이었다. 콘돔이 성적 쾌감을 반감시킨다고 생각하는지? 새로운 섹스 상대가 어떤 성생활을 해왔는지 모를 때는 항상 콘돔을 사용할 것인지? 콘돔을 착용하는 동안 여자 마음이 바뀔지 모른다는 생각이 들어도 콘돔을 사용할 것인지?

'차분하고 이성적인' 상태에서 질문에 답했던 로이는 며칠 후 마이크를 만났다.

"흥미로운 질문들이었어요."

로이가 말했다.

"네, 그렇죠. 킨제이는 저리 가라죠. 저, 또 다른 실험이 있는데 한번 더 참가할 의향이 있나요?"

마이크가 담담하게 물었다. 로이는 어깨를 으쓱하더니 미소를 지으며 고개를 끄덕였다. 마이크가 종이 몇 장을 내밀었다.

"이번에도 같은 양식의 동의서에 서명을 해야 합니다. 그런데 이번 실험은 앞의 것과 좀 달라요. 지난번 실험과 비슷하긴 하지만, 이번에는 성적 충동을 일으키는 화보를 보고 흥분해서 자위를 하는 상태가 되어야 해요. 최고조로 흥분한 상태로 만들어야지요. 그렇지만 사정을 해서는 안 됩니다. 만약의 경우에 대비해서 컴퓨터에 정액이 묻지 않도록 이렇게 조치를 하긴 했습니다."

마이크가 꺼낸 애플 아이북에는 키보드와 스크린에 얇고 투명한 스킨이 덮여 있었다. 로이가 인상을 찌푸리며 말했다.

"컴퓨터가 임신이 되는 줄은 몰랐네요."

"당연히 그럴 일은 없죠."

마이크가 웃으며 말했다.

"이 컴퓨터에 장착된 튜브를 깨끗하게 하고 싶을 뿐이에요."

마이크는 로이가 컴퓨터로 성적 충동을 일으키는 사진을 보면서 최고조의 흥분상태가 되어야 한다고 했다. 그런 다음 앞서와 같이 질문에 답하라고 했다.

성적 충동 실험이 보여준 충격적인 결과 ▬

이후 3개월 동안 버클리의 우수한 학부생들을

대상으로 순서를 바꿔가며 다양한 실험을 했다. 차분한 감정상태에서 진행된 실험에서, 그들은 스스로가 성적 충동을 느낄 때 성적인 것과 관련된 도덕적 결정을 어떻게 내릴지 예측했다. 또한 실제로 성적 흥분상태에서도 그들은 자신들이 어떤 결정을 내릴지 예측했다. 이때는 정말로 흥분한 상태였기 때문에, 자신이 원하는 것이 무엇인지를 훨씬 분명히 자각했다. 실험이 끝나고 난 뒤, 도출된 결론은 일관되고 확연했다. 놀라울 정도였다.

젊고 영리한 실험참가자들의 답은 흥분했을 때와 차분한 상태일 때가 확연히 달랐다. 흥분상태에서 성적 취향을 묻는 19개의 질문에 답할 때, 로이를 포함한 모든 참가자들은 차분한 상태에서 답할 때보다 변태적인 성적 행위를 하고 싶어하는 경향이 2배 가까이(72퍼센트) 나타났다.

예를 들어 차분한 상태일 때보다 흥분된 상태일 때 동물과 변태행위를 하고 싶다는 생각을 2배 이상 가졌다. 또한 부도덕한 행위를 하고 싶은지에 대한 5개의 질문에서는 흥분했을 때가 그렇지 않을 때보다 부도덕한 행위를 하고 싶은 경향이 2배 이상(136퍼센트) 나왔다. 마찬가지로 콘돔사용에 관한 질문에서는, 차분한 상태일 때보다 흥분한 상태일 때 콘돔을 사용하지 않겠다는 답변이 많았다(25퍼센트 이상). 그들은 성적 충동이 안전한 섹스에 어떤 영향을 미칠지 제대로 모르고 있었다.

로이를 포함한 참가자 학생들은 차분하고 이성적이고 초자아가 지배하는 상태에서는 여자를 존중하고, 변태적인 성적 행위에 특별히 관심을 보이지 않았으며, 높은 도덕기준을 가지고 있었다. 그리고 항상 콘돔을 사용하고자 했다. 그들은 자신과 자신의 성적 취향, 그리고 그들이 할 수 있는 범위의 행동에 대해 스스로 잘 알고 있다고 생각했다. 하지만 실험결과를 보면 그들은 스스로의 반응이 어떻게 나올지 제대로 파악하지 못하고 있었다.

수치를 제아무리 들여다본들 실험참가자들의 예측이 빗나가도 크게 빗나갔다는 것을 부인할 수는 없다. 그들은 자신들이 흥분할때 어떤 상태가 될지 전혀 몰랐다. 예방해야 한다는 것, 보호해야 한다는 것, 보수적 가치를 지켜야 한다는 것, 도덕적이어야 한다는 것 등은 그들 마음속 그 어디에서도 잡히지 않았다. 그들은 욕망이 자신들을 어떤 지경으로까지 바꿔놓을 것인지 결코 알지 못했다.

이런 결과는 성적 충동과 그것이 우리의 자아상에 미치는 영향에 직접적인 관련이 있다. 물론 다른 감정상태, 즉 분노, 허기, 흥분, 질투 등도 같은 방식으로 우리를 낯선 존재로 만들 수 있다는 사실을 짐작할 수 있었다.

내 안에는 지킬 박사와 하이드 씨가 산다 ▬

아침에 일어나 거울을 들여다볼 때 낯선 누군가, 인간의 형체이긴 한데 생전 처음 보는 무언가가 당신의 몸을 차지했다고 생각해보자. 당신은 흉측하게 변했고 키도 작아졌으며 몸에 털도 텁수룩하다. 입술은 얇아졌고 앞니는 뾰족하며 손톱과 발톱은 더럽고 얼굴은 납작하다. 거울 속에서 소름끼치는 파충류의 눈이 당신을 쳐다보고 있다. 뭔가를 마구 부수고 누군가를 범하고 싶은 욕구가 솟구친다. 당신은 당신이 아니다. 괴물이 됐다.

1885년 어느 가을날 이른 새벽, 이런 상상을 악몽으로 꾸다가 로버트 루이스 스티븐슨Robert Louis Stevenson은 비명을 질렀다. 아내가 그를 깨우자마자 그는 글을 쓰기 시작했다. 무서운 존재가 등장하는 그 이야기의 제목을 그는 《지킬 박사와 하이드Dr. Jekyll and Mr. Hyde》라고 붙였다. 거기서 그는 "인간은 한 존재가 아닌 두 존재다"라고 말했다.

두말할 것 없이 그 책은 선풍적인 인기를 모았다. 이 이야기는 빅토리아 시대 사람들의 상상력을 단숨에 사로잡았다. 그들은 과학자인 지킬 박사로 대표되는 숨 막힐 듯한 예의범절과, 살인자인 하이드 씨로 대표되는 통제할 수 없는 열정이라는 이분법에 크게 매료되었다. 지킬 박사는 자신이 스스로를 통제할 수 있다고 생각했다. 하지만 하이드 씨로 변했을 때는 어찌할 도리가 없었다.

이 이야기는 소름끼칠 정도로 상상력이 풍부하지만 그렇다고 완전히 새로운 것은 아니다. 우리는 인간이 이성적이기도 하고 비이성적이기도 하다는 것을 잘 안다. 소포클레스의 《오이디푸스Oedipus》와 셰익스피어의 《맥베스Macbeth》가 나오기 훨씬 전부터 인간내면에서 선과 악이 싸우는 이야기는 신화, 종교, 문학 등의 단골주제였다. 프로이트 식으로 표현하자면, 우리 안에는 어두운 자아, 즉 이드id가 있는데 그것은 어느 순간 초자아superego의 통제를 벗어날 수 있다.

유쾌하고 다정한 이웃이 도로의 무법자로 변해 대형차로 돌진할 수 있다. 청소년이 총을 들고 친구들을 쏠 수 있다. 사제가 어린 소년을 성폭행할 수 있다. 평소 선하던 그들은 스스로를 잘 안다고 생각한다. 하지만 특정한 감정에 사로잡힌 나머지 내면의 어떤 스위치가 켜지면 갑자기 모든 것이 바뀌고 만다.

버클리에서 행한 우리 실험은 인간이 지킬 박사와 하이드 씨와 다름없다는 옛날 이야기를 보여주기 위한 것이 아니었다. 그보다는 우리 자신이 얼마나 '선한가'와는 관계없이, 격한 감정이 자신의 행위에 어떤 영향을 미칠지 제대로 아는 사람이 없다는 사실을 보여주기 위한 것이었다.

모든 실험에서 참가자들은 자신을 제대로 알지 못했다. 가장 똑똑하고 이성적인 학생들도 격한 감정에 사로잡혔을 때에는 전혀 다른 모습을 보여주었다. 잘못 예측한 정도가 아니라 사실과 상당히 차이가 났다.

연구결과에 따르면 대부분의 경우 로이는 영리하고 예의바르며 이성적이고 친절하고 신뢰할 수 있는 사람이었다. 그의 전두엽은 제대로 기능하고 있었다. 즉, 그의 뇌는 그의 행동을 제대로 통제할 수 있는 상태였다. 그러나 그가 성적 흥분에 사로잡혀 파충류의 뇌(생존과 번식을 관장하는 뇌-옮긴이)에 자신을 맡기기 시작하면, 스스로를 전혀 통제할 수 없었다.

로이는 성적으로 흥분한 상태에서 자신이 어떻게 행동할지 안다고 생각했지만 그것은 사실이 아니었다. 그는 자신의 성적 흥분이 고조되었을 때, 스스로가 조신함을 과감히 버릴 수 있다는 것을 몰랐다. 그는 성적 만족을 얻기 위해 성병이나 원치 않는 임신 같은 것은 아랑곳하지 않았다. 욕정에 사로잡혔을 때의 감정은 옳고 그름의 경계를 흐리게 만들었다. 그는 자신이 얼마나 일관되게 과격한 모습을 띠는지 전혀 알 도리가 없었다. 이성적인 상태에서는 다른 상태에서 취할 자신의 행동을 제대로 예측할 수 없기 때문이다.

아무리 많은 경험을 한다 해도 성적 흥분상태에서 어떻게 행동할지를 이성적인 상태에서 파악하는 것은 불가능하다. 성적 충동은 매우 인간적이고 흔하고 평범한 것이다. 그렇다 하더라도 미리 짜기라도 한 듯, 그 충동이 어느 정도까지 우리의 초자아를 무력하게 만드는지, 그리고 감정이 우리 행동을 어떻게 통제하는지 제대로 아는 사람은 아무도 없다.

충동으로부터
스스로를 구하라

그렇다면 우리가 잘 알고 있다고는 하지만 실제로는 전혀 모르고 있는 감정상태에서 비이성적인 자아가 활동하기 시작하면 어떤 일이 벌어질까? 스스로를 제대로 이해하지 못한다면, 화가 나거나 배가 고프거나 놀라거나 성적으로 흥분되어 제정신이 아닐 때, 자신 또는 다른 사람이 어떻게 행동할지 예측할 수 있을까? 이에 대해 뭔가 조치를 취할 수 있을까?

이에 대한 답은 심오하기까지 하다. 하이드 씨가 우리를 지배하는 상황을 막는 것이 얼마나 힘들고 중요한지 보여주기 때문이다.

우리를 공개적으로 비난하는 직장상사에게는 격한 내용을 담은 이메일로 응수하고 싶을 것이다. 하지만 그럴 때는 이메일을 임시보관 폴더에 며칠 넣어놓는 것이 낫지 않을까? 오픈 스포츠카를 구입하는 계약서에 서명하기 전, 잠시 호흡을 가다듬고 배우자와 미니밴을 사는 것이 어떨지 상의하는 것은 어떨까?

이렇게 스스로를 나 자신으로부터 보호하는 몇 가지 방법이 있다.

안전한 섹스

많은 부모들과 청소년들이 차분하고 이성적일 때, 그러니까 지킬 박사 상태일 때는 "싫다고 한마디만Just say no!"이라는 널리 알려진 금욕표어만으로도 성병과 원치 않는 임신의 위험으로부터 자식과 자신을 지킬 수 있다고 믿는다. 감정이 고조되는 상황에서도 "싫다고 한마디만!"이면 충분하다고 여기는 사람들은 콘돔을 챙길 필요가 없다고 본다.

그러나 우리 연구에 따르면 감정이 고조된 상태에서는 "싫다고 한마디만!"이 "그저 좋다"는 말로 뒤바뀔 수 있다. 콘돔이 없어 위험의 소지가 있음에도 좋다고 말해버릴 가능성이 높은 것이다.

어떻게 하면 좋을까?

첫째, 콘돔을 항상 챙기고 다니는 것이 중요하다. 이성적인 상태에서 콘돔을 챙겨야 할지 말아야 할지 판단해서는 안 된다. 만일에 대비하여 항상 챙기고 다녀야 한다.

둘째, 감정이 격해진 상태에서 자신이 어떻게 반응할지를 이해하지 못한다면 자신의 행동을 확신할 수 없다. 따라서 성교육은 생식과정에 대한 생리학적이고 생물학적인 교육에 초점을 맞출 것이 아니라, 성적 충동을 불러일으키는 감정을 어떻게 다스릴 것인지에 초점을 맞춰야 한다.

셋째, 콘돔을 가지고 다니며 성적 충동이라는 격한 감정의 소용돌이를 어렴풋이 이해하는 것만으로는 결코 안심할 수 없다는 사실을 인정해야 한다.

청소년들이 자신의 감정을 잘 다스리지 못하는 상황은 아주 많다. 청소년들이 섹스를 하지 않도록 만들고 싶은 사람에게 권할 만한 좋은 방법은 그들에게 열정의 소용돌이에 빨려들 만큼 가까이 가기 전에 거기로부터 벗어나라고 가르치는 것이다. 이런 조언을 받아들이는 것조차 쉽지 않을지 모르지만, 우리 연구결과를 보면 유혹이 생긴 다음보다 생기기 전에 그 유혹과 맞서 싸우기가 쉽다. 즉, 맞서 싸우는 것보다 피하는 것이 훨씬 낫다.

이런 말은 유혹이 생기면 거기서 벗어나라고 하는, "싫다고 한마디만!" 캠페인과 별 다를 바 없이 들린다. 하지만 분명 다르다. "싫다고 한마디만!"은 어떤 상황에서든 우리가 우리의 의지에 의해 충동을 누그러뜨릴 수 있다는 것을 가정하는 반면, 우리 연구는 그런 가정이 틀렸다고 말한다.

청소년의 섹스에 대해 찬성하느냐 반대하느냐의 문제를 잠시 접고,

일단 섹스와 성병과 원하지 않는 임신으로부터 청소년을 지키고자 한다면 두 가지 전략을 취할 수 있다. 첫 번째 전략은 유혹이 자리하기 전에, 즉 유혹을 뿌리칠 수 없는 상황이 되기 전에 "싫다"고 말하도록 가르치는 것이다. 두 번째 전략은 감정에 사로잡혀 응했을 때를 대비하도록 만드는 것, 예를 들어 콘돔을 가지고 다니도록 하는 것이다.

어른들은 청소년들이 감정에 사로잡혀 이성적 판단을 제대로 하지 못할 경우, 섹스의 유혹을 어떻게 처리해야 하는지 가르쳐야 한다. 그렇게 하지 않는다면 아이들뿐만 아니라 어른들 자신도 곤경에 빠지게 될 것이다. 이성적일 때와 감정이 고조되어 호르몬이 왕성하게 분비될 때 얼마나 다르게 행동하는지를 아이들이 잘 이해할 수 있도록 알려줄 필요가 있다.

안전한 운전

마찬가지로 청소년, 사실은 모든 사람에게 격한 감정상태에서 운전을 해서는 안 된다고 가르쳐야 한다. 청소년들이 교통사고를 내는 것은 운전미숙이나 호르몬 때문만은 아니다. 친구들 웃음소리와 아드레날린 분비를 촉진할 만큼의 데시벨로 울려 퍼지는 CD플레이어 소리가 가득한 상황에서 오른손으로는 감자튀김이나 여자친구의 무릎을 더듬거리는 탓도 크다.

그런 상황에서 누가 위험하다는 생각을 할까? 아무도 없을 것이다. 최근 연구에 따르면 청소년이 성인보다 교통사고를 일으킬 확률이 40퍼센트나 높은 데다 차에 또 한 명의 청소년이 탑승을 하면 사고율은 그보다 2배로 뛴다고 한다. 거기에 또 한 명의 청소년이 탑승하면 사고율은 다시 2배로 올라간다.

이런 문제를 해결하기 위해서는 이성적인 상태에서 청소년들이 자신은 어떻게 처신할지를 잘 알고 안전수칙에 따라 행동하리라는, 즉 부모의 바람에 따라 행동하리라는 전제를 과감히 무시해야 한다.

왜 자동차에는 청소년의 행동을 미연에 방지할 수 있는 안전장치들을 설치하지 않는 것일까? 청소년과 부모가 차분한 상태에서 온스타시스템Onstar system(GM의 자회사인 온스타 사가 제공하는 텔레매틱스 서비스. 텔레매틱스는 IT기술을 자동차산업에 접목한 기술로 이를 통해 실시간 우회도로안내, 긴급서비스, 도난차량추적 등의 서비스를 받을 수 있다 - 옮긴이) 같은 것을 차에 장착하면 어떨까. 고속도로에서 시속 65마일을 넘거나 주택가도로에서 시속 40마일을 넘으면 자동차가 그에 상응하는 조치를 알아서 하는 것이다.

제한속도를 넘거나 이상주행을 할 때는 라디오가 투팩2pac 음악이 나오는 방송에서 슈만의 2번 교향곡이 나오는 방송으로 바뀌는 것도 좋다. 이상주행을 할 경우 겨울에는 냉방장치가 가동된다거나, 여름에는 히터가 가동된다거나, 아니면 자동으로 어머니에게 호출이 되게 만드는 것도 생각해볼 만하다.

그렇게 자동차가 반응을 할 경우, 그들은 자신들이 지금 하이드 씨로 바뀌려 한다는 것을 자각하여, 다시 지킬 박사가 운전대를 잡도록 만들 것이다. 이 방법은 옆에 또래친구들이 탔을 때도 효과만점이다.

억지스러운 이야기가 아니다. 오늘날의 자동차는 이미 연료분사,

냉난방시스템, 사운드시스템 등을 제어하는 컴퓨터장치로 가득하다. 온스타시스템을 장착한 자동차가 이미 무선망으로 다 연결되어 있다. 현재의 기술이라면 차가 알아서 운전 학생의 어머니를 호출하는 것은 일도 아니다.

더 나은 인생의 결정

처음으로 아기를 낳는 산모 중에는 산통이 오기 전, 주치의에게 자신은 진통제를 맞지 않겠노라는 말을 하는 경우가 종종 있다. 이성적인 상태에서 내린 이 결정은 훌륭한 결정이 아닐 수 없다. 하지만 그들은 출산에 따른 고통이 어느 정도인지 상상할 수 없다. 난산인 경우는 말할 것도 없다. 의사는 들은 대로 시행하지만, 배 아픈 산모는 마취생각이 간절하다.

이런 생각을 미리 했기에 나의 사랑하는 아내 수미Sumi와 나는 첫아이가 태어나기를 고대하면서 마취제 사용을 결정하기 전, 우리가 잘 해낼 수 있을 것인지 확인하기로 했다. 수미는 두 손을 얼음 통 안에 2분 동안 집어넣었다. 출산지도 선생님이 이때의 고통과 산통이 비슷하다고 하여 해본 것이다. 그 사이 나는 아내가 호흡을 고르도록 옆에서 도왔다. 수미가 고통을 견디기 어려우면 출산을 할 때 진통제를 사용하기로 했다.

얼음 통에 손을 집어넣고 2분이 지난 뒤 수미는 마취가 필요하다는 것을 알았다. 출산할 때 보니, 남편에 대한 아내의 사랑은 고통이 올 때마다 마취를 해주는 마취과의사에게 전달되는 듯했다. 한편 둘

154

째를 낳을 때는 애가 나오기 2분 전에야 가까스로 병원에 도착하는 바람에 산통을 고스란히 겪어야 했다.

내 안의 하이드 씨를 인정하자

하나의 감정상태에서 다른 감정상태를 헤아리기란 쉬운 일이 아니다. 그것은 거의 불가능하다고 할 수 있다. 내 아내가 겪었듯이 그것은 고통스러운 경우가 많다.

여러 가지를 잘 고려하여 결정을 내리기 위해서는, 어느 정도 경험을 한 후 앞으로 우리가 놓이게 될 감정상태를 이해해야 한다. 이 틈새를 잘 연결할 줄 아는 능력이야말로 살아가면서 중요한 결정을 내리는 데 꼭 필요한 것이다.

다른 도시로 이사를 가게 되면, 거기 살고 있는 친구에게 미리 그곳이 어떤지 물어보게 된다. 영화 한 편을 보더라도 미리 평을 보고 고르게 된다. 그럼에도 감정의 두 가지 측면을 알아보는 데 인색한 것은 이상한 일이 아닐까? 삶의 여러 국면에서 그와 같은 감정으로 인해 동일한 실수를 반복하면서도, 자신의 상황을 제대로 이해하지 못하는 것은 왜일까?

자신의 양면을 다 살펴볼 필요가 있다. 차분한 상태와 들뜬 상태를 모두 이해할 필요가 있다. 그 둘 사이의 차이가 우리 삶을 어떻게 이롭게 만드는지, 그리고 어떤 때 우리를 잘못된 길로 이끄는지 알 필요가 있다.

우리 실험은 인간행위에 관한 모델을 다시 생각해보아야 한다고 말한다. 완전한 인간이란 존재하지 않는다. 인간은 여러 자아가 모인 덩어리이다. 지킬 박사로 하여금 하이드 씨의 힘을 인정하도록 만들기 위해 할 수 있는 것은 거의 없지만, 어떤 격한 감정에 사로잡혔을 때 잘못된 결정을 내릴 수 있다는 사실을 자각하는 것만으로도 때론 도움이 된다. 즉, 우리 안에 하이드 씨가 있다는 것을 안다면 그것을 일상생활에 이롭게 활용할 수 있다는 것이다.

우리가 다이어트에 실패하는 이유

PREDICTABLY IRRATIONAL

왜 우리는 하고 싶은 것을
할 수 없을까?

6장

큰 집, 큰 차, 큰 화면의 플라스마 텔레비전으로 묘사되는 미국식 풍경에는 또 하나의 큰 것이 덧붙여지곤 한다. 바로 대공황 이후 개인저축률의 하락폭이다.

25년 전에는 두 자리 숫자의 저축률이 일반적이었다. 비교적 최근인 1994년 저축률은 5퍼센트대였다. 그런데 2006년에 이르자 저축률은 마이너스 1퍼센트가 되었다. 미국인은 저축을 하지 않을 뿐만 아니라 벌어들이는 것보다 더 많이 쓰고 있다. 상대적으로 유럽인은 저축을 많이 한다. 평균 20퍼센트 수준이다. 일본의 저축률은 25퍼센트, 중국은 50퍼센트다. 도대체 미국에 무슨 일이 벌어진 것일까?

그 한 가지 원인은 미국인이 과도한 소비주의에 물들어 있다는 사실에 있다. 집에 모든 것을 갖춰놓고 살기 전 시대로 돌아가, 벽장크기를 살펴보자. 매사추세츠 캠브리지에 있는 우리 집은 1880년에 지어졌다. 벽장이란 것이 아예 없었다. 1940년대에 지어진 집에는 벽장이 겨우 달려 있는 상태였다. 1970년대에 지어진 집의 벽장은 그보다 컸는데, 거기에는 퐁듀를 만드는 데 사용하는 단지와 녹음테이프 상자, 디스코 풍의 옷 등을 수납할 수 있었다.

오늘날의 벽장은 사람이 들어갈 수 있을 만큼 커다란 공간이다. 게다가 벽장 내부공간이 얼마나 넓든 미국인은 벽장문 높이까지 물건을 채워둔다.

또 다른 원인으로는 신용구매의 폭발적인 증가를 들 수 있다. 평범한 미국가정을 보면 6개 정도의 신용카드를 가지고 있다. 2005년 한 해 동안 미국인이 받은 신용카드 개설 안내편지는 무려 60억 통이나 된다. 그러니 카드로 인한 평균 가계부채가 9,000달러에 이른다는 사실이 전혀 놀랍지 않다. 식품비, 일용품비, 의복비 등 기본 생활비를 신용카드에 의지하는 가정도 전체의 10퍼센트나 된다.

그렇다면 돈의 일부를 저금통에 넣고 여유가 될 때까지 구매를 미루며, 저축하는 것이 현명한 것 아닐까?

우리는 왜 번번이 중요한 일을 미룰까?

왜 우리는 그래야 한다는 것을 알면서도 월급의 일부를 저축하지 못하는 것일까? 왜 우리는 새로운 물건을 사지 않고는 못 배기는 것일까? 왜 우리는 지난 시절의 미풍양속인 절제를 잊어버린 것일까?

지옥으로 가는 길은 좋은 의도로 포장돼 있다는 속담이 있다. 이것이 무슨 의미인지는 많은 사람들이 알고 있을 것이다. 우리는 은퇴할 때를 대비해 저축을 하겠다고 자신에게 약속하지만, 그 돈은 휴가 보내는 데 다 들어간다. 음식을 절제하겠다고 맹세하지만, 디저트가 보이면 굴복하고 만다. 정기적으로 콜레스테롤 검사를 받겠다고 약속하지만 검사약속을 번번이 취소한다.

허무한 충동으로 인해 장기적인 목표에서 멀어질 때면 얼마나 많은 것을 잃게 될까? 검사약속을 미루고 운동을 게을리하면 얼마나 건강을 잃게 될까? 돈을 적게 쓰고 저축하겠다는 맹세를 저버리면 가진 것은 얼마나 줄어들까? 왜 그렇게 자주 중요한 일들을 뒤로 미루며 충동에 굴복하고 마는 것일까?

앞서 우리는 인간이 얼마나 감정에 휘둘리는 존재인지, 그리고 감정에 따라 세상을 보는 눈이 얼마나 달라지는지를 살펴보았다. 미루기procrastination도 같은 문제다. 저축을 해야겠다고 마음먹을 때, 우리는 이성적인 상태다. 운동을 해야지, 음식조절을 해야지, 하고 마음먹을 때도 역시 이성적인 상태다.

하지만 정말이지 갖고 싶은 새 차나 산악자전거나 새 신발을 보는 순간, 격렬한 감정이 용암덩어리처럼 밀려온다. 규칙적으로 운동을 하기로 계획을 잡아놓고는 핑계를 대고 하루 종일 텔레비전 앞에 앉아 있다.

음식조절은 어떤가? 초콜릿케이크를 한 조각 베어 먹고 내일부터 본격적으로 다이어트를 하겠다고 한다. 이렇게 눈앞의 만족을 위해 장기적인 목표를 포기하는 것을 미루기라고 한다.

대학교수인 나는 이런 미루기를 너무도 잘 알고 있다. 매번 학기가 시작될 때면 학생들은 자신과 거창한 약속을 한다. 제 시간에 과제물을 읽고 가야지, 제 시간에 페이퍼를 제출해야지, 모든 것을 제때 제대로 처리해야지 등등. 그리고 나는 매학기 학생들이 데이트를 한다고, 학생회모임을 한다고, 스키여행을 간다고, 유혹에 굴복하는 것을 본다. 해야 할 일은 점점 더 뒤로 밀린다. 결국 그들은 기일을 지키지 못하고 그것을 변명하느라 거짓말을 하고, 집안에 안 좋은 일이 있다고 지어내면서 선처를 구한다. 왜 집안의 안 좋은 일은 꼭 학기 마지막 2주간에만 집중적으로 생기는 것일까?

몇 년간 MIT에서 학생들을 가르치고 난 뒤, 나는 파리 경영대학의 교수인 클라우스 베르텐브로흐Klaus Wertenbroch와 함께 이와 같은 인간의 보편적 약점의 근본적인 원인을 찾아내어 그 해결책을 제시하기 위해 몇 가지 연구를 하기로 했다. 이번 실험의 기니피그는 소비행동에 관한 내 강의를 듣는 학생들이었다.

첫 강의가 있던 날 아침, 기대감과 함께 수업과제를 제때 처리하겠다는 굳은 결심을 갖고 학생들이 자리를 잡자, 나는 학생들에게 강의 진행과정을 설명했다. 12주 강의 동안 3편의 정식페이퍼를 제출해야 한다고 말했다. 이 3편의 페이퍼 점수는 최종학점을 매길 때 큰 비율을 차지할 것이었다.

"마감일은 언제죠?"

강의실 뒤쪽에서 한 학생이 손을 흔들며 물었다. 나는 미소를 지으며 대답했다.

"학기 끝나기 전에 아무 때나 제출해도 됩니다."

학생들은 멍한 표정이었다. 나는 부가설명을 했다.

"이번 주 안으로 페이퍼를 언제 제출할 것인지 날짜를 정하세요. 여러분이 일단 기한을 정하면 그것을 바꿀 수 없어요."

정한 기일을 어긴 페이퍼는 하루 늦을 때마다 1퍼센트 비율로 점수를 깎을 것이라고 했다. 물론 학생들은 자신이 정한 기한 내에 페이퍼를 제출해야 하지만, 나는 학기말에 몰아서 페이퍼를 읽을 것이기 때문에 그 기한이 빠르다고 해서 더 좋은 점수를 주거나 하지는 않을 작정이었다.

주사위는 던져졌다. 과연 학생들은 자기절제를 하면서 경기를 벌일까? 마침 매력적인 인도 억양을 구사하는 석사과정 학생인 구레프 Gurev가 질문을 했다.

"가장 마지막 날을 제출일로 정해도 문제가 없는 거죠?"

"네, 그래도 됩니다. 그러는 게 나을 것 같으면 그렇게 하세요."

첫 번째 페이퍼는 ＿＿＿ 째 주에 제출하겠습니다.

두 번째 페이퍼는 ＿＿＿ 째 주에 제출하겠습니다.

세 번째 페이퍼는 ＿＿＿ 째 주에 제출하겠습니다.

학생들은 제출일을 언제로 잡았을까? 이성적인 학생이라면 구레프처럼 할 것이다. 즉, 학기 마지막 날에 제출하는 것이다. 마감일보다 너무 일찍 제출한다고 감점이 있는 것은 아니므로 필요이상으로 일찍 마감일을 잡을 필요가 없지 않겠는가?

그러나 이성적이지 못한 학생이라면 어떻게 해야 할까? 미루는 경향이 있는 학생이라면? 자신이 이성적이지 못하다는 사실을 잘 알고 있는 학생이라면, 마감일을 이용하여 스스로가 잘 처신하도록 만들 수 있다. 그런 학생들은 마감일을 앞당겨 잡아야 한다. 그렇게 함으로써 학기 초반부터 프로젝트에 전념하는 것이 좋다.

우리 학생들은 어떻게 했을까? 그들은 내가 나눠준 강의계획표를 이용하여 한 학기 동안 페이퍼 제출할 기한을 적절히 배분했다. 이는 자신에게 미루는 경향이 있다는 것을 잘 알고 있어 제대로 자신을 통제하고 싶은 학생들에게 괜찮은 방법이다. 문제는 과연 그런 방식이 학점을 따는 데 도움이 되는가 하는 것이다. 이 점을 살펴보기 위해 다른 교실에서 내용은 같지만 다른 형태로 실험을 진행하여 페이퍼 점수를 비교하기로 했다.

미루는 습관을
극복하는 방법

구레프와 학생들이 자신의 마감일을 정하고 난 다음, 나는 다른 두 교실에 들어가 전혀 다른 조건을 내걸었다. 두 번째 교실에서는 학생들에게 마감일을 정하지 않겠으니 페이퍼를 학기 마지막 날까지 제출하라고 했다. 미리 내도 상관없지만 그렇다고 추가점수는 없었다. 이런 조건에 학생들은 만족했으리라 생각한다. 그들은 선택의 자유를 부여받았을 뿐만 아니라 중간마감일을 지키지 못해 벌점을 받을 가능성도 없었다.

세 번째 교실에서는 독재적인 방식을 택하여 세 페이퍼의 마감일을 각각 4주차, 8주차, 12주차로 정했다. 거기에는 선택의 여지나 융통성이 전혀 없었다.

세 교실 가운데 어느 교실에서 가장 좋은 학점을 받았을까? 약간의 융통성이 있었던 구레프의 교실일까? 아니면 최종마감일만 있고 나머지는 완전히 자율이었던 두 번째 교실일까? 그것도 아니면 마감일이 정해져 융통성이라곤 찾아볼 수 없었던 세 번째 교실일까? 가장 성적이 좋지 않은 교실은 어디였을까?

학기가 끝나고 미루기에 관한 전문연구가이자 현재 버클리대학 교수로 있는 호세 실바Jose Silva가 학생들에게 페이퍼를 돌려줄 무렵, 마침내 우리는 세 교실의 점수를 비교할 수 있었다.

3편의 페이퍼점수와 최종점수를 비교한 결과, 마감일이 정해진 교실의 학생들이 가장 좋은 학점을 받았음이 드러났다. 마감일이 전혀 정해지지 않은 교실이 가장 나쁜 점수를 받았고, 스스로 마감일을 정한 교실은 중간성적을 거두었다.

이런 결과가 의미하는 바는 무엇일까? 첫째, 학생들은 과제를 미룬다. 뭐, 새삼스럽지도 않다. 둘째, 자유를 최대한 제한하는 것이 미루기를 방지하는 최선의 방법이다. 그러나 가장 큰 발견은 학생들이 마감일을 정할 수 있도록 계획표를 나눠준 것만으로도 더 좋은 학점을 따는 데 도움이 되었다는 것이다.

실험결과가 시사하는 바는 이렇다. 일반적으로 학생들은 자신에게 미루는 경향이 있음을 잘 알고 있으며, 기회만 닿는다면 그러한 자신의 습성을 고쳐 더 나은 성과를 얻고 싶어한다.

그런데 왜 스스로 마감일을 정한 학생들의 성적이 마감일을 처음부터 정해준 학생들의 성적만큼 좋지 못한 것일까? 그 점에 대한 생각은 이렇다. 자신에게 미루는 경향이 있다는 것을 모든 학생들이 알아차리고 있는 것은 아니다. 그런 낌새를 눈치채고 있다 하더라도 문제의 심각성을 제대로 알지 못하는 경우가 많다. 따라서 스스로 마감일을 설정할 수 있다고 해서 항상 최선의 결과를 얻을 수 있는 것은 아니다.

구레프 교실의 학생들이 정한 마감일은 예상한 것과 들어맞았다. 대부분의 학생들은 각각의 마감일들을 적당히 띄워놓았고, 이들은 마감일이 정해진 교실의 학생들만큼 좋은 성적을 받았다. 하지만 일부 학생들은 마감일을 충분히 띄워놓지 않았고, 몇몇은 아예 마감일을 나누지도 않았다.

결과적으로 마감일을 충분히 나누지 않은 학생들이 교실의 평균점수를 깎아 먹었다. 마감일을 적당한 간격으로 띄워놓지 않은 채 마지막에 몰아서 과제를 하다 보니, 서두르게 되어 제대로 과제를 마무리하지 못했던 것이다. 하루 늦을 때마다 1퍼센트씩 감점을 하지 않았다고 해도 이들의 결과는 마찬가지였을 것이다.

이 실험에서 알 수 있는 사실은 간단하다. 모두에게 미루는 경향이 있긴 하지만, 그 문제를 자각하고 인정하는 사람은 그것을 극복할 수 있다는 것이다.

자기절제의 도구를 이용하라

이런 실험결과가 일상생활과 어떤 관련이 있을까? 나는 관련성이 아주 많다고 생각한다. 유혹을 이겨내고 자기절제를 하는 것은 보통의 인간들이라면 모두가 바라는 바다.

주변을 돌아보면 사람들이 바른 일에 최선을 나하고자 하는 것을 알 수 있다. 디저트를 탐하지 않겠다고 맹세하면서 다이어트를 하려는 사람도 있고, 소비를 줄이고 저축을 더 많이 하겠다고 하는 가족도 있다. 자기절제를 위해 애쓰는 모습은 주변에서 얼마든지 볼 수 있다. 책과 잡지에서도 볼 수 있다. 라디오와 텔레비전을 봐도 자기개선을 위한 이야기는 넘쳐난다.

그러나 아무리 방송으로 이야기하고 활자로 강조해도, 우리는 거듭하여 같은 곤경에 빠진다. 마치 우리 학생들이 장기적인 목표를 성취하지 못하고 거듭 실패하듯 말이다. 왜 그럴까? 간단히 말해 유혹에 빠지기 때문이다.

방법이 없을까? 앞서 소개한 실험을 다시 생각해보자. 그 실험에서 우리가 끌어낼 수 있는 가장 분명한 결론은, '외부의 목소리'가 명령을 내릴 때 대부분은 거기에 귀를 기울인다는 것이다. 내가 마감일을 정해주었던, 즉 '부모의' 목소리를 냈던 교실의 학생들은 최선을 다했다. 물론 윽박지르듯 명령을 하면 당장의 효과는 좋을지 모르나 늘 바람직한 결과를 빚는 것은 아니다.

바람직한 절충안은 사람들에게 자신이 원하는 순서에 따라 행동할 수 있는 기회를 준다. 이런 방법은 명령을 내리는 방식만큼 효과적이지는 않을지 몰라도 바른 길을 가도록 도와줄 수는 있다. 자신이 정한 기일을 잘 지킬 수 있는 자리를 마련해주고 그럴 수 있게 훈련시킨다면 그 효과는 더 커질 것이다.

눈앞의 즐거움으로 인해 자기절제를 잘 하지 못한다 해도 우리가 직면하는 각각의 문제를 잘 들여다보면, 그 안에는 자기절제의 기제가 다 들어 있다. 예를 들어 자신의 의지로 월급을 아껴 저축할 수 없다면, 자동으로 공제하는 방법을 이용할 수 있다. 의지만으로 규칙적인 운동이 불가능하다면, 시간을 정해놓고 친구를 만나 그의 회사 체력단련실에서 운동을 할 수도 있다. 자신에게 강제를 부여하는 이런 도구들의 도움을 받는다면, 누구나 자신이 되고자 하는 그런 사람이 될 수 있을 것이다.

자신을 강제하는 방식으로 해결할 수 있는 또 다른 형태의 미루기 문제로, 건강관리와 과도한 신용구매 문제를 생각해보자.

햄버거를 주문하듯이
건강검진도 단순하게

　　　　　　병을 예방하는 것이 개인차원에서든 사회차원에서든, 비용면에서 훨씬 효과적이라는 것을 모르는 사람은 없다. 예방을 하려면 병이 생기기 전, 정기적으로 건강검진을 받아야 한다. 그러나 내시경 검사나 유방암 검사 같은 것은 만만치 않은 검사다. 혈액을 채취해야 하는 콜레스테롤 검사도 그리 내키는 것은 아니다. 그러다 보니 오래 오래 건강하게 살기 위해서는 이런 검사가 필수적인데도 우리는 이 검사들을 자꾸만 미루게 된다.

　　좀 더 일찍 진단을 받는다면 얼마나 많은 건강상의 심각한 문제를 해결할 수 있을지 생각해보라. 아울러 치료할 때 드는 비용과 고통을 얼마나 아낄 수 있을지도 생각해보라.

　　이런 문제를 어떻게 해결할 수 있을까? 조지 오웰George Orwell 식의 국가(조지 오웰이 《1984》에서 설정한 전체주의 국가 개념 - 옮긴이)가 나서서 정기검진을 받도록 강제하는 방식을 쓸 수도 있다. 그런 방식은 마감일을 제시받고 그때까지 페이퍼를 제출한 우리 학생들과 잘 맞는다. 보건경찰이 밴을 타고 와서 정기검진을 미루려는 사람을 콜레스테롤부로 연행, 혈액검사를 받도록 한다면 아마도 우리 모두는 지금보다 훨씬 더 건강해질 것이다.

　　이와는 다른 형태이긴 하지만, 사회가 우리의 안녕을 위해 부과하는 강제조치들이 있다. 무단횡단을 하거나 안전벨트를 착용하지 않으면 벌금고지서가 부과된다. 20년 전만 해도 사람들은 식당과 술집 등 미국 전역 대부분의 공공장소에 금연조치가 내려질 줄은 꿈에도 생각하지 못했다. 하지만 오늘날에는 잘못 담뱃불을 붙였다간 과중한 벌금을 물어야 한다. 또 트랜스지방을 거부하는 운동도 벌어지고 있다. 이런 식이라면 심장마비를 일으킬 수 있으므로 프렌치프라이도 판매 금지시켜야 하지 않을까?

때로 우리는 자기파괴적인 행위를 억제할 수 있는 규칙을 강력하게 지지한다. 그러면서 한편으로는 개인의 자유에 대해 견고한 신념을 가지고 있다. 다행히 어느 쪽이든 항상 타협의 여지는 있다.

사람들이 강제로 건강검진을 실시하는 제도를 받아들이지 않는다면, 구레프 교실에서 스스로 마감일을 정하게 했던 것처럼 중간 정도의 조치는 어떨까? 건강검진 마감일을 사람들이 정하도록 하고 그것을 지키지 않았을 때 벌금을 부과하는 식으로 진행하는 것이다. 이는 독재주의와 방임주의 사이의 절충안이 될 수 있다.

주치의가 당신에게 콜레스테롤 검사를 받아보라고 했다. 이 말은 혈액검사를 하기 전날 밤에는 금식을 하고 다음 날 아침식사도 거른 채 검사실로 가서, 환자들로 북적이는 대기실에 하염없이 앉아 있다가, 간호사가 호출하면 팔을 내밀어 피를 뽑게 한다는 것을 의미한다.

그런 과정이 눈앞에 그려지는 순간 바로 미루고 싶어진다. 하지만 검사비로 선불 100달러를 예치했다면? 그 100달러는 제 시간에 나타나면 환불받을 수 있는 돈이다. 이렇게까지 했는데도 제 시간에 검사를 받으러 가지 않을까?

검사비 100달러를 선불로 내는 식의 강제조항을 받아들일 용의가 있는가? 그렇게 하면 검사를 받으러 갈 가능성이 더 커질까? 좀 더 복잡한 내시경 검사의 경우를 생각해보자. 제 시간에 검사를 받으러 나타나면 환불되는, 예치금 200달러를 낼 용의가 있는가? 이는 학생들이 자신의 결정에 책임을 지도록 만들었던, 구레프 교실에 제안했던 조건을 반복하는 것이 된다. 그렇게 한다면 건강검진을 미루려는 시도를 해결할 수 있을 것이다.

대부분의 의료절차를 원활히 진행될 수 있게 뜯어고치려면 어떻게 해야 할까? 답을 구하기 전에 한 가지 이야기를 들려주겠다.

몇 년 전, 포드자동차는 차 소유주들이 정기자동차점검을 받으러 판매점을 찾도록 하는 방법을 모색하고 있었다. 일반적인 포드자동차의 경우 정비가 필요한 부품만 1만 8,000개나 되는데, 설상가상 그 모든 것을 한날한시에 정비하지 않는 것이 문제였다.

더구나 포드가 생산한 차종은 20여 종이 넘는데다 해마다 새로운 모델이 나온다. 그러므로 그 모든 차종을 정비한다는 것은 상상할 수도 없는 일이다. 차량소유자와 서비스안내를 맡은 사람이 할 수 있는 일이라곤 어떤 정비를 받아야 할지 두꺼운 자동차 매뉴얼을 뒤적거리는 것뿐이었다.

이때 포드는 혼다대리점에서 벌어지는 일에 주목하기 시작했다. 혼다자동차에 들어가는 1만 8,000개의 부품도 포드자동차의 부품과 마찬가지로 정비를 받아야 하는 적절한 시기가 정해져 있었다. 혼다는 각 부품의 '정비주기'를 크게 세 가지로, 즉 6개월 혹은 5,000마일 주기, 1년 혹은 1만 마일 주기, 2년 혹은 2만 5,000마일 주기로 구분했다.

혼다는 이 구분표를 정비부서 접수실 벽에 붙여놓았다. 수백 가지나 되는 점검목록을 주행거리 기준으로 구분하니 모든 게 한눈에 들어왔다. 이는 차종과 연식에 상관없이 공통된 것이었다. 정비표를 보면 각 정비항목의 내용과 절차, 가격이 적혀 있었다. 그것을 보면 누구라도 언제 정비를 받아야 할지, 가격은 얼마나 들지 알 수 있었다.

나아가 정비주기별로 구분된 정비표는 한눈에 들어오는 것 이상의 장점을 가지고 있었다. 운행시간과 주행거리에 따라 받아야 할 정비목록을 고객에게 알려줌으로써 정비를 미루는 행위를 막을 수 있었던 것이다. 고객은 거기에 따르기만 하면 됐다. 정비표는 간단하여 이해하기도 쉬웠다. 고객들은 더 이상 혼란에 빠지지 않았고 정비를 미루는 일도 생기지 않았다. 혼다자동차 운전자들이 정해진 날짜에 정비를 받는 것은 어려운 일이 아니었다.

포드의 직원들은 이것을 참으로 좋은 제도라고 생각했지만, 포드의 기술자들은 처음에 이를 거부했다. 9,000마일 정도는 오일을 교환하지 않아도 되는데 5,000마일 기준으로 주기를 묶어놓았기 때문에, 오일을 교환하면서 필요한 다른 것도 정비해야 했던 것이다. 머스탱Mustang과 F-250 슈퍼 듀티Super Duty 트럭은 기술적으로 전혀 다른 차종임에도 같은 정비일정에 따라야 한다는 것 역시 난제였다. 결국 1만 8,000개의 부품을 정비주기에 따라 세 가지로 분류하는 것이 기술적 측면에서 문제될 것이 없고 오히려 고객서비스 측면에서 유리하다는 사실을 설득시켜야 했다.

포드 기술자들을 끝내 설득할 수 있었던 결정적 근거는 과정을 복

잡하게 만들어 전혀 정비를 받지 못하게 하는 것보다, 엄격히 맞아떨어지지는 않을지라도 일목요연하게 정비주기를 잡아줌으로써 고객들이 정비를 받을 수 있도록 하는 것이 더 중요하다는 데 있었다.

결국 포드는 혼다의 방식에 합류했다. 이로써 포드 고객들이 정비를 미루는 일은 더 이상 생기지 않았고 40퍼센트 이상 비어있던 포드 정비센터는 마침내 정비차량으로 채워졌다. 그로부터 3년 뒤, 포드는 정비분야에서 혼다의 성공을 따라잡았다.

그렇다면 '부모의 잔소리'같은 독려와 더불어 종합건강검진을 간단하게 만들면, 건강의 질도 높아지고 전체비용도 크게 줄일 수 있지 않을까? 건강검진을 묶음방식으로 처리함으로써 검사주기를 쉽게 기억하도록 만들면, 들쑥날쑥한 검사주기에 따라 내키지 않는 검사를 받는 것보다 훨씬 쉬울 것이다.

여기서 중요한 문제가 제기된다. 과연 미국의 이 복잡한 의료검진 체계를 맥도날드에서 햄버거 주문하는 것만큼 간단하게 만들 수 있을까? 아인슈타인은 자신의 연구논문 한 귀퉁이에 이렇게 썼다.

"단순하게 만들어라! 더 단순히!"

단순화시킬 수 있는 능력은 천재의 덕목임이 분명하다.

소비를 절제해주는
신용카드가 있다면

오웰 식의 국가가 나서서 사람들에게 소

비를 그만 멈추라고 명령할 수도 있다. 이는 앞선 실험에서 세 번째 교실과 유사한 상황이다. 마감일을 정해주는 것이다.

그전에 사람들로 하여금 자신의 소비행태를 주시할 수 있도록 만드는 좋은 방법이 없을까?

예를 하나 들어보자. 몇 년 전 신용카드 소비를 줄이기 위해 '얼음잔ice glass'이라는 방법을 들은 적이 있다. 그것은 충동구매를 스스로 치료하는 방법이다. 자신의 신용카드를 물잔 속에 집어넣고, 그 잔을 다시 냉동실에 넣는 것이다. 그렇게 하면 충동적으로 뭔가를 구매하고 싶을 때, 얼음이 다 녹을 때까지 카드사용을 미뤄야 하므로 얼음이 다 녹을 때쯤이면 구매충동이 많이 가라앉은 상태가 된다. 물론 카드를 전자렌지에 집어넣으면 안 된다. 신용카드의 자기 띠가 망가질 수 있으니까.

더 나은 방법이 하나 있다. 존 리랜드John Leland는 〈뉴욕타임스〉에 점점 늘어가는 자기모멸 경향에 대해 흥미로운 기사를 썼다.

트리시아Tricia라는 이름의 한 여자는 지난주에 자신이 2만 2,302달러의 카드빚을 지고 있다는 사실을 알게 된 후 그 이야기를 하지 않고는 배길 수가 없었다. 29살의 그녀는 자신의 재정상태를 가족이나 친구에게는 말하지 않았다. 빚을 졌다는 사실이 부끄러웠기 때문이다.

북부 미시간에 있는 자신의 집 세탁실에서 트리시아는 한 세대 전이라면 생각지도 못했을, 아니 거의 불가능했을 일을 했다. 인터넷에 접속하여 자신의 재정상태를 시시콜콜 다 올린 것이다. 현재 3만 8,691달러 적자인 자신의 순자산과 신용카드 할부잔액, 금융수수료, 그리고 작년에 자신의 부채를 주제로 블로그에 글을 올린 이래 탕감한 빚 1만 5,312달러에 대해서까지 자세하게 글을 올렸다.

이 기사는 트리시아의 블로그가 어떤 커다란 추세를 반영한다고 했다. 사실 그처럼 부채를 다룬 블로그만 있는 웹사이트가 10여 개나 된다. 리랜드는 "소비자가 자기절제력을 키우고자 다른 사람에게 도움을 청하는 것은 많은 기업들이 소비를 자꾸 부추기기 때문이다"라고 적었다.

과소비에 대한 블로깅은 의의가 있으며 유용하다. 하지만 5장에서 감정에 대한 논의를 할 때 보았듯이 진짜 필요한 것은 유혹에 넘어간 뒤 그것에 대해 불평을 늘어놓는 것이 아니라, 유혹의 순간에 소비를 억제할 수 있는 방법을 찾는 것이다.

무엇을 할 수 있을까? 구레프 교실에서 했던 것처럼, 큰 테두리 안에서 일정 정도 선택의 자유를 주는 방법을 고안해낼 수는 없을까?

나는 색다른 신용카드를 구상하기 시작했다. 일명 '자기절제 신용카드'라고 이름 붙일 수 있는 이 카드는 사람들로 하여금 자신의 소비행태를 제한할 수 있도록 만들어주는 카드다. 사용자는 미리 항목별, 점포별, 시간대별로 얼마 정도를 지출할 것인지를 정한다. 커피값으로 일주일에 20달러를 지출하기로 하고, 옷 구입비로 6개월에 600달러를 지출하기로 한계를 두는 식이다. 또 식료품비로 일주일에 200달러를 사용하기로 하고, 유흥비로는 한 달에 60달러를 쓰기로,

오후 2시에서 5시 사이에는 캔디를 사먹지 않기로 하는 것도 좋다.

이렇게 정한 비용이 초과되면 어떻게 되는가? 이 부분은 카드소유자가 정한다. 카드승인을 막을 수도 있고, 벌금을 부과하여 그것을 인권단체에 기부하거나 적금에 들어가도록 만들 수도 있다. 초과지출이 있을 경우 배우자나 부모, 혹은 친구에게 이메일이 날아가도록 만들 수도 있다. 이런 방법을 병행하면 '얼음 잔'이 물건을 사기 전 구매충동을 식혀주는 것과 같은 역할을 할 수 있다.

수미 님께

이 메일은 평소 바른 시민으로 생활하고 계신 귀하의 남편 댄 애리얼리 씨께서 한 달에 50달러어치만 구입하기로 되어 있는 초콜릿을, 무려 73달러 25센트어치나 구입하려고 했기에, 수미 님의 주의를 환기하고자 발송하는 메일입니다.

그럼 안녕히 계십시오.

자기절제 신용카드 팀 드림

헛된 몽상처럼 들릴지 모르겠지만 사실은 그렇지 않다. 시장에서 널리 사용되고 있는 스마트카드의 그 무궁무진한 기능을 생각해보라. 이런 카드라면 자신의 신용을 현명하게 관리하고 싶은 사람을 위해 맞춤형 기능을 갖출 수 있다. 신용카드에 특정 상황에서 거래를 제한할 수 있는 권한을 넣거나, 자신이 원하는 방식대로 신용카드를 사용할 수 있도록 미리 프로그래밍을 할 수도 있다.

몇 년 전 나는 자기절제 기능을 가진 신용카드라는 내 발상이 그럴듯하여 한 주요 은행에 면담을 요청했다. 반갑게도 이 전통 있는 은행은 내 요청에 응해주었고 본사가 있는 뉴욕으로 와달라고 했다.

그로부터 몇 주 뒤 나는 뉴욕에 갔다. 안내데스크에서 잠시 기다리다가 회의실로 안내되었다. 고층 건물의 판유리를 통해 맨해튼의 금융가와 빗속을 질주하는 노란색 택시 행렬이 한 눈에 내려다보였다. 잠시 후 신용카드부서 책임자를 포함한 6명의 고위간부가 회의실에 들어왔다.

먼저 나는 미루기가 어떻게 사람들에게 문제를 야기하는지 설명했다. 미루기로 인해 저축을 게을리하게 되고, 손쉽게 사용할 수 있는 카드의 유혹에 빠져 필요하지 않은 물건으로 벽장을 채우는 실정을 강조했다. 사람들은 내 말에 깊은 관심을 보였다.

난 미국인들이 신용카드에 얼마나 의존적인지, 빚에 얼마나 허덕이는지, 그 곤경에서 빠져나오기 위해 얼마나 애쓰는지도 이야기했다. 미국의 연장자세대는 고된 시련을 겪고 있는 집단이다. 1992년부터 2004년 사이 55세 이상 미국인의 평균부채비율이 다른 집단에 비해 빠르게 상승하고 있다. 그중에는 의료보장제도로 해결할 수 없는 의료비를 신용카드로 메우는 사람들도 있고, 집을 팔아야 할 처지의 사람들도 있다.

나는 영화 〈멋진 인생 It's a Wonderful Life〉에서 대부금을 면제해달라고 간청하는 주인공이라도 된 듯했다. 중역들도 입을 열기 시작했다. 그들 주변에도 신용카드 부채문제로 곤란을 겪는 친지와 친구들이 있었다. 우리는 많은 이야기를 나눴다.

기본적인 이야기를 한 후 본격적으로 소비를 줄이고 저축을 많이 할 수 있도록 해주는 자기절제 신용카드라는 것에 대해 설명하기 시작했다. 중역들은 다소 놀란 표정이었다. 나는 자기절제 신용카드가 소비자로 하여금 소비를 조절할 수 있게 해줄 것이라고 말했다.

아마 은행과 신용카드회사가 카드수수료로 연간 170억 달러를 벌어들이는 것을 알고는 있냐고 질문할 사람이 있을 것이다. 정신 차리라고, 그들이 그걸 포기하겠냐고.

음, 나도 그 정도로 세상물정 모르는 사람은 아니다. 나는 은행간부들에게 자기절제 카드 이면에는 아주 큰 사업영역이 있다고 말했다.

"신용카드시장은 경쟁이 매우 치열합니다. 해마다 60억 통의 메일을 발송해야 하고 그만큼의 카드가입 안내장도 보내야 합니다."

그들은 마지못해 고개를 끄덕였다.

"한 신용카드회사가 그 경쟁에서 발을 빼고 금융경색 상태의 소비자를 위해 선한 기업으로 정체성을 바꿔본다고 생각해보세요. 신용카드회사가 과감하게 고객이 소비를 절제할 수 있고 더 나아가 그렇게 아낀 돈을 장기적금에 붓도록 만드는 신용카드를 발급한다고 생각해보세요. 단언컨대 많은 소비자가 기존 신용카드를 해지하고 당신 회사에 가입신청을 하려할 겁니다."

회의실에 흥분이 감돌았다. 중역들은 고개를 끄덕이며 웅성거렸다. 획기적인 발상인데! 모두들 자리에서 일어났다. 그들은 내게 악수를 청하며 조만간 다시 이야기할 자리를 만들겠다고 말했다.

그러나 그 후 나는 아무런 연락도 받지 못했다. 수수료 170억 달러가 아까웠을 수도 있고, 아니면 미루고자 하는 오랜 버릇 때문일 수도 있다. 하지만 자기절제 신용카드라는 발상은 아직도 유효하다. 언젠가 누군가는 이 발상을 실현시키기 위해 한 발짝 앞으로 나설 날이 올 것이다.

추억까지 함께 팝니다

PREDICTABLY
IRRATIONAL

왜 우리는 내가 가진 것의 가격은
제값보다 비싸게 매길까?

7장

듀크대학에서 농구는 열정적인 취미활동과 종교활동 그 사이 어디쯤에 존재한다. 그곳 농구경기장은 작고 낡았으며 실내 음향상태는 좋지 않다. 관객의 응원소리가 천둥소리같이 들리기 때문에 사람들의 아드레날린 분비수치는 천정을 뚫을 듯 높아진다.

경기장이 작으니 관객을 충분히 수용하지는 못한다. 그럼에도 듀크대 학생들은 농구를 좋아한다. 대학 측에서도 작고 아담한 농구장을 크게 바꿀 생각이 없다. 한정된 입장권을 나눠주어야 하므로 진짜 팬을 어중이떠중이로부터 솎아내기 위한 절차가 오랜 세월에 걸쳐 아주 복잡한 형태로 발전했다고 생각한다.

봄학기가 시작되기 전에도 경기를 관람하고 싶은 학생들은 경기장 밖 잔디밭에 텐트를 친다. 늦을수록 입구와는 멀어진다. 이 자생적으로 생긴 텐트공동체를 일컬어 크리지제프스키 마을 Krzyzewskiville 이라고 부른다. 농구팀 코치 마이크 크리지제프스키에 대한 존경의 마음을 표하고 다가올 시즌의 우승을 기원하는 의미에서 그런 이름이 붙었다.

'듀크의 파란 피(듀크대학 농구팀의 팀 색깔이 파란색이다 – 옮긴이)'가 혈관을 타고 흐르지 않는 사람들과 진짜 농구팬을 가려내기 위해 수시로 응원나팔이 동원된다. 나팔소리에 카운트다운이 시작되면, 5분 이내에 적어도 한 사람이 텐트에서 튀어나와 등록을 해야 한다. 5분 내로 등록을 마치지 못한 텐트는 어쩔 수 없이 맨 뒷줄로 옮겨진다.

이 과정이 봄학기 내내 계속된다. 특히 경기 시작하기 48시간 전에는 나팔소리가 잦아진다.

경기 시작하기 48시간 전부터는 개별등록을 할 수 있다. 이때부터 텐트는 하나의 사회공동체가 된다. 나팔소리가 나면 텐트 내의 모든 학생이 팀관계자에게 달려가 등록을 해야 한다. 마지막 이틀 사이 텐트가 비어 있는지 검사를 해서 걸리면 맨 뒷줄로 옮겨진다. 큰 경기를 앞둔 시기에는 밤낮을 가리지 않고 나팔소리가 울려 퍼진다.

입장권을 얻기 위해 이 정도는 일도 아니다. 가장 기묘한 사실은 전국선수권대회 우승이 걸린 아주 중요한 경기를 할 때는 텐트 맨 앞줄에 있는 학생들도 입장권을 구하지 못하는 당혹스러운 일이 종종 펼쳐진다는 것이다. 추첨표를 받아 들고 학생회관에 게시된 당첨번호를 봐야 비로소 오매불망 그리던 결승전 경기입장권을 거머쥘 수 있는지 알 수가 있다.

가진 자와 못 가진 자의
동상이몽

1994년 봄, 파리 경영대학의 교수인 지브 카몬Ziv Car-mon과 나는 학생들이 텐트를 쳐놓고 있는 듀크대학에서 나팔소리를 들었다. 우리는 눈앞에 펼쳐지는 실험상황 같은 현실에 관심을 갖게 되었다. 야영을 하는 학생들은 절실히 농구경기를 보고 싶어했다. 그들은 농구경기장에 들어갈 수 있는 특권을 얻기 위해 오랫동안 야영을 했다. 그러나 추첨이 끝나면 입장권을 거머쥔 학생도 있었고, 그러지 못한 학생도 있었다.

우리는 다음과 같은 점이 궁금했다. 입장권을 받은 학생들은 똑같이 그 고생을 했음에도 입장권을 받지 못한 학생들보다 입장권의 가치를 더 높게 매길까? 그럴 것 같았다. 차가 됐든, 바이올린이 됐든, 고양이가 됐든, 농구경기입장권이 됐든, 그것을 가진 사람은 갖지 못한 사람보다 가치를 더 높게 매길 거라고 생각했다.

다음의 문제를 생각해보자. 왜 집을 파는 사람은 집을 사려는 사람보다 집의 가치를 더 높게 매길까? 중고자동차를 파는 사람은 구매자가 생각하는 것보다 더 높은 값을 받으려 할까? 대부분의 거래에서 소유자는 구매자가 지불하려는 것보다 더 많은 돈을 받으려 한다. 왜 그럴까?

'어떤 사람의 천장이 다른 사람에게는 바닥이다'라는 속담이 있다. 소유자에게 천장은 구매자에게 바닥이 되는 것이다.

물론 항상 그렇지만은 않다. 나의 한 친구는 차고세일을 할 때 더 이상 챙기고 다니기 귀찮아서 레코드앨범 한 상자를 내놓았다. 처음에 온 사람은 앨범을 하나하나 확인하지도 않고 상자를 25달러에 팔라고 했고, 친구는 거기에 응했다. 그것을 산 사람은 그 상자를 산 가격의 10배는 더 받고 되팔았을 것이다.

일반적으로 우리는 소유하고 있다는 것만으로도 그 물건의 가치를 더 크게 치는 것 같다. 이 생각이 맞을까? 입장권을 손에 넣은 듀크 대학 학생들은 입장권을 구하지 못한 학생들보다 입장권의 가치를 더 높게 쳤을까? 알아보는 방법은 실험밖에 없다.

지브 교수와 나는 입장권을 구한 학생들에게서 입장권을 구입하여, 입장권이 없는 학생들에게 파는 실험을 하기로 했다. 그렇다. 암표 장수를 하려는 것이다.

그날 밤 입장권을 구한 학생과 못 구한 학생의 명단을 입수하고는 곧바로 전화를 걸었다. 화학과 4학년 학생 윌리엄Willam과 첫 통화를 했다. 윌리엄은 경황이 없는 눈치였다. 바로 일주일 전까지 야영을 한 터라 과제와 이메일이 밀려 있었다. 그는 기분 좋은 상태는 아니었다. 맨 앞줄까지 갔지만 추첨에서 그만 입장권을 얻지 못했기 때문이다.

"안녕하세요, 윌리엄 군. 4강경기 입장권을 구하지 못한 걸로 알고 있는데요."

"네, 그렇습니다."

"우리가 입장권을 팔까 합니다."

"그럼 좋죠!"

"얼마를 낼 의향이 있나요?"

"100달러면 어떻겠습니까?"

그는 대담했다. 나는 웃었다.

"너무 적은데요. 좀 더 낼 생각은 없나요?"

"150달러는요?"

"그보다 좀 더 내야 할 거예요. 최고 얼마까지 낼 수 있나요?"

윌리엄은 잠시 생각했다.

"175달러요."

"최종인가요?"

"네. 더 이상은 못 내요."

"알겠습니다. 후보에 올려놓지요. 나중에 결과를 알려 드릴게요. 그 런데 어떻게 해서 175달러라는 가격을 제시하게 된 거죠?"

윌리엄은 175달러면 바에서 무료로 경기를 보며 맥주와 음식값을 내고도 남는 돈으로, 여러 장의 CD나 신발을 살 수도 있는 액수라고 했 다. 경기는 재미있을 테지만, 175달러라면 큰돈이라는 말도 덧붙였다.

다음 통화상대는 조지프Joseph이었다. 조지프도 일주일 동안 야영 을 하느라 과제가 밀려 있었다. 그러나 그는 개의치 않았다. 추첨에서 입장권을 땄기 때문이다. 이제 며칠 후면 듀크 팀 선수들이 선수권을 두고 경기하는 모습을 지켜보게 될 것이었다.

"안녕하세요, 조지프 군. 입장권을 팔 수 있을지 궁금해서 전화했어 요. 생각하는 최저가격이 있나요?"

"없어요."

난 내가 좋아하는 알 파치노Al Pacino 톤으로 말했다.

"마음에 둔 가격이 있을 겁니다."

그가 내민 첫 가격은 3,000달러였다.

"가격이 너무 세잖아요. 그보다 좀 합리적인 가격을 대보세요."

"좋습니다. 2,400달러요. 정말 낮게 부른 겁니다."

"알겠습니다. 그 가격에 구매할 사람이 있으면 전화를 드릴게요. 그런데 어떻게 해서 그 가격을 제시하게 된 거죠?"

"듀크대학 농구팀 경기는 이곳 대학생활에서 정말 큰 부분을 차지해요."

그는 격정적인 어조로 말했다. 이 경기는 그에게 듀크대학에서 보낸 학창시절의 추억으로 남을 것이며, 그는 그 추억을 자식과 손자들에게도 들려줄 것이라고 했다.

"선생님께서는 그런 입장권에 어떻게 가격을 매길 수 있겠어요? 추억에 값을 매길 수 있나요?"

윌리엄과 조지프는 우리가 전화를 걸었던 100명의 학생 가운데 2명일 뿐이다. 평균적으로 입장권이 없는 학생들은 입장권 1장에 170달러 전후를 지불하겠다고 했다. 윌리엄의 말에 따르자면 그 액수는 다른 데 쓸 돈을 최대한 모아서 지불할 수 있는 최대금액이었다.

한편 입장권을 갖고 있는 학생들은 입장권 1장에 2,400달러를 불렀다. 그들은 조지프처럼 경기가 그들에게 소중한 경험이며 평생의 추억으로 남을 것이라고 했다.

정말 놀라운 것은 입장권을 가진 학생 가운데 단 1명도 지불하고자 하는 쪽에서 제시하는 가격에 입장권을 팔 생각이 없었다는 점이다. 결론은 무엇인가?

추첨을 하기 전에는 모든 학생들이 입장권을 간절히 바랐는데, 추첨결과가 나온 뒤에는 입장권을 가진 자와 가지지 못한 자, 두 집단으로 나뉘었다. 그러자 감정적인 차원에서는 멋진 경기를 바라는 학생과 입장권을 구입할 수 있기를 바라는 학생으로, 현실적인 차원에서는 2,400달러에 입장권을 팔려는 학생과 그것의 14분의 1인 175달러에 입장권을 사려는 학생으로 나뉘었다.

이성적인 관점에서 보면 입장권을 가진 쪽과 그렇지 못한 쪽이 경기 자체에 대해 갖는 생각은 동일하다. 어쨌든 경기를 직접 보는 데서 얻게 될 기쁨에 대한 기대감은 추첨에서 이기든 지든 별 다를 바가 없다. 그렇다면 왜 경기에 대한 태도와 입장권 가치에 대한 태도가 극명하게 달라진 것일까?

소유의식이 낳는 비이성적인 습성 세 가지

소유의식은 이상한 방식으로 우리가 하는 많은 일에 영향을 미친다. 애덤 스미스는 이렇게 썼다.

"모든 남자와 여자는 교환을 통해 살아나간다. 어떤 측면에서 우리 모두는 상인이며, 그렇게 사회는 상업을 하는 사회로 성장한다."

이는 심오한 통찰이다. 우리는 옷, 음식, 자동차, 집을 구입했다가 다시 팔기도 하며, 직업활동을 통해 시간을 사고팔기도 한다.

우리 삶의 많은 부분이 소유와 관계되는 상황에서, 소유의 문제에 대해 제대로 된 결정을 내릴 수 있다면 얼마나 좋을까? 새 집, 새 자동차, 색다른 소파, 아르마니 정장에 우리가 얼마나 만족하는지를 알 수 있다면, 그것들을 소유하는 문제에 대해 정확한 결정을 내릴 수 있지 않을까?

안타깝게도 그런 일은 드물다. 이 문제에 관한 한 우리가 어둠 속을 헤매는 상태일 수밖에 없는 이유가 있다. 바로 인간의 비이성적 습성 세 가지 때문이다.

첫 번째 습성은 앞의 경우에서 보았던 것, 즉 이미 소유하고 있는 것에 대한 깊은 애착이다. 당신이 낡은 폭스바겐 미니버스를 판다고 해보자. 맨 먼저 무엇을 할까? 창문에 광고지를 붙이기 전, 그 차를 타고 다녔던 여행의 추억을 떠올릴 것이다. 물론 그때는 당신이 훨씬 젊었을 때다. 온화한 빛이 당신과 차를 훑고 지나가면, 순식간에 차에 대한 애착이 형성된다.

중국에서 아이를 입양한 내 친구 부부는 이에 대해 흥미로운 이야기를 들려주었다. 그들은 12쌍의 다른 부부와 함께 중국에 갔다. 고아원에 도착하자 원장은 부부들을 따로따로 방에 데리고 가서 각각 여자아이 1명씩을 보여주었다.

다음날 부부들이 다시 고아원에 모였을 때, 그들은 원장의 통찰력에 대해 한마디씩 했다. 어떻게 알았는지 원장은 어떤 여자아이가 어떤 부부에게 맞을지 정확하게 알았다는 것이다.

내 친구 부부도 같은 생각이었지만, 그들은 맺어주기가 임의적이었다는 것을 알았다. 맺어주기를 완벽한 것으로 만들어준 것은 원장의 통찰력이 아니라 자신이 가진 것에 애착을 갖게 되는 인간의 습성이었던 것이다.

두 번째는 얻을 것보다 잃어버릴 것에 더 집착하는 습성이다. 좋아했던 폭스바겐 미니버스의 중고가를 매길 때, 우리는 다른 무언가를 살 수 있는 돈, 즉 얻을 것보다 더 이상 폭스바겐을 몰지 못한다는 사실, 즉 잃어버릴 것에 대해 더 많은 생각을 한다. 그런 까닭에 터무니없이 비싼 가격에 폭스바겐을 내놓는다. 마찬가지로 농구경기입장권을 가진 학생들은 돈을 버는 기쁨이라든가 그 돈으로 구입하게 될 것을 생각하기보다, 농구경기를 직접 보지 못하는 아쉬움을 더 많이 생각한다.

뒷부분에서 좀 더 자세히 이야기하겠지만, 상실에 대한 두려움은 매우 강력하여 때로 옳지 못한 결정을 내리도록 만들기도 한다. 손때 묻은 잡동사니를 고물로 팔아버리지 못하거나, 팔더라도 터무니없는 가격을 부르는 이유가 여기에 있다. 우리는 상실을 애석하게 여길 때가 많다.

세 번째 습성은 상대도 우리가 보는 관점에서 거래를 바라보리라고 생각하는 것이다. 폭스바겐을 구입하는 사람이 그 차에 대해 우리가 가졌던 감정과 추억을 공유하리라 생각하거나 우리 집을 매입하려는 사람이 부엌 창문으로 들어오는 햇살을 보고 감탄하리라 생각하는 식이다. 안타깝게도 폭스바겐 구매자는 기어를 1단에서 2단으로 올릴 때 매연이 뿜어져 나오는 것만을 눈여겨본다. 집을 매입한 사람도 모서리의 검정색 몰드가 벗겨진 것만을 눈여겨본다. 하지만 우리로서는 거래상대자가 우리가 보듯 세상을 바라보지 않는다는 것을 상상하기가 쉽지 않다.

이미 내 소유라고
생각했을 때의 특이성

소유의식에는 내가 '특이성peculiarities'이라고 부르는 것이 있다. 우선 한 대상에 많은 노력을 기울일수록 소유의식은 더 강해진다.

자신이 직접 가구를 조립해본 사람은 어떤 부속품이 어디에 들어가는지, 어떤 나사를 어느 구멍에 넣어야 하는지 일일이 직접 알아내는 과정에서 가구에 대한 소유의식이 생겨난다. 자신의 가구라는 자부심은 가구를 만드는 과정이 어려울수록 더 커진다. 고화질 텔레비전을 입체음향시스템에 연결하는 행위, 컴퓨터소프트웨어를 설치하는 행위, 아이를 목욕 시키고 물기를 닦고 파우더를 바르고 기저귀를 갈고 아기 침대에 눕히는 행위 등도 마찬가지다. 친구이자 동료학자인 하버드대학 교수 마이크 노튼Mike Norton과 나는 이런 현상을 가리켜 '이케아Ikea(스웨덴의 세계적인 조립식 가구업체 - 옮긴이) 효과'라는 말을 만들기도 했다.

또 다른 특이성은 무언가를 소유하기도 전에 그것에 대한 소유의식을 느끼기 시작하는 것이다. 온라인경매에 참여했던 적이 있는가?

월요일 아침에 손목시계에 첫 입찰을 했다고 하자. 그때까지만 해도 당신이 낸 가격이 최고다. 그날 밤 다시 접속해보니 여전히 선두다. 이틀날 저녁에도 상황은 그대로다.

이제 당신은 그 멋진 시계에 대해 생각하기 시작한다. 손목에 찬 모습도 상상한다. 벌써부터 사람들의 인사치레가 들리는 듯하다. 경매 마감 1시간 전에 다시 접속해서 들어가 본다. 웬 놈이 내 입찰가보다 높은 가격을 불러 시계를 뺏길 참이다. 당신은 애초 생각한 가격보다 더 높은 가격을 써낸다.

온라인경매 같은 데서 입찰가를 갑자기 올리는 것은, 그 물건이 반은 자기 것이 되었다고 생각해서가 아닐까? 경매기간이 길어질수록 이미 자기 것이 되었다는 가상의 소유의식virtual ownership이 여러 입찰자에게 더 깊이 스며들고, 그리하여 입찰자들은 더 많은 액수를 써내게 되는 것은 아닐까?

몇 년 전, 제임스 헤이먼과 시카고대학 교수인 예심 오르헌Yesim Orhun, 그리고 나는 경매기간이 경매참가자들에게 어떤 식으로 영향을 미치고 막판까지 경쟁하도록 만드는지를 알기 위해 실험을 구상했다. 예상했던 대로 긴 시간에 걸쳐 입찰에 임하면서 높은 가격대를 써낸 입찰자들은 강력한 가상의 소유의식을 보여주었다. 물론 그들의 그런 소유의식은 불안정하다. 따라서 자신이 이미 주인이라고 생각한 순간부터 자신의 그런 위치를 상실하지 않기 위해 자꾸만 높은 입찰가를 적어낸다.

가상의 소유의식은 광고업이 존재하는 가장 큰 이유다. BMW 컨

버터블을 타고 캘리포니아 해안도로를 달리는 행복한 부부의 모습을 보면, 우리는 자신이 그 차를 운전하고 있다고 생각한다. 파타고니아 등산의류 카탈로그를 펼쳐 스웨터를 본 순간, 그것을 자기 옷이라 생각하기 시작한다. 광고 안으로 자발적으로 걸어 들어가, 실제로 물건을 소유하기도 전에 이미 어느 정도 그것을 소유한 자가 되어버린다. 광고의 마법에 걸려든 것이다.

소유의식을 갖게 하는 또 다른 방법도 있다. 업체에서는 '체험'이라는 판촉행사를 연다. 유선방송 기본패키지를 시청한다고 하자. 그런데 원래 89달러인 '디지털골드패키지'를 한 달 동안 특별체험가격 59달러에 이용할 수 있다는 말에 귀가 솔깃하다. 바꾸고 싶은 마음은 없지만 이렇게 생각한다. '보다가 기본패키지나 실버패키지로 바꾸면 되지.'

일단 골드패키지를 이용하게 되면 그것에 소유의식을 갖게 된다. 기본패키지나 실버패키지로 등급을 낮출 의지가 생길까? 아무래도 쉽지 않을 것 같다. 처음에는 기본서비스로 쉽게 돌아갈 수 있으리라 생각하지만, 일단 디지털화면에 익숙해지면 그것에 대한 소유의식을 자기 안에 심어놓고 만다. 그러면서 추가요금에 대한 부분을 재빨리 합리화한다. 선명한 골드패키지 화면을 볼 수 없다는 상실의 두려움을 감당해낼 재간이 없어지는 것이다.

비슷한 예로 '30일 이내 무조건 환불'을 들 수 있다. 새 소파를 꼭 사야 하는지 확신이 서지 않을 때, 나중에 마음이 바뀌면 환불할 수 있다는 이야기는 그것을 과감히 구입하도록 우리를 부채질한다. 일단 소파를 집안에 들였을 때 생각이 어떻게 달라질지, 소파와 자신을 어떻게 바라보게 될지, 그리하여 그것을 환불하면 뭔가를 잃어버리는 듯한 기분이 들지는 않을지, 제대로 판단하지 못한다. 그저 소파를 집안에 들여놓고 시험 삼아 며칠 사용하는 것뿐이라 여기지만, 소파가 우리에게 불러일으킬 감정에 대해서는 무지하다.

소유의식은 물질적인 것에만 한정되지 않는다. 관점에도 적용된다. 정치나 스포츠처럼 관념적인 것에 소유의식을 가지면 어떻게 될까? 아마도 실제보다 그것을 더 사랑하고, 더 높게 가치를 둘 것이다. 그것을 놓기란 쉽지 않을 것이다. 상실을 견디기 어렵기 때문이다. 이때 우리는 이념적으로 완고해지고 더 단호해진다.

사고 싶은 물건이 있더라도 ━
그것과 나 사이에 거리를 유지하라

소유의식으로 빚어진 질환을 고칠 약은 없다. 애덤 스미스가 말했듯이 우리 삶은 소유의식으로 점철돼 있기 때문이다.

다행히 이러한 사실을 자각하는 것만으로 어느 정도 도움이 된다. 주변을 둘러보면 큰 집, 새 차, 식기세척기, 잔디 깎기 기계를 구입하여 삶의 질을 향상시키고자 하는 유혹을 얼마든지 볼 수 있다. 그러나 일단 소유물을 바꾸고 나면 그전으로 돌아가기가 쉽지 않다. 소유의식은 우리의 관점까지 바꿔버리기 때문이다.

소유하기 이전 상태로 돌아간다는 것은 감당할 수 없는 상실 그 자체다. 필요하다면 얼마든지 자신을 원래 상태로 되돌릴 수 있다고 자기최면을 걸지만, 현실적으로는 그러지 못한다. 지금보다 작은 집으로 이사 가게 될 경우 느끼게 될 상실감을 회피하기 위해 매월 대출상환에 허덕이는 일도 마다않는다.

이럴 때 내가 취하는 방법은 비교적 큰 규모의 거래를 할 때 비소유자의 관점에서 그것을 바라보려고 하는 것이다. 즉, 자신과 거래품목사이에 거리를 두려고 한다. 물질에 대한 무관심에 있어 내가 힌두 탁발승의 경지에 도달했다고까지는 말할 수 없지만, 적어도 물질을 바라볼 때 선禪의 자세를 취하고자 노력하고 있다.

어느 것도 포기할 수 없어

PREDICTABLY IRRATIONAL

왜 우리는 다른 가능성에 눈이 멀어
중요한 목표를 놓칠까?

8장

기원전 210년 중국의 항우項羽(BC232~BC202, 진나라 말기의 장군 – 옮긴이)는 군대를 이끌고 진왕조의 군대를 공격하기 위해 양자강을 건넜다. 밤이 되어 강둑에 진을 치고 밤을 보낸 그의 군대가 아침에 일어나 보니, 배가 불길에 휩싸여 있었다. 놀란 군대는 적이 공격한 줄 알고 반격할 준비를 했다.

그런데 배에 불을 지른 것은 바로 항우 장군이었다. 그는 조리도구까지도 부수라고 명령했다.

항우는 부하들에게 음식을 만들 수도, 돌아갈 배도 없으니, 승리 아니면 죽음밖에 다른 선택이 없다고 했다. 당연히 항우는 병사들로부터 존경받는 장수가 될 수 없었다. 하지만 이는 병사들이 전투에 몰입하는 데 큰 영향을 미쳤다. 창과 활을 든 병사들은 적군을 향해 무섭게 돌진했고, 결국 9번의 연이은 전투에서 항우의 군대는 승리를 거두며 진왕조의 주력부대를 완전히 소탕했다.

항우에 대한 이 일화가 참으로 놀라운 것은 이것이 인간의 정상적인 행동과 완전히 배치되는 것이기 때문이다. 일반적으로 우리는 다른 선택을 차단해야 한다고 생각하지 못한다. 만약 우리가 항우였다면 퇴각할 때를 대비해 배를 지킬 병사를 일부 남겨두었을 것이다. 그리고 몇 주 동안 대치할 것에 대비해 음식을 만들어두라고 말했을 것이다. 심지어 막강한 진왕조의 군대가 항복할 때를 대비해 두루마리 항복문서라도 준비해두라고 했을 것이다.

다른 가능성에 목매는 사람들

우리는 모든 대안을 확보하고자 열심히 일한다. 필요할 때가 있다는 생각에 모든 사양이 구비된 컴퓨터를 구입한다. 텔레비전 화면이 갑자기 먹통이 될 경우에 대비해 플라스마 고화질텔레비전을 껴주는 보험증권을 매입한다. 아이가 체육, 피아노, 프랑스어, 원예, 태권도 중에서 어떤 것에 흥미를 느낄지 모르기 때문에 그 모든 것을 다 접하도록 한다. 비싼 SUV 차량을 구입하는 것도 비포장도로를 주행할 일이 있어서가 아니라 혹시 차축에 걸리는 것이 있을 때가 있지 않을까 해서다.

늘 다른 가능성을 생각하며 중요한 것을 포기하는 우리는 결국 필요 이상의 기능을 가진 컴퓨터를 구입하고, 불필요하게 비싼 품질보

증이 붙은 스테레오를 구입한다. 아이들과 자신의 시간을 희생해 가면서 아이가 모든 과목의 모든 분야를 골고루 겪어보게도 한다. 중요할지 모른다고 생각하며 우왕좌왕하다가 정작 중요한 한 가지에 쏟을 시간을 낭비한다는 사실마저 잊는다. 정말이지 바보놀음인데, 우리는 이 놀음에 매우 능란하다.

나는 조^{Joe}라는 이름의 재능이 뛰어난 학부생에게서 그런 모습을 보았다. 그는 3학년에 올라갈 때 이미 필수 이수과목을 모두 들었기에 전공만 선택하면 됐다. 그런데 어떤 전공을 선택할까?

그는 건축학을 좋아해서 주말이면 보스턴 주변의 절충주의 양식 건물eclectically designed buildings을 연구하러 다녔다. 그는 언젠가 그런 멋진 건물을 설계하는 자신의 모습을 꿈꾸기도 했다. 동시에 컴퓨터과학에도 관심이 있었던 그는 그 학문이 지닌 자유로움과 유연한 사고방식을 마음에 들어 했다. 구글 같은 멋진 회사에서 고액연봉을 받으며 일하는 자신의 모습을 꿈꾸기도 했다.

그의 부모는 그가 컴퓨터과학자가 되기를 바랐지만 그는 건축가가 되기 위해 MIT에 진학했다. MIT 건축학과는 아주 뛰어난 곳이었고, 건축에 대한 그의 애정은 여전히 강했다.

조는 이야기를 하면서 욕구불만인 듯 괴로워했다. 컴퓨터과학을 전공하기 위해 들어야 할 강의와, 건축학을 전공하기 위해 들어야 할 강의는 너무 달랐다. 컴퓨터과학을 전공하려면 알고리즘, 인공지능, 컴퓨터시스템공학, 회로와 전자공학, 신호와 시스템, 컴퓨터구조, 소프트웨어공학실험을 들어야 했다. 한편 건축학을 전공하기 위해서는 건축설계스튜디오 실습, 비주얼아트입문, 건축기술개론, 디자인전산개론, 건축사와 건축개론 등을 들어야 했다.

어떻게 그가 한 분야를 접을 수 있을까? 컴퓨터과학 강의를 듣기 시작하면 나중에 건축으로 전공을 바꿀 때 힘이 들 것이고, 건축학 강의를 듣기 시작하면 컴퓨터과학으로 전공을 바꿀 때 힘들 것이다. 두 전공의 과목을 모두 듣기로 한다면, MIT에서의 4년만으론 그의 손에 어떤 학위도 쥐어지지 않을 터였다. 학위를 받기 위해 한 해 더 학교에 다녀야 할지도 몰랐다. 그는 결국 컴퓨터과학으로 학위를 받았고, 첫 일자리로 자신의 관심분야가 절묘하게 결합된 일을 맡았다. 바로 해군 핵잠수함 설계였다.

또 다른 제자인 다나Dana도 비슷한 문제를 안고 있었는데, 그 대상은 전공이 아니라 두 남자친구였다. 그녀는 최근에 만난 친구에게도 정력과 열정을 쏟으며 지속적인 관계를 맺고 싶었고, 지금은 소원해지고 있는 기존 남자친구에게도 더 많은 시간과 노력을 기울이고 싶었다. 분명히 그녀는 예전 친구보다 새 친구를 더 좋아한다. 그러나 예전 친구와의 관계를 쉽게 놓을 수는 없다. 그 와중에 새 남자친구는 초조해진다. 나는 물었다.

"자네는 사랑하는 친구를 정말 놓치고 싶은가? 아니면 먼 훗날 원래 남자친구를 더 사랑했다는 생각이 들지 몰라서, 정말 그 애매한 가능성 때문에 그러는 건가?"

그녀는 고개를 저으며 아니라고 하더니 울음을 터뜨렸다.

우리를 그렇게 힘들게 만드는 다른 가능성이란 과연 어떤 것일까?

왜 우리는 값비싼 대가를 치르면서도 가능하면 많은 문을 열어두고자 할까? 왜 자신을 한 가지에 온전히 던지지 못할까?

이에 대한 답을 찾기 위해 예일대학의 신지웅 교수와 나는 조와 다나의 딜레마를 해결해줄 수 있는 일련의 실험을 준비했다. 우리 실험은 컴퓨터게임에 기반을 둔 것으로, 인생의 복잡한 부분을 제거하고, 그토록 오랫동안 가능성의 문을 열어놓고자 하는 인간의 성향에 대해 직접적인 해결책을 얻고자 하는 실험이었다. 이 실험을 우리는 '문 여닫기 게임'이라고 이름 붙였다. 그리고는 실험장소로 항우의 군대도 들어가고 싶어하지 않을, 어둡고 황량한 소굴을 선정했다.

가능성의 문이 크면
문제는 간단하다

MIT 동부캠퍼스 기숙사촌은 들어가기 꺼려지는 곳이다. 그곳은 해커, 하드웨어 광신자, 별종, 부적응자의 소굴이다. MIT에서 부적응자라고 하면 정말이지 심각한 부적응자라는 이야기다.

어떤 기숙사에서는 시끄러운 음악을 틀 수도 있고, 요란한 파티를 열 수도 있고, 나체로 다닐 수도 있다. 또 다른 기숙사는 공대생들의 놀이터다. 다리에서부터 롤러코스터까지 그들이 만든 모든 것이 널려 있다. 거기 가서 '피자 비상호출'이라는 버튼을 누르면 얼마 있지 않아 피자가 배달된다. 벽이 온통 검은색인 기숙사도 있고 화장실 칸막

이마다 다양한 벽화가 그려진 곳도 있는데, 거기서 야자나무나 삼바무희를 누르면 홀에서 음악이 흘러나온다.

몇 년 전 어느 오후, 나의 연구조교인 킴Kim은 노트북을 겨드랑이에 끼고 동부캠퍼스 기숙사촌 복도를 걷고 있었다. 그녀는 일일이 방문을 두드리며 학생들에게 돈을 받고 간단한 실험에 응해줄 수 있는지 물었다. 좋다고 하면 킴은 방에 들어가 빈자리에 노트북을 놓았다.

프로그램이 뜨면 컴퓨터화면에 3개의 문이 나타났다. 첫 번째 것은 빨간색, 두 번째 것은 파란색, 세 번째 것은 초록색이었다. 킴은 참가자에게 3개의 문 가운데 하나를 클릭해서 어느 방이든 들어갈 수 있으며, 그 방에 들어가서 그냥 클릭을 하면 돈이 적립된다고 했다. 예를 들어 어떤 방이 1센트에서 10센트 사이의 돈을 준다면, 그 방에서 클릭을 할 때마다 그 범위 안의 돈을 벌 수 있었다. 적립되는 액수는 계속 화면에 표시됐다.

이 실험에서 가장 많은 돈을 벌기 위해서는 큰 액수가 제시되는 방을 찾아 가능한 많이 클릭해야 한다. 그런데 그렇게 간단하게 볼 일이 아니었다. 이 방이 아니다 싶어 다른 방으로 옮길 때도 클릭을 해야 하는데, 클릭할 수 있는 총 횟수는 100회로 제한되어 있었다. 가장 많은 액수가 제시되는 곳을 찾기 위해서는 한 방씩 들어가 보는 것이 좋은 방법일 수 있지만, 한편으론 이 방 저 방 돌아다니는 것이 돈을 벌어들일 수 있는 클릭을 허비하는 것이 될 수도 있었다.

암흑의 크로투스 경the Dark Lord Krotus 숭배자들의 기숙사라 불리는 곳에 거주하는 바이올린 연주자 앨버트Albert는 초반에 실험에 참가했다. 그는 승부근성이 있는 친구였다. 게임에서 다른 친구보다 돈을 더 많이 벌겠다는 의지가 단호했다. 먼저 그는 빨간색 문을 선택하여 방안으로 들어갔다.

방에 들어온 그는 마우스를 클릭했다. 3.5센트가 적립됐다. 또 한 번 클릭했더니 4.1센트였다. 세 번째 클릭을 하니 1센트였다. 그 방에서 적립된 금액을 표본 삼아 계산하더니 그는 초록색 문으로 이동했다.

첫 번째 클릭에선 3.7센트가 나왔다. 다시 했더니 5.8센트였고 세 번째 클릭에서는 6.5센트가 나왔다. 화면 아래쪽에 그가 벌어들인 돈이 쌓이는 것이 보였다. 초록색 문이 빨간색 문보다 훨씬 나아 보였다. 하지만 파란색 문으로 들어가 보면 어떨까? 그는 아직 들어가 보지 않은 파란색 문을 클릭했다. 그 방에서 3번의 클릭을 했더니 모두 4센트 이내의 액수가 나왔다. 파란색 문은 접었다. 그는 서둘러 초록색 문으로 돌아와서 총 100회 클릭 가운데 남은 것을 다 썼다.

실험을 마치고 앨버트는 자신의 성적이 어떻게 되느냐고 물었다. 킴은 미소를 지으며 지금까지 실험한 학생들 가운데 상위층에 속한다고 말해주었다.

앨버트는 우리가 인간행위에 대해 궁금해 하던 어떤 것을 분명히 확인시켜 주었다. 간단한 전제하에 확고한 목표가 있으면, 우리는 아주 능란하게 만족을 주는 대상을 추구한다.

이 실험을 데이트 상황에 적용해보자. 앨버트가 한 여자와 데이트를 한다. 세 번까지 만나본다. 앨버트는 다른 여자와도 그렇게 데이트를 해보고 나서 가장 마음에 드는 상대를 고른다. 그런 뒤 그 사람하고

만 만난다.

그런데 솔직히 말해 이런 설정은 상황을 너무 단순화시킨 것이다. 그가 다른 상대와 데이트를 하는 동안 앞서 데이트했던 상대는 그냥 자신의 품으로 그가 돌아올 때까지 기다려준다는 말인가? 그럴 리 없다. 당연히 돌아설 것이다. 그렇다면 선택의 여지가 줄어드는 것은 아닐까? 앨버트는 상대가 떠나도록 내버려둘까? 아니면 선택의 여지를 최대한 확보하기 위해 매달릴까? 보장된 이익을 일부 희생하고서라도 다른 선택의 여지를 계속 유지하려고 할까?

이런 문제를 확인하기 위해 게임을 다른 형태로 바꾸었다. 이번에는 12번 클릭을 하는 동안 한 번도 들어가지 않은 문은 아예 화면에서 사라지게 만들었다.

상실을
참을 수 없어!

해커기숙사에 사는 샘Sam은 처음으로 문이 '사라지는' 조건을 붙인 실험을 수행했다.

먼저 그는 파란색 문을 선택하고 문 안으로 들어가 3번을 클릭했다. 그가 벌어들인 액수는 화면 하단에 표시되었다. 하지만 그의 눈은 그것만 바라보고 있지 않았다. 클릭을 1번 할 때마다 다른 문들은 12분의 1씩 줄어들고 있었다. 사라지기 전에 들어가지 않으면 그 문을 영원히 이용할 수 없게 된다. 앞으로 파란색 문 안에서 8번만 더 클릭하면 그 문들은 영원히 사라진다.

샘은 그런 일이 벌어지도록 내버려두지 않았다. 그는 커서를 움직여 빨간색 문을 열었다. 그랬더니 문이 원래 크기로 돌아왔다. 빨간색 방 안에서 그는 3번을 클릭했다. 그런데 초록색 문을 보니 앞으로 4번 클릭하는 동안 들어가지 않으면 사라질 판이었다. 다시 한 번 그는 커서를 움직여 초록색 문을 원래 크기로 만들어놓았다.

초록색 문에서 높은 액수가 나오는 것 같았다. 그렇다면 거기 계속 머물러 있어야 할까? 각 방에는 금액범위가 정해져 있다. 샘은 그렇다고 초록색 문에서 가장 많은 금액이 나올 것인지 아직까지는 확신할 수 없었다. 파란색 문이 더 나아 보이기도 했다. 아니면 빨간색 문이 더 나을까. 이도저도 아닐 수 있었다.

격앙된 눈빛을 띠며 샘은 커서를 이리저리 옮겼다. 그는 빨간색 문을 클릭했고 파란색 문이 줄어드는 것을 주시했다. 빨간색 방에서 몇 번 클릭을 한 뒤 다시 파란색 문으로 이동하는데, 초록색 문이 위험할 정도로 작아지기 시작했다. 그는 다시 초록색 문으로 돌아왔다.

얼마 되지 않아 샘은 이리저리 오가느라 정신이 없었다. 그의 몸은 게임화면 쪽으로 완전히 기울어진 상태였다. 내 머릿속에는 자식들에게 이것저것 시키느라 경황이 없는 부모의 모습이 떠올랐다.

이렇게 사는 것이 잘사는 것일까? 특히 매주 한두 개의 문이 새로 생긴다면 어떻게 될까? 남의 인생에 대해 내가 뭐라 이야기할 수는 없지만 우리 실험에 비추어 볼 때, 여기저기 정신없이 옮겨 다니는 것은 스트레스일 뿐만 아니라 비경제적이다. 문이 사라지지 않게 이리저리 움직이느라 허둥댔던 실험참가자들은 문이 사라지든 말든 상관하지 않은 참가자들에 비해 결과적으로 많은 돈을 벌지 못했다. 약 15퍼센트나 적었다. 어떤 방이 됐든 한 방만 골라서 끝까지 클릭을 했다면 더 많은 돈을 벌었을 것이다. 이것을 당신 인생이나 직업에 적용해서 생각해보라.

신지웅 교수와 내가 선택의 여지를 두지 못하도록 만들었던 실험에서도 결과는 똑같았다. 예를 들어 우리는 한 번 문을 클릭할 때 3센트의 비용을 부과했다. 클릭횟수만 줄어드는 것이 아니라 금전적 손실까지 부과한 것이다. 그러나 참가자들의 반응에는 차이가 없었다. 그들은 여전히 선택의 여지를 남겨두고자 하는 비이성적인 격앙상태를 보여주었다.

이번에는 실험참가자들에게 각 방에서 나올 수 있는 정확한 금액을 알려주었다. 그럼에도 결과는 똑같았다. 여전히 그들은 다른 문이 사라지는 것을 그냥 보고만 있지 않았다. 몇몇 학생들에게는 실제 실험에 들어가기 전, 몇 번이고 연습할 기회를 주었지만 결과는 마찬가지였다.

문이 사라지는 것에 연연하지 않을 것이라고 생각했던 우리는 틀렸다. 선택의 여지가 사라지는 것을 보자 가장 뛰어나고 똑똑하다고 알려진 이 MIT 학생들은 집중하지 못하고, 농장의 닭처럼 문이란 문은 다 쪼아대면서 더 많은 돈을 벌고자 했다. 그럴수록 그들이 벌어들이는 돈은 줄어들었다.

끝으로 다른 실험을 하나 더 했다. 부활을 연상시키는 실험이었다.

이번 실험조건에서는 12번 클릭하는 동안 들어가지 않으면 문이 사라지긴 하지만, 완전히 사라지지는 않았다. 다시 가서 클릭해주면 문이 생겼다. 문을 신경 쓰지 않아도 상실감을 느끼지 않게 된 것이다. 이런 조건이라면 실험참가자들은 사라진 문을 클릭하지 않을 것 같았다.

유감스럽게도 예상은 빗나갔다. 놀랍게도 학생들은 일부러 클릭을 해서라도 문을 되살렸다. 단지 상실을 참을 수 없었던 것이다. 문이 완전히 사라지는 것을 막기 위해서라면 무엇이든 다할 태세였다.

누구에게나 크든 작든 ━ 단호하게 닫아야 할 문이 있다

이처럼 쓸모없는 가능성을 좇는 비이성적인 강박관념으로부터 우리 자신을 지킬 수는 없을까? 1941년 철학자 에리히 프롬Erich Fromm은《자유로부터의 도피 Escape from Freedom》라는 책을 썼다. 그는 현대 민주주의 사회에서는 사람들이 기회의 상실에도 괴로워하지만, 기회가 정신없을 정도로 많은 것에도 괴로워한다고 했다. 현대사회는 확실히 그렇다. 우리는 끊임없이 뭔든 할 수 있으며, 무엇이든 될 수 있다고 되뇐다.

문제는 이 꿈을 낱낱이 이루려는 데 있다. 다방면으로 자신을 계발하고 인생의 모든 것을 맛보려고 하는 것이다. 인간이 그 모든 것을 다할 수 있을까? 우리는 이 문에서 저 문으로 우왕좌왕하는 실험참가자들에게서 프롬이 말하는 유혹을 볼 수 있었다.

이 문에서 저 문으로 우왕좌왕하는 것은 참으로 이상하기 짝이 없는 인간행동이다. 그보다 더 이상한 것은 별로 가치가 없는 문마저 좇고자 하는 충동이다.

앞서 다나라는 학생은 이미 한 남자친구에 대해 더 이상 애정이 없다고 결론을 지었다.

그렇다면 왜 그녀는 애정 없는 사람과의 시들어가는 관계를 지속하면서, 현재 사랑하는 남자와의 관계를 위태롭게 만들었을까? 마찬가지로 마지막 세일이라 다시는 그 가격에 물건을 살 수 없다는 말을 들으면, 왜 필요하지도 않은 물건을 사게 될까?

이런 비극의 또 다른 측면은 바로 지금 정작 중요한 기회가 사라질지 모르는데도 그것에 주의를 기울여야 한다는 사실을 모른다는 점이다. 우리는 직장에서 야근을 하는 동안 자녀들의 유년시절이 끝나가는 줄도 모른다. 이런 문들은 너무도 천천히 닫히기 때문에 그것이 사라지는 줄 모르는 것이다.

한 친구는 내게 자신의 결혼생활에서 가장 좋았던 때를 말하면서 그가 뉴욕에, 아내는 보스턴에 살면서 주말부부 생활이 그립다고 회상했다. 떨어져 살기 전, 그러니까 보스턴에서 같이 살 때 그들은 주말을 같이 즐기기보다 일을 하는 데 써버렸다. 그러다 상황이 바뀌어 주말에만 같이 할 수 있게 되자, 그들은 주말에 일을 하기보다 함께 즐거운 시간을 보냈다.

내가 자식을 위해 일을 접으라거나 배우자와 즐거운 주말을 보내기 위해 서로 떨어져 살아야 한다고 주장하는 것은 아니다. 다만 중요한 것으로 나아가는 선택의 문이 닫히려 할 때, 그 사실을 알려줄 알람 같은 것이 있다면 좋지 않겠는가?

실험을 통해 우리는 문이 닫힐까봐 허둥대는 것이 얼마나 어리석은 일인지를 보았다. 그것은 감정뿐만 아니라 호주머니마저 고갈시킨다.

우리에게 필요한 것은 몇몇 선택의 문을 의식적으로 닫는 것이다. 당연히 작은 문을 닫기가 상대적으로 수월할 것이다. 예를 들어 크리스마스카드를 보낼 명단을 거르거나, 자녀의 과외활동 중 태권도 같은 것을 빼는 것은 쉽게 할 수 있는 일이다.

그러나 큰 문을 닫기란 쉽지 않다. 새로운 일이나 더 나은 일자리로 이어진다고 생각되는 문은, 더더욱 닫기 어렵다. 우리의 꿈과 긴밀한 관계가 있다고 여겨지는 문, 특정한 사람과의 관계도 그렇다. 그들이 어디 가는 것도 아닌데 말이다.

우리에게는 문을 항상 열어놓고자 하는 비이성적인 강박관념이 있다. 그렇다고 그 습성을 인정하며 그 문을 항상 열어놓을 필요는 없다.

영화의 한 장면을 떠올려보자. 영화 〈바람과 함께 사라지다Gone with the Wind〉에서 레트 버틀러Rhett Butler가 스칼렛 오하라Scarlett O'Hara를 떠나려고 할 때, 그녀는 그에게 매달리며 간청한다.

"난 어디로 가라고요? 난 어떡하라고요?"

스칼렛의 행동을 참을 만큼 참았던 레트는 말한다.

"솔직히 내 알 바 아니오."

이 대사가 많은 사람들에게 깊은 인상을 남긴 것은 레트가 단호하게 '문'을 닫았기 때문이다. 이 대사는 누구에게나 크든 작든 닫아야 할 문이 있다는 사실을 일깨워줬다.

시간을 허비하는 모임에는 나갈 필요가 없다. 더 이상 가깝게 어울리지 않는 사람들에게 크리스마스카드를 보내는 일은 중단해도 된다. 농구경기를 보러 가고 골프와 스쿼시를 할 때는 가족과 함께할 시간이 있는지부터 따져봐야 한다. 아마도 스포츠는 잠시 뒤로 미뤄야 할 것이다. 정작 중요한 문으로 나아갈 우리의 정력과 의지를 그것에 빼앗길 수 있기 때문이다.

다른 문을 쳐다보는 동안 우리가 놓치게 되는 것들

많은 문을 닫고 딱 2개의 문만 남겨놓았다고 가정해보자. 이제 남은 선택은 한결 쉬워질 것이라는 이야기를 할 수 있으면 좋으련만, 그렇지 않은 경우가 많다. 서로 비슷하게 관심을 끄는 두 가지 가운데 하나를 고르는 것은 가장 어려운 결정 가운데 하나다. 이때는 우유부단이 문제가 된다. 다음의 이야기를 가지고 이에 대한 설명을 해보도록 하겠다.

배고픈 당나귀가 건초를 먹기 위해 헛간에 갔다가 똑같은 크기의 건초더미 2개를 보았다. 당나귀는 건초더미를 양옆에 두고 헛간 한가운데에 서서 어느 건초더미를 먹을지 고민한다. 시간은 흐르는데 결정이 나지 않고, 결국 그 당나귀는 굶어죽고 만다.

물론 지어낸 이야기다. 그러니 당나귀의 지능에 대한 부당한 비방이라고 생각하지는 말기 바란다. 더 나은 예로 미국 의회를 들 수 있다. 의회는 경색될 때가 종종 있는데, 이는 노후 고속도로 보수나 멸종 위기에 처한 동물보호 등과 같은 큰 그림 때문이 아니라 지엽적인 것 때문일 때가 많다. 이성적인 사람이 보기에는 이런 사안에 대한 각 당의 방침이 영락없는 2개의 건초더미다. 그것 때문에 의회는 한가운데서 꼼짝 못하는 상태가 된다. 빠른 결정을 내리는 것이 모두에게 좋은데도 그렇다.

또 다른 예를 들어보자. 한 친구는 디지털카메라를 구입하면서 거의 비슷한 2개의 모델을 두고 하나를 고르는 데 3개월이 걸렸다. 그가 드디어 마음의 결정을 내렸을 때 나는 물었다. 사진 찍을 기회를 얼마나 많이 놓쳤는지, 그 카메라를 고르기 위해 귀한 시간을 얼마나 낭비했는지, 지난 3개월간 가족과 친구들의 디지털사진을 얻기 위해 얼마나 많은 돈을 지불해야 했는지. 친구는 카메라 가격보다 더 비싼 값을 치렀다고 대답했다. 이런 비슷한 상황이 당신에게도 일어나지는 않는가?

양자택일의 상황에서 둘의 사소한 유사점과 차이점에 신경 쓰느라 내 친구, 당나귀, 그리고 의회가 제대로 고려하지 못한 것은, 결정을 하지 못함으로써 빚어지는 결과다.

당나귀는 굶어 죽는 것을 고려하지 못했고, 의회는 고속도로 법안을 가지고 논쟁하는 동안 동물이 멸종에 처하는 것을 고려하지 못했으며, 내 친구는 쇼핑몰에서 보낸 시간은 말할 것도 없고 좋은 사진을 찍을 기회를 고려하지 못했다. 더 심각한 것은 결국 어느 한쪽으로 결정이 나도 상관없을, 상대적으로 사소한 차이를 고려하지 못했다는 것이다.

내 친구는 어떤 카메라였어도 충분히 행복했을 것이다. 당나귀는 어느 쪽 건초더미를 먹든 상관이 없었을 것이다. 의원들은 법안의 세부내용에서는 다소 차이가 있을지언정 그들이 이룬 성과에 만족해하며 집으로 돌아갔을 것이다. 다시 말해 그들 모두는 쉽게 결정을 내릴 수 있었다. 당나귀의 경우 그냥 동전을 던져 결정할 수도 있었다. 그러나 우리는 그렇게 행동하지 않는다. 다른 문들을 닫을 수 없기 때문이다.

아주 비슷한 것 2개 중에 하나를 고르는 일은 간단한 것인데도, 실제로는 그렇지 못하다. 몇 년 전 나도 MIT로 갈까, 스탠퍼드로 갈까를 고민할 때 이런 곤란을 겪었다. 결국은 MIT를 선택했지만, 나는 몇 주 동안 두 학교를 꼼꼼히 비교했다.

전반적인 호감도에 있어 두 학교는 내게 별 차이가 없었다. 좀 더 많은 정보를 얻고 직접 확인해봐야겠다는 생각에 두 학교를 찾아가기도 했다. 사람들을 만나고 어떤 점이 좋은지 물었다. 주변도 둘러보면서 아이들이 다닐 만한 학교도 확인했다. 수미와 나는 우리가 원하는 삶을 꾸리기에 어느 학교가 적당한지 꼼꼼하게 따졌다.

이렇게 이 문제로 너무 신경을 쓰다 보니 정작 내 연구와 실적에 차질이 생기기 시작했다. 어이없게도 연구하기에 가장 이상적인 곳을 찾느라 내 연구를 소홀히 하고 있었던 것이다.

아마도 당신은 이 책에 들어 있는 내 지혜를 사기 위해 돈과 시간을 투자했을 것이므로, 나 역시 거의 비슷한 2개의 건초더미를 두고 어쩔 줄 몰라 했던 당나귀와 비슷했다는 고백을 하기가 쉽지는 않다. 하지만 나는 고백한다. 나 역시 다른 모든 사람과 마찬가지로 비이성적인 존재였던 것이다.

고정관념이 판단에 미치는 영향

PREDICTABLY IRRATIONAL

왜 우리는 기대한 것에
마음을 빼앗길까?

9장

필라델피아 이글스Philadelphia Eagles 팬인 당신이 불행히도 뉴욕에서 자이언츠Giants 광팬인 친구와 미식축구경기를 보러 갔다고 하자. 그와 어떻게 친구가 됐는지는 모르겠지만 한 학기 동안 기숙사 방을 같이 쓰다 보니 그가 마음에 들었다. 비록 당신이 보기에 그는 축구병 환자나 다름없었지만.

　5점이 뒤진 이글스가 공을 잡고 있는 4쿼터, 경기시간은 6초 남았다. 공은 12야드 선에 있고, 4명의 와이드 리시버가 마지막 공격을 위해 자세를 취한다. 쿼터백이 공을 잡더니 드롭 백을 한다. 리시버가 엔드존을 향해 내달리자 쿼터백은 종료 직전 고공패스를 한다. 엔드존 코너 근처에 있던 이글스의 와이드 리시버가 몸을 던져 공을 멋지게 잡아낸다.

　심판이 터치다운touchdown(미식축구에서 공을 가지고 상대팀의 골라인을 넘는 일, 또는 거기서 얻은 득점 – 옮긴이) 선언을 하자 모든 이글스 선수가 경기장에 뛰쳐나와 환호한다. 그런데 잠깐! 리시버의 두 발이 모두 엔드존 안에 들어갔는가? 점보트론Jumbotron(소니에서 만든 경기장용 대형 비디오스크린 – 옮긴이)을 보니 아슬아슬하다. 심판들이 호출되어 재확인에 들어간다. 당신은 친구에게 말한다.

"저것 봐. 멋지게 잡지 않았냐? 완전히 엔드존에 들어갔어. 그런데 뭘 확인한단 말야?"

친구가 오만상을 찌푸린다.

"저건 완전한 아웃이야. 심판이 저것도 제대로 못 보다니. 너 정신 나갔냐? 저게 제대로 들어간 것으로 보이게."

뭐라고?

자이언츠 팬인 당신 친구는 마음속 바람을 내뱉은 것일까? 착각해서 저런 말을 한 것일까? 알면서 거짓말을 한 것일까? 자신의 팀을 너무나 열심히 응원한 나머지 정말 판단이 흐려진 것일까?

맥주실험에서 밝혀진 진실

케임브리지를 지나 MIT 건물로 향하면서 그날 저녁 일을 생각해본다. 어떻게 친구 사이라는 두 사람이 고공 패스를 전혀 다른 시각으로 바라봤을까? 어떻게 양 진영이 똑같은 사안을 두고 전혀 다른 관점으로 해석할까? 어떻게 민주당과 공화당은 글을 읽을 줄 모르는 한 학생을 두고 전혀 다른 입장을 취할 수 있을까? 어떻게 부부싸움을 하는 부부는 문제의 원인을 전혀 다르게 바라볼까?

특파원으로 아일랜드에 체류했던 한 친구는 아일랜드공화국군IRA과 만났던 이야기를 들려주었다. 인터뷰를 하는 도중, 많은 수의 아일랜드공화국군들이 수감돼 있는 메이즈Maze 교도소의 소장이 암살되었다는 뉴스가 전해졌다. 충분히 이해할 수 있는 반응이지만, 내 친구를 둘러싸고 있던 아일랜드공화국군들은 만족스러운 표정으로 뉴스를 들었다.

물론 영국인들은 전혀 그런 관점에서 보지 않았다. 이튿날 런던 언론의 머리기사는 분노로 들끓었다. 이스라엘 사람인 내게는 그와 같은 폭력의 꼬리잡기가 낯설지 않다. 폭력은 드문 일이 아니다. 너무도 빈번하여 왜 그랬을까 자문할 틈도 없다.

그런 일들은 과연 역사와 인종, 정치적 갈등의 소산일까? 아니면 같은 사안을 보면서도 각자의 관점에 따라 사안을 전혀 다르게 해석하는, 우리 안의 저 비이성적인 본성 때문일까?

콜롬비아대학 교수인 레너드 리Leonard Lee와 MIT 교수인 셰인 프레데릭Shane Frederick 그리고 나에게는 이런 심각한 문제를 이해할 수 있는 어떤 실마리도 없었다. 그래서 이미 형성된 인상이 우리의 관점을 어떻게 왜곡시키는지 알기 위해 간단한 실험들을 준비했다. 이 실험에서는 종교도, 정치도, 심지어 스포츠도 아닌, 맥주잔을 실험지표로 삼았다.

높다란 그리스식 원주들 사이의 폭넓은 계단을 올라 워커Walker 빌

딩 현관에 도착했다. 안으로 들어가 카펫이 깔린 공간에 들어섰다. 화려한 조명과 가구들, 그리고 어김없이 술과 안주와 술벗이 있었다.

머디 찰스Muddy Charles, MIT 안에 있는 2개의 술집 가운데 하나에 온 것을 환영한다. 그곳은 레너드와 셰인과 내가 몇 주 동안 실험을 할 연구장소이기도 했다. 이 실험은 사람들의 기대감이 이후에 벌어질 일에 대한 그들의 관점에 영향을 미치는지, 즉 특정 맥주에 대한 술집 단골의 기대감이 그들의 미각에 영향을 미치는지를 알아보기 위한 것이다.

부연하자면 머디 찰스의 단골에게 먼저 버드와이저를 갖다 준 후 우리가 'MIT 맥주'라고 곧잘 부르는 맥주를 갖다 줄 참이다. MIT 맥주란, 버드와이저에 맥주 1온스당 2방울 정도 식초를 첨가한 것이다.

저녁 7시, 컴퓨터과학 박사과정 2년차인 제프리Jeffrey가 운 좋게도 머디 찰스에 들렀다.

"시식용 무료맥주 2잔 어때요?"

레너드가 다가가 물었다. 제프리가 좋다고 하자 레너드는 그를 탁자로 데리고 갔다. 거기에는 거품이 인 2잔의 피처가 놓여 있었다. 하나는 A, 다른 하나는 B라는 딱지가 붙어 있었다.

제프리는 그중 한 잔을 들고 한 모금 마시더니 가만히 입맛을 다셨다. 그런 다음 다른 맥주를 마셨다.

"어느 쪽 맥주를 큰 잔으로 마시고 싶나요?"

레너드가 물었다. 제프리는 한 번 더 생각했다. 이제 제프리는 제대로 된 맥주를 골라 이후 시간을 보내고 싶을 터였다. 그는 B번 맥주를 고른 뒤 친구들과 합류했다.

제프리는 전혀 모르고 있었지만 그가 맛을 본 두 맥주는 버드와이저와 MIT 맥주였고, 그가 고른 것은 식초가 들어간 MIT 맥주였다.

잠시 후 독일에서 온 방문학생인 니나Nina가 들렀다.

"무료맥주 드실래요?"

레너드가 물었다. 그녀는 미소를 짓더니 고개를 끄덕였다. 이번에는 레너드가 정보를 주었다. 맥주A는 일반적인 판매용 맥주고, 맥주B는 식초를 몇 방울 탄 맥주라고 말했다. 니나는 두 맥주의 맛을 보았다. 시음을 끝낸 뒤 그녀는 맥주A가 좋다고 했다. 레너드는 니나에게 판매용 맥주를 한 잔 가득 따라주었고 니나는 즐거운 표정으로 친구들과 자리를 같이 했다.

니나와 제프리는 이 실험에 참가한 수백 명의 학생 가운데 2명일 뿐이다. 하지만 대부분의 반응은 전형적이었다.

식초에 대해 모르고 있던 학생들 대부분은 식초를 탄 MIT 맥주를 골랐다. 그러나 MIT 맥주가 식초를 탄 것이라는 사실을 알았을 때는 정반대였다. 식초 탄 맥주를 마신 그들은 코를 실룩거리며 주저 없이 버드와이저를 골랐다.

눈치 챘듯이 누군가가 '이건 맛이 없어'라고 말하면, 결국 그 이야기를 들은 사람들도 거기에 동의할 가능성이 높다. 자신도 그렇게 느껴서가 아니라 그런 기대를 미리 갖게 되기 때문이다.

만약 식초를 첨가한 맥주를 생산하는 회사를 세울 생각이라면, 다음의 내용을 고려할 필요가 있다. 첫째, 사람들이 라벨을 읽거나 내용물을 안다면 그 맥주를 좋아하지 않을 것이라는 점. 둘째, 식초맥주는 제조비용이 좀 더 든다는 점. 따라서 그것이 제아무리 맛을 돋운다 해도 그만한 투자를 할 가치가 없다.

파프리카 커피 한 잔 어때요?

하루는 하버드 경영대학원 교수인 엘리 오펙Elie Ofek과 런던 경영대학 교수인 마르코 베르티니Marco Bertini, 그리고 내가 즉석 커피숍을 열어, 커피설문에 응한 MIT 학생들에게 커피를 나눠주기로 했다.

어느새 긴 줄이 생겨났다. 우리는 참가자들에게 커피를 나눠주고 탁자로 안내했다. 탁자에는 커피첨가물들, 즉 우유, 크림, 하프앤하프 half-and-half(우유지방 함량이 적은 커피용 크림 – 옮긴이), 백설탕, 흑설탕 등이 구비되어 있었다. 그것 말고도 색다른 첨가물, 즉 정향, 오렌지껍질, 파프리카, 생강도 있었다.

참가자들은 자신이 원하는 것을 커피에 타서 맛본 뒤 설문지를 채웠다. 그들은 커피 맛이 얼마나 좋은지, 앞으로 카페테리아에서 이런 커피를 주문할 것인지, 이런 커피라면 얼마까지 지불할 용의가 있는지 답했다. 참고로 색다른 첨가물을 넣은 학생은 없었다.

다음 며칠 동안 계속 커피를 나눠줬다. 그러면서 이따금씩 색다른

첨가물을 유리와 금속으로 된 예쁜 용기에 넣어두거나, 예쁘게 인쇄된 라벨을 붙여 매끈한 금속받침 위에 작은 은색 티스푼과 함께 두기도 했다. 평소에는 그것들을 흰색 스티로폼 컵에 담아두었다. 라벨도 빨간색 펠트펜을 가지고 대충 손으로 썼다. 스티로폼 컵의 크기를 조금씩 줄이거나, 손으로 컵의 모서리를 대충 잘라내보기도 했다.

어떤 결과가 빚어졌을까? 아무리 예쁜 용기에 두었다 해도 색다른 첨가물을 커피에 넣는 사람은 없었다. 아무래도 커피에 파프리카를 넣어 먹는 사람을 조만간에 만나보기는 어려울 것이다.

하지만 흥미로운 것은 색다른 첨가물을 예쁜 용기에 넣어두었을 때, 사람들은 커피가 아주 맛이 있었고 돈을 내고서라도 마실 용의가 있다고 했다는 점이다. 어떤 학생은 이런 커피를 파는 카페를 내보라고 권하기까지 했다. 커피가 고급스러운 분위기를 내면, 커피 맛도 덩달아 고급스러워진다는 것이다.

정보를 알기 전과 후는 180도 다르다

뭔가 좋을 것이라는 믿음을 갖게 되면, 대체로 그것은 좋게 마련이다. 물론 나쁘다고 생각하면 나빠질 것이다. 그 영향은 어느 정도일까? 우리의 믿음과 생리학적인 경험까지 바꿀 수 있을까? 미리 뭔가를 알고 있으면 그것이 맛을 본다는 가치중립적인 활동까지 변형시킬까? 맛이 있을 것이라고 기대하면 진짜로 그렇게 되는 것일까?

이 문제를 실험하기 위해 레너드와 셰인과 나는 맥주실험을 다시 하게 되었다. 이번에는 앞선 실험과 큰 차이가 있었다. 앞서 우리는 MIT맥주를 두 가지 방식으로 실험했다. 한 번은 맛을 보기 전에 식초를 섞었다고 참가자에게 말해주었고, 다른 한 번은 일체 그런 정보를 주지 않았다.

이번에는 처음부터 식초에 대한 이야기를 하지 않고 맛을 보게 한 뒤, 식초가 들어 있었다고 이야기를 해준 다음 반응을 살피기로 했다. 맛을 보고 난 뒤 사실을 알게 되면, 그것을 미리 알았을 때의 반응과 다른 반응이 나올까?

경험 전에 아는 것과 경험 후에 아는 것에 큰 차이가 있을까? 만약 그렇다면 언제 받아들이는 정보가 더 중요할까? 사전에 아는 정보일까, 사후에 아는 정보일까?

정보가 그저 어떤 현상만 전달하는 것이라면, 맥주에 식초가 들어 갔다는 사실을 맥주 맛을 보기 전에 알았든 후에 알았든 큰 차이가 없다. 즉, 맥주에 식초를 넣었다고 미리 말하거나 나중에 말해도 비슷한 영향을 미칠 것이다. 결국 식초 넣은 맥주를 마셨다는 언짢은 소식을 들었다는 점에서는 다를 바가 없다.

한편 미리 식초에 대해 실험참가자에게 이야기를 하는 것이 그들의 미각작용에 영향을 미친다면, 식초에 대해 알고 있는 실험참가자는 맥주를 마시고 난 뒤 그 이야기를 들은 사람과는 맥주 맛에 대해 분명히 다른 의견을 내야 한다.

이 문제를 이런 식으로 생각해보자. 정보가 맛을 좌우한다면 맥주를 마시고 난 뒤 식초 이야기를 들은 참가자는 아무것도 모르는 상태에서 실험을 한 참가자와 맛에 있어 별 차이를 느끼지 않아야 한다. 그들은 맥주 맛을 본 뒤에야 식초에 대한 이야기를 알았다. 그 시점은 정보가 미각작용에 영향을 미치기에는 너무 늦은 때다.

그렇다면 맥주 맛을 본 뒤 식초 이야기를 들은 학생들은 미리 알고 마신 학생들만큼 그 맥주를 싫어했을까? 아니면 식초에 대해 전혀 모르고 마신 학생들만큼 그 맥주를 좋아했을까?

결과는 이랬다. 맥주를 마신 뒤 식초 이야기를 들은 학생들은 미리 알고 있었던 학생들보다 훨씬 더 맥주에 대한 평가가 좋았다. 사실 맥주를 마신 뒤 식초 이야기를 들은 학생들은 식초가 들어갔다는 이야기를 전혀 듣지 못했던 학생들만큼 맥주를 좋아했다.

이 결과가 뜻하는 바는 무엇일까? 다른 예를 하나 더 들어보겠다. 다아시Darcy 아줌마가 평생 모아온 여러 물건들을 처분하기 위해 차고 세일을 한다고 하자. 자동차 한 대가 서더니 사람들이 내렸다. 그들은 벽에 걸린 유화를 둘러쌌다. 그것은 초기 미국 원시주의 화풍을 훌륭히 표현한 작품이다. 이때 당신은 그들에게 저것이 다아시 아줌마가 몇 년 전에 사진을 복제한 작품이라는 이야기를 할 것인가?

정직하고 고지식한 나는 사실대로 말할 것이다. 그러나 그들이 경탄을 마치기 전에 말할 것인가, 경탄을 끝낸 후에 말할 것인가? 맥주 실험에 따른다면 당신과 다아시 아줌마는 사람들이 다 보고 난 뒤 정보를 공개하는 것이 나을 것이다. 그렇게 하면 사람들이 그 그림에 수

천 달러는 아니더라도 다아시 아줌마가 만족할 만한 꽤 큰 액수를 내놓을 것이 분명하다.

이 실험을 극단적인 형태로도 시행해보았다. 두 실험집단 가운데 한 집단에게는 미리 식초에 대한 이야기를 했다(사전집단). 다른 집단에게는 시음이 끝난 뒤 식초에 대한 이야기를 했다(사후집단). 시음이 끝난 뒤에는 아무것도 섞지 않은 맥주 1잔과, 식초와 식초를 떨어뜨리는 데 사용하는 점적기, 그리고 맥주 1온스당 식초 2방울을 첨가한다는 MIT 맥주 제조법이 적힌 종이를 주었다. 학생들이 아무렇지도 않게 맥주에 식초를 넣을 것인지, 만약 그렇게 한다면 얼마나 많이 넣을 것인지, 그리고 그 결과가 식초에 대해 모르고 마셨는지 혹은 알고 마셨는지에 얼마나 좌우되는지를 알고 싶었다.

결과는 어떻게 나왔을까? 맥주를 마시기 전보다 후에 식초에 대한 이야기를 들려줬을 때, 참가자들은 2배나 많이 맥주에 식초를 탔다. 사후집단의 참가자들은 식초를 넣은 맥주를 처음 마실 때 그렇게 맛이 나쁘지 않다고 생각했다. 참고로 식초를 첨가한 학생들은 모두 제조법에 명시된 만큼만 식초를 넣었다.

기대를 많이 할수록
음식맛도 좋아진다
　　　　　　　　　　　　　　　━

보다시피 기대감은 우리 삶의 거의 모든 곳에 영향을 미친다.

딸의 결혼식 피로연을 위해 외식업체를 고용한다고 하자. 조세핀Josephine에서는 '군침 도는 아시아식 생강닭 요리'와 '칼라마타 올리브와 페타 치즈를 넣은 맛있는 그리스식 샐러드'를 내세운다. 또 다른 업체인 컬리너리 센세이션Culinary Sensation에서는 '허브를 곁들인 이스라엘식 쿠스쿠스를 아래 깔고 그 위에 유기농으로 키워 살이 푸석거리지 않는 닭가슴살을 메를로 와인을 넣고 잘 구운 요리'와 '신선한 로마 체리토마토와 파릇파릇한 야채와 나무딸기 식초에 담근 따끈한 염소 치즈'를 내세운다.

컬리너리 센세이션 음식이 조세핀 음식보다 더 나을지는 알 도리가 없지만, 요리를 소개하는 것을 보니 간단한 토마토와 염소치즈 셀러드도 맛있을 것 같다는 기대감이 생긴다. 이에 따라 우리는 나중에 이 음식에 대해 격찬을 늘어놓을 가능성이 높다. 요리에 대한 우리 설명을 들은 하객들도 마찬가지다.

이 원칙은 누구나 이용할 수 있다. 이를테면 우리가 만든 요리에 뭔가 이국적이고 세련된 느낌을 주는 한마디를 슬쩍 덧붙일 수 있다. 치폴레 망고 소스라는 말 한 마디면 금방 색다른 느낌을 줄 것이다. 아니면 비프beef라는 말 대신 버팔로buffalo라고 해보라. 아무것도 모르는 상태에서 먹으면 이런 재료가 음식을 더 맛있게 만들어주는지를 잘 모른다. 그러나 미리 알고 기대감이 생기면 효과가 나타난다.

이런 방법은 사람들을 저녁식사에 초대할 때나 아이들에게 새로운 요리를 맛보게 할 때 특히 유용하다. 이미 반죽된 것을 사다가 오븐에 굽기만 한 케이크라는 이야기를 하지 않으면, 칵테일에 상표도 없는 오렌지주스를 썼다고 이야기하지 않으면, 아이들에게 젤로Jell-O는 우족으로 만들어진다는 이야기를 하지 않으면, 맛을 음미하는 데 훨씬 도움이 될 것이다.

미리 알려주는 것의 파급력을 과소평가해서는 안 된다. 음식을 접시에 먹음직스럽게 내놓는 법을 배우는 것은 요리학원에서 굽고 튀기는 법을 배우는 것 못지않게 중요하다. 제아무리 포장음식을 사서 먹는다 하더라도 스티로폼 포장용기 대신 멋진 접시에 음식을 옮겨 놓고 장식을 곁들이면 훨씬 달라 보인다.

손님들의 입맛을 더 돋우고 싶다면, 멋진 와인잔 세트를 마련하길 바란다. 제대로 된 잔에 마실 때 좋은 분위기가 만들어져 와인의 맛을 제대로 음미할 수 있기 때문이다. 잔의 모양이 와인 맛에 아무런 영향도 미치지 않는다는 과학적 사실만 모른다면, 멋진 잔에 담긴 와인을 마실 때 그 맛을 더 잘 음미할 수도 있다는 이야기다.

마케팅으로 우리의 만족도를 변화시킬 수 있다

기대감은 음식에만 한정돼 있지 않다. 사람들을 이끌고 영화를 보러 갈 때 지금 보러 가는 영화가 호평받았다는 이야기를 해주면, 사람들이 좀 더 재미있게 영화를 즐길 수 있을 것이다. 이러한 기대감은 상표나 상품의 명성을 구축하는 데 필수적이다. 사람들의 기대감과 실제 만족감을 높일 수 있는 정보를 제공하는 것이야말로 마케팅의 전부다.

그러나 마케팅으로 만들어진 기대감이 과연 우리의 만족도를 변화시킬 수 있을까? '펩시 도발광고Pepsi Challenge'라고 불리는 유명한 텔레비전 광고를 봤거나, 적어도 들어본 적이 있을 것이다. 임의로 사람을 골라 코카콜라와 펩시콜라를 마시게 한 뒤 어느 것이 더 좋았는지 보여주는 광고였다.

펩시가 만든 이 광고에서 사람들은 코카콜라보다 펩시콜라를 더 좋아한다고 했다. 물론 코카콜라에서 만든 광고에서는 사람들이 펩시보다 코카콜라가 더 좋다고 했다. 어떻게 그럴 수 있을까? 두 회사는 통계를 조작하는 것일까?

답은 상표에 있다. 코카콜라는 시장조사를 할 때 자신들의 그 유명한 빨간 상표를 노출시켰다. 반면 펩시는 사전정보를 주지 않고 M과 Q라고 적은 플라스틱 컵에 콜라를 따라 시음하는 방식으로 조사를 했다. 상표를 보지 않고 실험을 했을 때는 펩시가 나은데, 보고 했을 때는 코카콜라가 더 나은 경우가 생길 수 있을까?

코카콜라와 펩시콜라의 상반된 조사결과를 제대로 이해하기 위해 많은 신경과학자들, 샘 맥클루어Sam McClure, 지안 리Jian Li, 데이먼 탐린Damon Tomlin, 킴 사이퍼트Kim Cypert, 라탄 몬터규Latane Montague, 리드 몬터규Read Montague가 따로 2개의 실험을 진행했다. 이 실험에는 기능성 핵자기공명영상 장치, 즉 fMRI라는 현대적 장비가 동원되었다. 이 장치를 통해 음료를 마시고 있을 때 일어나는 실험참가자의 뇌활동을 관찰할 수 있었다.

뇌를 촬영하기 위해서는 참가자가 가만히 누워 있어야 하므로 fMRI 장치 안에서 콜라를 마시기가 쉽지 않았다. 이 문제를 해결하기 위해 샘과 그의 동료들은 기다란 플라스틱 튜브를 갖다 대고 멀리서 해당 음료를 주입했다.

음료를 공급하면서 참가자들에게 지금 제공되는 것이 코카콜라인지, 펩시콜라인지, 아니면 다른 음료인지를 시각정보 형태로 제공했다. 이렇게 하여 연구자들은 참가자가 어떤 음료인지 알고 마실 때와 모르고 마실 때, 각각의 경우 참가자의 뇌에서 일어나고 있는 활동을 관찰할 수 있었다.

결과는 예상대로였다. 코카콜라와 펩시콜라의 도발광고에서처럼 알고 마셨는지 혹은 모르고 마셨는지에 따라 참가자의 뇌활동은 현저히 다르게 나타났다. 실험참가자 입으로 코카콜라와 펩시콜라가 주입될 때마다 복내측전전두피질prefrontal cortex이라 불리는, 강한 애착과 연관된 신경중추가 활성화되었다.

그런데 코카콜라가 주입된다는 것을 실험참가자가 알았을 때는 다른 현상이 추가적으로 일어났다. 기억작용, 연상작용, 고차원의 인지 및 사고작용을 주관하는, 이마 부위에 위치한 측배전전두피질dorsolateral prefrontal cortex도 활성화되었던 것이다. 물론 펩시가 주입된다는 것을 알았을 때도 이런 현상이 있었지만, 코카콜라의 경우에는 좀 더 크게 나타났다. 당연한 일이지만 이 반응은 코카콜라를 아주 좋아하는 사람들에게서 더 크게 나타났다.

콜라가 주는 기본적인 쾌락에 대한 뇌의 반응은 두 음료의 경우에 별 차이가 없었다. 그럼에도 펩시콜라보다 코카콜라가 우세했던 이유는 코카콜라가 가지고 있는 브랜드 때문이었다. 그 브랜드라는 것이 고차원적인 활동을 주관하는 뇌 부위를 활성화시켰던 것이다. 음료가 가진 어떤 화학적 특성 때문이 아니라 이와 같은 연상관계 때문에 코카콜라가 시장에서 우위를 점할 수 있었던 셈이다.

뇌의 전두 부분이 쾌락중추와 관련된 방식을 살펴보면 도파민이 매개되어 뇌의 전두 부분이 쾌락중추를 활성화시키는 것을 알 수 있다. 아마도 이런 이유 때문에 상표가 널리 알려진 코카콜라에 대한 사람들의 선호도가 높은 것 같다. 상표가 널리 알려진 것일수록 뇌의 전두 부분에서 연상작용은 더욱 강해지고, 이런 연상작용을 주관하는 뇌의 전두 부분이 뇌의 쾌락중추 활동을 강화하기 때문이다.

광고회사라면 귀가 솔깃할 이야기다. 선명한 빨간색 캔, 흘려 쓴 상표명, 오랫동안 소비자를 사로잡은 다채로운 광고문구가, 거품 나는 검은 액체인 코카콜라를 좋아하도록 만드는 이유라니 말이다.

고정관념이 가진
무서운 힘

기대감은 판에 박힌 반응을 이끌어낸다. 고정관념은 특정한 경험을 기대하며 정보를 범주화하는 한 방식이다. 뇌는 매번 새로운 상황을 겪을 때마다 백지상태에서 시작하지 않는다. 이미 겪었던 사실을 기반으로 삼는다. 그러니 본래부터 고정관념에는 악의가 없다. 고정관념은 복잡한 상황을 파악하기 위한 끊임없는 뇌의 활동에 지름길을 제시하는 것뿐이다.

우리는 노인들이 컴퓨터를 혼자 사용하지 못할 것이며, 하버드생은 똑똑할 것이라는 생각을 미리 갖는다. 이러한 고정관념은 어떤 집단의 구성원에 대해 특정한 기대감을 갖게 만들므로, 우리의 인식과 행위에 그리 좋은 영향을 미치지 않을 때도 있다.

고정관념에 대한 연구를 보면, 특정집단의 구성원에 대해 고정관념을 갖고 있는 사람도 그들에 대해 남다른 행동을 하지만, 그런 고정관념의 대상이 된 사람들도 자신에게 어떤 꼬리표가 붙어 있는지를 알고 있으면 남다른 행동을 한다는 것이 드러난다. 예를 들어 아시아계 미국인에 대해서는 그들이 수학과 과학에 아주 뛰어나다는 고정관념이 있다. 반면 여자들은 수학에 약하다는 고정관념이 있다. 그렇다면 아시아계 미국인 여자는 이 두 고정관념에 모두 영향을 받을 것이다.

실제로 그랬다. 한 놀라운 실험에서 마가렛 신Margaret Shin, 토드 피틴스키Todd Pittinsky, 날리니 암바드Nalini Ambad는 아시아계 미국인 여자들을 대상으로 공신력 있는 수학시험을 치르게 했다.

먼저 실험을 하기 전, 대상을 두 집단으로 나눴다. 한 집단에게는 그들의 성性과 관련된 질문을 해서 본인이 여자라는 사실을 상기시켰다. 즉, 남녀 공용 기숙사에 대한 그들의 의견과 선호도에 대해 물었다.

두 번째 집단의 여자들에게는 인종과 관련된 질문을 했다. 그들이 알고 있는 또 다른 언어가 무엇인지, 집에서 사용하고 있는 언어는 무엇인지, 그들의 조상이 어떻게 해서 미국에서 살게 되었는지에 대해 질문했다. 인종과 관련된 문제를 생각하도록 유도한 것이다.

두 집단이 수행한 결과는 여자라는 고정관념과 아시아계 미국인이라는 고정관념에 따라 서로 다르게 나왔다. 자신이 여자라는 기억을 환기한 집단은 아시아계 미국인이라는 기억을 환기한 집단보다 수학 시험 결과가 좋지 못했다. 이런 결과를 통해 우리의 행동은 고정관념에 영향을 받을 수 있으며, 고정관념이 작용하는 것은 현재의 우리 마음 상태와 지금 자신을 상대가 어떻게 바라보느냐에 좌우된다는 것을 알 수 있다.

더 놀라운 사실은 고정관념의 대상집단에 전혀 속하지 않은 사람에게도 고정관념이 영향을 미칠 수 있다는 점이었다. 한 연구에서 존 바그John Bargh, 마크 첸Mark Chen, 라라 버로우즈Lara Burrows는 실험참가자들에게 완전히 뒤섞은 문장을 순서에 맞게 제대로 완성하라는 과제를 냈다.

일부 참가자들에게는 '공격적인', '무례한', '짜증나는', '끼어들다' 같은 단어로 이루어진 과제를 냈고, 또 다른 참가자들에게는 '명예', '인정 많은', '예의바른', '감수성 강한'과 같은 단어로 이루어진 과제를 냈다. 이런 목록을 제시한 것은 참가자들이 이 단어를 가지고 문장을 만들 때, 이들 머릿속에 예의바름 또는 무례에 대한 생각을 촉발하기 위해서였다.

문장을 재배열하는 과제를 마친 참가자들은 두 번째 과제를 수행하기 위해 다른 실험실로 장소를 옮겼다. 두 번째 실험실에 가보니 실험을 주관하는 사람이 실험내용을 이해하지 못하고 있는 한 실험참가자에게 뭔가 열심히 설명하고 있는 모습이 보였다. 물론 실제로 이 사람은 실험참가자가 아니고 실험요원이다. 그 모습을 본 실험참가자들이 대화에 끼어들어 이제 무엇을 해야 하느냐고 묻는 데 걸리는 시간은 얼마나 되었을까?

기다리는 시간의 길이는 문장을 재배열할 때 사용했던 단어의 유형과 관련이 있었다. 예절과 관련된 단어들을 가지고 실험했던 사람들은 9.3분 후에야 대화에 끼어든 반면, 무례함과 관련된 단어들을 가지고 실험했던 사람들은 5.5분 뒤에 대화에 끼어들었다.

두 번째 실험은 '플로리다', '빙고', '옛날'과 같은 단어를 사용하여 노인 개념을 환기하는, 같은 유형의 실험이었다.

문장을 재배열하는 실험을 마친 실험참가자들은 방을 나서면서 이제 실험이 끝났다고 생각했지만, 사실 그때부터가 본격적인 실험의 시작이었다.

실험자의 주된 관심은 그들이 복도를 걸어 건물을 나서는 데 걸리는 시간이었다. 이 실험에 참가했던 사람들은 분명히 '노인'과 관련된 단어에 영향을 받았음이 드러났다. 그들의 걸음걸이가 일반집단의 걸음걸이에 비해 현격히 느렸기 때문이다. 기억해둘 것은 이때 '노인'과 관련된 단어에 영향을 받은 실험참가자들이, 사실 노인은 아니었다는 사실이다. 그들은 뉴욕대학교의 학부생 젊은이들이었다.

사전정보가 없는 것만으로도
갈등해결은 수월하다

이 모든 실험에서 우리는 기대감이란 생각보다 훨씬 강력하다는 것을 알 수 있었다. 소란스러운 방 안에서 대화를 나누는 사람들은 기대감 덕분에, 몇몇 단어를 제대로 듣지 못해도 대화내용을 대략 이해할 수 있다. 마찬가지로 그 덕분에 제대로 된 문장이 아니더라도 휴대폰 문자메시지를 읽을 수 있다. 물론 기대감 때문에 이따금 낭패를 보는 일도 있지만, 기대감이 강력하며 유용하다는 사실에는 변함이 없다.

맨 처음 축구이야기로 돌아가 생각해보자. 두 사람은 같은 경기를 보더라도 아주 다른 렌즈로 경기를 본다. 한 사람은 패스가 제대로 된 것이라고 보고, 다른 사람은 파울이라고 본다. 스포츠에서 그런 논쟁 자체는 특별히 피해를 주는 것이 아니라 일종의 여흥이니 큰 문제는 아니다.

문제는 그처럼 한쪽으로 치우쳐 사물을 바라보는 방식이 다른 세상일을 바라보는 데도 영향을 미칠 수 있다는 사실이다. 한쪽으로 치우쳐 사물을 바라보는 것은 거의 모든 갈등, 즉 이스라엘과 팔레스타인, 미국과 이라크, 세르비아와 크로아티아, 인도와 파키스탄 간의 갈등을 유발한다.

양편으로 갈라선 개인들은 똑같은 시기에 똑같은 역사책을 보며 똑같은 사실을 배웠을 수도 있다. 그럼에도 갈등의 원인이 무엇이지, 누구의 책임인지, 누가 그다음 양보를 해야 하는지 등에 대해 일치된 생각을 가진 개인이 없다는 것은 매우 이상한 일이다. 이렇게 자신의 믿음을 지키려는 집착은 스포츠팀을 응원하는 수준과 비교할 바가 아니다.

우리는 그런 믿음에 대해 완강하다. 따라서 있는 그대로의 '사실'을 인정하는 자세는 점점 그 자리를 잃어가고, 문제에 대한 개인적인 집착은 커져만 간다.

혼란스럽기 그지없다. 같은 탁자에 둘러앉은 것만으로도 서로가 가진 차이를 불식하고 양보하는 자세가 생겨날 것이라 생각하지만, 역사를 보건대 그런 일은 잘 일어나지 않는다.

그러나 희망도 보인다. 우리가 수행한 실험에서는 식초에 대한 내용을 모르고 맥주를 마셨건, 마시고 난 뒤에 식초 이야기를 알게 되었건, 둘 다 맥주 맛을 느끼는 데 차이가 없다는 결과가 나왔다. 다른 갈등을 해결할 때도 이런 접근방식을 취해야 한다.

어떤 소속 없이 양쪽의 입장을 드러내는 것이다. 즉, 사실만 드러낼 뿐 어떤 당파가 어떤 행동을 취했는지를 따지지 않는 것이다. 사전에 정보를 주지 않는 것만으로도 진실을 파악하는 데 한발 더 가까워질 수 있기 때문이다.

최소한 스스로가 한쪽으로 치우쳐 있다는 사실을 알고만 있더라도, 논란이 되는 문제를 해결하기 위해 규칙과 원칙을 설정하고 중립적 위치에 있는 제3의 입장을 받아들여야 한다는 생각을 할 수 있을 것이다.

진실의 한쪽 면만 바라보고 있는 이들에게 지금 필요한 것은, 기대감으로 왜곡되지 않은 제3의 중립적 입장이다. 물론 제3의 입장을 견지하기란 쉬운 일이 아니다. 그러나 그렇게 할 수만 있다면 얻는 것이 참으로 많을 것이다. 그 사실 하나만으로도 우리가 제3의 입장을 견지하기 위해 꾸준히 노력해야 할 이유는 충분하다.

병도 고치는 마음의 힘

PREDICTABLY
IRRATIONAL

왜 50센트짜리 아스피린은
1페니짜리 아스피린보다 효과가 좋을까?

10장

만약 당신이 1950년대에 살고 있고 가슴에 통증이 있었다면, 심장의사는 '내유동맥 묶음술internal mammary artery ligation'이라고 하는, 협심증 수술을 받으라고 했을 것이다. 이 수술을 할 때는 환자를 마취해야 한다. 흉골부위를 절개하여 가슴을 연 다음 내유동맥을 묶는 수술이기 때문이다. 그 수술을 하면 심막횡격막동맥pericardiophrenic artery을 누르는 힘이 커지면서 심근으로 흘러들어 가는 혈액이 증가하기 때문에 병세가 나아진다.

효과가 매우 좋은 이 수술법은 지난 20여 년간 널리 시행되었다. 그런데 1955년 시애틀의 심장외과의인 레너드 콥Leonard Cobb과 그의 몇몇 동료들이 이 수술에 의심을 품었다. 그것이 정말 효과적인 것일까? 콥은 아주 과감한 방식으로 그 효과를 확인하기로 했다.

그는 자신의 환자 가운데 절반에게는 그 수술을 하고 나머지에게는 수술을 하는 척만 했다. 그런 다음 어느 집단의 경과가 더 좋은지, 그리고 어느 집단이 실제로 건강상태가 호전되었는지를 보았다. 즉, 플라시보placebo(의사가 환자에게 가짜 약을 투여하면서 진짜 약이라고 했을 때 약효에 대한 환자의 믿음으로 인해 병이 낫는 현상 – 옮긴이) 수술을 했다. 메스로 환자의 피부를 살짝 절개하여 수술상처만 두 군데 만들어놓았던 것이다. 그 외에는 아무것에도 손대지 않았다.

결과는 놀라웠다. 내유동맥을 묶은 환자와 그렇지 않은 환자 모두 가슴통증이 바로 사라졌다. 양쪽 집단 모두 통증이 완화된 상태가 약 3개월간 지속되었고, 그다음에는 다시 통증을 호소했다. 한편 진짜 수술을 받은 환자나 플라시보 수술을 받은 환자나 심전도상으로는 아무런 차이도 없었다. 다시 말해 전통적인 수술이 단기적으로 통증을 완화시키는 것처럼 보이긴 하지만, 그것은 플라시보 수술로도 똑같이 나타난 바였다. 결국 어떤 수술도 장기적으로 통증을 완화시켜주지는 못했다.

하나마나 한 수술을 해야 하나

최근에 실시한 유사한 실험에서도 같은 결과가 나왔다. 1993년 초, 정형외과 의사인 J. B. 모즐리J. B. Moseley는 무릎관절염으로 고생하는 환자에게 행하는 관절경arthroscopic 수술이 좀 의심스러웠다. 이것이 정말 효과가 있을까? 휴스턴에 있는 퇴역군인 병원에서

골관절염 환자 180명을 모집한 모즐리와 그의 동료들은 환자들을 세 집단으로 나누었다.

첫 번째 집단은 일반적인 수술을 받았다. 마취를 해서 세 군데를 절개한 뒤 관절경을 삽입하여 연골을 제거하고, 문제가 있는 연조직을 치료한 후, 염수 10리터로 무릎을 세척했다. 두 번째 집단은 마취를 해서 세 군데 절개를 하고, 관절경을 삽입한 후, 10리터의 염수로 세척하는 수술을 똑같이 받았지만, 연골은 그대로 두었다. 세 번째 집단은 플라시보 수술을 받은 집단으로, 앞서 두 집단과 똑같은 시간 동안 마취도 하고 절개까지 받는 수술을 받았다. 그러나 관절경 삽입은 없었다. 그저 수술하는 시늉만 낸 것이다.

그 수술을 받고 난 지 2년 만에 행해진 검사에서 세 집단 모두 무릎 통증이 완화되었다는 결과가 보고되었다. 어떻게 그럴 수 있었을까? 진짜 수술로 관절경 세척을 받은 집단은, 기쁜 나머지 가족과 친구에게도 그 수술을 권하겠다고 말했다. 그러나 이상하게도 플라시보 수술을 받은 집단 역시 진짜 수술을 받은 집단처럼 고통이 경감되고 걷는 상태가 나아졌다. 이 놀라운 결과에 대해 모즐리와 같은 연구팀이었던 넬다 레이Nelda Wray 박사는 이렇게 말했다.

"무릎관절염 환자가 관절경 세척과 조직절개로 본 효과는 플라시보 수술 효과보다 더 나은 것이 없었다. 따라서 이 수술에 들어가는 누적비용 10억 달러를 더 유용한 곳에 쓰는 것이 낫지 않을까 싶다."

이에 대해 거센 반발이 있지 않을까 생각했던 사람이 있다면 제대로 짚었다. 2002년 7월 11일 〈뉴잉글랜드 의학 저널New England Journal of Medicine〉권두논문으로 이 연구결과가 발표되자, 몇몇 의사들이 부당한 점이 있다며 연구방법과 결과에 의문을 제기했다. 이에 대해 모즐리 박사는 자신의 연구는 철저히 준비되고 실행된 것이라고 반박했다.

"관절경 수술을 당연하게 실행했던 외과의사들은 수술 환자의 병세가 호전되는 것이 플라시보 효과일 수 있다는 주장에 당황할 수밖에 없다. 그들이 우리 연구를 깎아내리기 위해 모든 노력을 기울이리라는 것쯤은 충분히 예상할 수 있는 일이다."

이 결과를 얼마나 신뢰할 수 있느냐를 떠나서 우리는 이 실험을 계기로 관절경 수술을 하는 것이 과연 효과적인지를 심각하게 의심하게 되었고, 또한 의료시술이 전반적으로 정말 효과가 있는 것인지를 입증할 필요가 있다고 생각하게 되었다.

미라로 만든 연고를 아시나요?　━

9장에서 우리는 기대감이 경험을 인지하고 평가하는 방식에 변화를 줄 수 있음을 살펴보았다. 이 장에서는 플라시보 효과를 살펴보면서 믿음과 기대가 사물을 바라보고 해석하는 방식에 영향을 미칠 뿐만 아니라, 개인의 주관적인 경험과 심지어 객관적인 경험까지 변화시킬 수 있음을 알아볼 것이다.

무엇보다 중요한 것은 그간 충분히 해명되지 않았던 플라시보 부분을 자세히 따져보는 것이다. 즉, 이 현상에서 가격이 하는 역할을 살펴보고자 한다.

보통 싼 약보다 비싼 약이 더 효과가 있다고들 생각한다. 정말 비싼 약이 싼 약보다 실제 생리학적으로도 더 효과가 있을까? 고가의 시술과 디지털 심장박동조절장치나 첨단 스텐트 같은 하이테크 첨단의료 장비의 경우는 어떨까? 그것이 얼마짜리인지에 따라 효과도 달라질까? 이야기를 처음으로 거슬러 올라가 다시 진행해보자.

'플라시보'라는 말은 라틴어에서 유래한 것으로 '만족시킬 것이다'라는 의미를 가지고 있다. 이 말은 14세기 때 돈을 받고 죽은 자를 위해 통곡을 해주는 '대곡꾼'을 의미했는데, 1785년 발간된 〈신의학 사전New Medical Dictionary〉의 기타 의료행위 항목에 수록되었다.

처음 플라시보 효과라는 말이 의학문헌에 실린 것은 1794년이었다. 게르비Gerbi라는 이름의 이탈리아인 의사가 치통환자의 아픈 치아에 어떤 벌레의 분비물을 발랐더니, 1년간 치통이 가라앉았던 것이다. 이후 게르비는 벌레의 분비물로 치통환자 수백 명을 치료하면서 그들의 반응에 대해 상세한 기록을 남겼다. 그의 환자 가운데 68퍼센트가 치통이 1년 동안 나타나지 않았다고 했다.

게르비와 그가 사용했다는 벌레 분비물에 대해서는 자세히 알려진 것이 없지만, 지금 보기에 벌레 분비물과 치통치료는 별 관계가 없는 것 같다. 그러나 중요한 점은 그것이 효과가 있다고, 게르비를 비롯한 그의 환자 대다수가 믿었다는 사실이다.

물론 게르비의 벌레 분비물이 의학계에 알려진 유일한 플라시보는 아니다. 근대의학 이전의 의학은 거의 플라시보였다고 할 수 있다. 두

꺼비눈알, 박쥐날개, 말린 여우허파, 수은, 광천수, 코카인, 전류 등 의학적으로 입증되지 않은 것들이 만성질환을 치료하는 특효약으로 꾸준히 쓰였다.

링컨Lincoln이 포드극장에서 총에 맞고 쓰러졌을 때, 그의 주치의는 상처에 '미라 연고'를 바르고 있었다. 사람들은 이집트 미라의 가루가 간질, 종기, 발진, 골절, 마비, 편두통, 궤양 등에 효험이 있다고 믿었다. 1908년에도 E. 머크E. Merck(세계에서 가장 오래된 제약회사. 1668년 독일인 프리드리히 야콥 머크가 세운 엔젤약국이 그 전신이며, 미국으로 건너온 그의 후손 엠마누엘 머크가 1816년에 창립하였다 – 옮긴이) 사를 통해 '진짜 이집트 미라'가 수입되었다. 오늘날까지도 이 가루가 어디선가 사용되고 있을지 모른다!

미라 가루가 가장 섬뜩한 의약품은 아니다. 17세기의 만병통치약 비방 중에는 이런 것도 있었다.

"되도록이면 교수형 또는 마차바퀴에 깔리거나 뾰족한 것에 찔려, 죽은 지 하루가 채 되지 않은, 빨간색 머리에 몸에 별 다른 상처가 없고 피부가 깨끗한 24세 남자의 시체를 구하라. 만 하루 동안 햇볕과 달빛을 쬐게 한 뒤 저미거나 찢어라. 너무 쓴맛이 나지 않도록 거기에 알로에 가루를 적당량 뿌려야 한다."

지금의 우리는 그들과 다르다고 생각할지 모르지만 그렇지 않다. 예를 들어 오랫동안 외과의사들은 복부에서 반흔 조직을 도려내는 것이 만성복통에 효과가 있다고 생각했다. 이 시술은 연구자들이 가짜로 시술을 했는데도 실제 수술을 받은 것처럼 환자들의 고통이 덜어졌다는 결과가 나올 때까지 계속되었다. 엔케나이드encainide, 플레케나이드flecainide, 맥실레틴mexiletine은 승인받지 않은 채 부정맥치료에 널리 처방되던 약이었지만, 나중에 이 약들이 심장기능을 정지시킬 수 있다는 사실이 밝혀지기도 했다. 6가지 주요 항우울제 효능을 실험한 결과, 플라시보 시술만으로 효능의 75퍼센트가 그대로 나타나기도 했다. 파킨스병을 치료하기 위한 뇌수술에서도 결과는 같았다. 그 수술의 효능을 알아보기 위해 의사들은 몇몇 환자의 두개골에 구멍을 뚫기만 하고 정식 수술을 하지도 않았는데, 가짜 수술을 받은 환자들과 정식 수술을 받은 환자들이 수술결과에 있어 아무런 차이도 보이지 않았다. 비슷한 사례는 끝도 없다.

이런 시술들이 최선의 의도를 가지고 발전된 것이라며, 현대의 시술방법을 옹호하는 사람도 있을 것이다. 맞는 말이다. 하지만 크게 보면 미라 연고도 그런 의도로 사용된 것이며 때로 미라 연고는 다른 약만큼이나 효과가 있었다.

의사가 보여주는 정성만으로도 병세가 호전될 수 있다 ▬

플라시보가 암시의 힘을 갖고 있다는 것은 사실이다. 사람들이 그것을 믿기 때문에 효과가 있는 것이다. 의사를 보거나 약을 먹으면 병이 누그러지는 느낌도 그렇다. 의사가 명성 있는 전문의이거나 처방받은 약이 놀라운 신약이라도 된다면 이

미 병은 많이 나은 것과 다름없다. 그렇다면 이런 암시는 어떤 영향을 미칠까?

일반적으로 플라시보가 효력을 갖도록 만드는 기대감에는 두 가지 기제가 작용한다. 하나는 약과 시술과 치료자에 대한 신뢰와 믿음이다. 의사와 간호사가 관심을 기울여주고 안심시켜주는 것만으로도, 환자는 기분이 훨씬 좋아질 뿐 아니라 내적인 치유가 일어난다. 치료할 때 의사가 보여주는 정성만으로도 병세는 호전될 기미를 보인다.

또 다른 기제는 조건화conditioning다. 종이 울리면 침이 고이도록 학습된 이른바 '파블로프의 개' 실험에서 보듯, 육체는 반복경험 뒤에 기대감을 갖게 된다.

당신이 피자를 주문했다고 하자. 배달원이 현관벨을 누르면 피자 냄새를 맡기도 전인데 이미 침이 고인다. 당신이 신혼여행을 갔다고 하자. 소파에서 상대를 끌어안는다. 섹스에 대한 기대감으로 엔도르핀이 분비되고 몸은 다음 단계를 준비하면서 지고의 만족감을 느끼기 시작한다.

고통을 느끼는 상태에서 기대감이 생겨나면 엔도르핀이나 진통물질 같은 호르몬과 신경전달물질이 분비된다. 그것들은 고통을 덜어줄 뿐만 아니라 기분 좋은 상태로까지 만들어준다. 특히 엔도르핀은 코카인 같은 수용체를 이끌어낸다.

나의 경우 화상병동에서 끔찍한 고통에 시달리며 누워 있던 때의 기억이 생생하다. 아플 때마다 진통제가 가득 담긴 주사기를 들고 간호사가 다가오는 것을 보면, 크게 안도하곤 했다. 아직 주사를 맞지도 않았는데, 뇌에서는 이미 통증을 완화시키는 오피오이드opioid가 분비되기 시작했다. 그것이 실제 만족을 줄 수도, 주지 않을 수도 있지만, 분명한 것은 그것이 기대감을 불러일으킨다는 사실이다. 간호사가 약을 바르고, 붕대를 감고, 위로의 말을 건네주는 것만으로도 기분은 한결 나아진다.

값비싼 약이 효과가
더 좋을까?

그렇다면 격은 어떤 역할을 할까? 약품의 가격도 약에 대한 우리의 반응에 영향을 미칠까?

가격만 가지고 보면 누구나 4,000달러짜리 소파가 400달러짜리 소파보다 훨씬 편하고, 디자이너숍에서 파는 청바지가 월마트에서 파는 청바지보다 바느질이 더 잘 되어 있을 것이라고 생각한다. 이렇게 암시된 질적 차이가 실제 경험에 영향을 미치지는 않을까? 그런 영향이 의약품에 대한 우리의 반응에서 보듯 객관적인 경험에도 영향을 미치는 것은 아닐까?

싼 진통제는 비싼 진통제보다 효능이 떨어질까? 싸구려 감기약을 먹으면 겨울감기가 잘 떨어지지 않을까? 이름 없는 평범한 약을 먹으면 천식에는 별 차도가 없을까? 약도 소파나 청바지와 별 다를 바 없을까? 비싸면 품질이 좋은 것이란 우리의 기대는 제품의 객관적인 효능에도 영향을 미칠까?

이는 대단히 중요한 문제다. 사실 저렴한 소파에 앉는다고 해서 값싼 청바지를 입는다고 해서 크게 문제될 것은 없다. 자기절제를 어느 정도 할 수 있다면 값비싼 브랜드에 연연하지 않을 수 있다.

하지만 건강과 관련된 문제에서도 저렴한 것을 찾을 수 있을까? 생명이 달린 문제에 돈을 아끼려는 사람들이 많을까? 전혀 그렇지 않다. 우리는 의료서비스만큼은 자기 자신과 사랑하는 사람들을 위해 최고를 원한다.

최고의 의료서비스를 받고자 할 때, 값싼 약보다 값비싼 약을 쓰면 한결 더 나은 기분이 들까? 돈을 얼마나 들였느냐에 따라 우리가 느끼는 효능에는 차이가 있을까? 몇 년 전 실험을 통해 MIT 대학원생인 레베카 와버Rebecca Waber와 스탠퍼드대학의 교수인 바바 쉬프Baba Shiv, 지브 카몬, 그리고 나는 이 문제를 규명하기로 했다.

당신이 벨라돈 RxVeladone-Rx라는 새로운 진통제의 효능을 검사하는 실험에 참가했다고 하자. 실제 실험에서는 보스턴에 거주하는 100명의 성인이 참여했지만 지금은 당신이 그들 대신 실험에 임하고 있다고 생각하자.

당신은 아침에 MIT 미디어랩에 도착한다. MIT 학생과 교원들의 일상적인 차림과 뚜렷이 비교되는 깔끔한 정장 차림의 타야 리어리Taya Leary라는 젊은 여자가, 러시아 억양이 비치는 말투로 당신을 반갑게 맞이한다. 신분증을 보니 벨 제약회사 직원이다. 주변을 둘러보니 방은 병원접수실 같다. 〈타임Time〉과 〈뉴스위크Newsweek〉 같은 케케묵은 잡지 몇 권과 벨라돈 Rx의 안내서가 탁자 위에 어지럽게 흩어져 있다. 근처에는 제약회사의 단정한 로고가 새겨진 연필통이 있다. 안내서를 읽는다.

벨라돈은 오피오이드 계열의 놀라운 신약이다. 임상연구 결과 환자의 92퍼센트가 10분 안에 통증이 급격히 완화되었으며, 이후 완화된 상태는 8시간 정도 지속되었다.

안내서에 따르면 알약 하나당 가격은 2달러 50센트다. 당신이 안내서를 다 읽자, 타야가 레베카 와버를 부른 뒤 자신은 그 방을 떠난다. 흰색 가운을 입고 있는 레베카가 목에 청진기를 걸고 나타났다.

그녀는 당신의 건강상태와 가족의 병력에 관해 몇 가지 질문을 한다. 청진기를 대보고는 혈압을 확인한다. 그런 다음 당신을 복잡하게 생긴 장비에 연결한다. 장비와 연결된 전극에 초록색 전극용 젤을 바르고 그것을 당신 손목에 감는다. 이 장비는 전기충격 발생장치라고 그녀가 설명한다. 고통을 느끼고 참는 정도를 검사하기 위한 것이란다.

스위치에 손을 얹고 레베카가 전선과 전극을 통해 전기충격을 보낸다. 처음의 충격들은 따끔거리는 정도다. 그다음부터는 고통이 점점 커지다가 급기야 너무 아파서 눈이 튀어나올 정도가 되고 심장박동까지 빨라진다.

그녀는 당신의 반응을 기록하더니 새로운 전기충격을 시작한다. 이번에는 충격의 세기를 일정하게 올리지 않고 불규칙적으로 조정한다. 어떤 때는 아주 아프다가 또 어떤 때는 약간 따끔거리는 식이다.

충격이 올 때마다 당신이 느낀 고통의 세기를 당신 앞에 놓인 컴퓨터에 기록한다. 마우스를 이용하여 '전혀 아프지 않음'에서 '매우 아픔'까지 나열된 여러 레벨 가운데 하나를 고른다.

고문과도 같은 이 과정이 끝나자 당신이 고개를 든다. 레베카는 양손에 벨라돈 Rx 1정과 물컵을 들고 당신 앞에 서 있다.

"약효가 최고치에 이르려면 15분 정도 걸릴 거예요."

당신은 캡슐을 삼키고 구석의 의자로 이동해 약효가 퍼질 때까지 〈타임〉과 〈뉴스위크〉를 뒤적거린다.

15분 뒤, 레베카가 아까와 같은 초록색 젤을 바르면서 경쾌한 목소리로 묻는다.

"다음 실험할 준비되셨나요?"

당신은 긴장하며 "그런 것 같아요"라고 대답한다. 다시 몸에 전극장치를 부착하고 전기충격이 시작된다. 아까처럼 충격을 받은 뒤 그 세기를 기록한다. 그러나 이번에는 다르다. 벨라돈 Rx 때문이다. 좀 전처럼 고통스럽지 않다. 실험을 마치고 당신은 벨라돈에 대해 높이 평가하게 된다. 조만간 동네약국에서 구할 수 있기를 기대하면서.

대부분의 실험참가자로부터 이런 결과가 나왔다. 거의 모든 실험참가자들이 벨라돈을 먹고 난 뒤 전기충격을 받을 때 고통이 훨씬 덜했다고 했다. 흥미로운 것은, 벨라돈이 그저 비타민C 캡슐일 뿐이었다는 점이다.

그 캡슐은 분명 플라시보 효과가 있었다. 그런데 벨라돈의 가격을 다르게 매기면 어떨까? 벨라돈 Rx의 가격을 2달러 50센트에서 10센트로 내리면 어떤 결과가 나올까? 실험참가자들도 다르게 반응할까?

다음 실험에서는 안내책자의 내용을 바꿨다. 원래 가격을 지우고 10센트라는 할인된 가격을 기입했다. 결과를 보니 2달러 50센트라는 가격일 때는 거의 모든 참가자들이 약을 먹고 고통이 경감되는 경험을 한 것에 비해, 가격이 10센트가 되자 참가자의 절반만이 고통이 경감되는 경험을 했다.

가격과 플라시보 효과 사이의 관계가 모든 참가자들에게 똑같은 양상으로 나타나지는 않았다. 최근에 더 많은 고통을 겪었던 사람에게 그 효과는 두드러지게 나타났다. 다시 말해 고통에 더 많이 시달리는 사람일수록 진통제 의존도가 높았고, 약값이 쌀수록 진통효과를 덜 느꼈다. 가격이 약효에 영향을 미쳤던 것이다.

매섭게 추웠던 겨울, 아이오와대학에서 행한 다른 실험을 통해서도 그런 결과를 확인할 수 있었다. 이 실험에서 우리는 여러 학생들에게 환절기 감기에 걸리면 정가의 약을 사먹는지, 아니면 할인된 가격의 약을 사먹는지, 약을 먹었을 때 그 효능이 어떤지에 대해서 기록하라고 했다.

학기가 끝날 무렵 확인하니, 참가학생 가운데 13명은 정가의 약을 구입했고, 16명은 할인된 가격의 약을 구입했다. 어떤 집단이 더 큰 효과를 봤을까? 이제는 당신도 짐작할 수 있을 것이다. 정가를 지불한 13명이 할인된 가격에 약을 구입한 16명보다 감기약 약효가 더 낫다고 대답했다. 이렇게 약은 돈을 지불한 만큼 효과를 보는 경우가 자주 일어난다.

싼 게 꼭
비지떡은 아니다

의약품을 가지고 한 실험에서 우리는 가격이 어떤 식으로 플라시보 효과를 일으키는지 살펴보았다. 그렇다면 가격이 일반적인 소비품에도 똑같은 영향을 미칠까?

'게임력'을 향상시켜주며 '최상의 컨디션'을 안겨준다고 광고하는 '소비 아드레날린 러시SoBe Adrenaline Rush'라는 원기회복 음료가 좋은 실험재료가 될 것 같다. 첫 실험에서 우리는 대학교 체육관 입구에 자리를 잡고 이 음료를 팔았다.

첫 번째 집단의 학생들에게는 정가를 받고 팔았다. 두 번째 집단에게는 정가의 절반 가격으로 팔았다. 학생들이 운동을 끝내자 우리는 그들에게 보통 때 운동을 마치고 난 뒤의 느낌과 비교하여 피곤의 정도가 어떻게 다른지를 물었다. 음료를 마신 학생들 모두 평소보다 덜 힘들었다고 대답했다. 이 음료에 다량의 카페인이 함유된 것을 감안하면 그럴 수도 있었다.

그러나 우리가 확인하고자 했던 것은 카페인의 효과가 아니라 가격의 효과였다. 돈을 더 지불해서 마신 소비 아드레날린 러시가 반값을 주고 마신 소비 아드레날린 러시보다 피곤을 더 많이 줄여주었을까? 과연 그랬다. 돈을 더 지불하고 마신 학생들은 반값에 마신 학생들보다 덜 피곤하다고 했다.

이 실험은 흥미롭긴 했지만, 각자의 몸 상태를 두고 참가자들의 주관적 평가에 의거했다는 문제가 있었다. 좀 더 직접적이고 객관적으로 실험할 방법은 없을까?

한 가지 방법을 찾아냈다. 이 음료는 '정신활동에도 원기를 북돋아 준다'고 선전했으니 우리는 낱말의 철자를 재배열하여 그 주장의 진위를 실험하기로 했다.

실험은 다음과 같이 진행되었다. 실험 참가학생들 가운데 절반은 정가에 이 음료를 구입하고, 나머지는 할인된 가격에 구입하게 했다. 그리고는 학생들에게 음료를 마신 효과가 날 때까지는 10분이 걸린다고 설명하면서 그동안 영화를 보게 했다. 그런 다음 15개 낱말의 철자를 재배열하는 문제를 30분 동안 최대한 많이 풀어보라고 했다. 예를 들어 'TUPPIL'이라고 철사를 무작위로 나열한 것을 세시하면, 학생들은 'PULPIT'이라고 제대로 된 단어가 되도록 철자를 배열하는 식이었다.

일단 음료를 마시지 않은 학생들을 대상으로 낱말 배열하기 실험을 치러, 기준점수를 설정했다. 그들은 15개 가운데 평균 9개를 맞혔다. 음료를 마신 학생들의 점수는 어떻게 나왔을까? 제값을 주고 음료를 구입한 학생들은 평균 9개의 낱말을 제대로 배열했다. 전혀 마시지 않은 학생들과 아무런 차이가 없었다.

흥미로운 사실은 반값을 주고 구입한 학생들이 평균 6.5개의 낱말만 제대로 배열했다는 것이다. 여기서 어떤 결론을 끌어낼 수 있을까? 가격이 유의미한 차이를 만들어내며 낱말 철자 재배열하기 성공률에서 28퍼센트의 차이를 만들어냈다는 것이다.

그 음료를 마신다고 해서 더 똑똑해지는 것은 아니다. 그렇다면 그것은 먹으나마나한 음료일까? 적어도 철자 재배열하기에서는? 이에 답하기 위해 다른 실험을 준비했다.

우리는 문제지 소책자 겉장에 다음과 같은 글을 적었다.

"소비 아드레날린 러시와 같은 음료가 정신적인 기능을 향상시킨 다는 연구결과가 있습니다. 퀴즈를 푸는 능력도 좋아집니다."

꾸며낸 정보도 추가했다. 이 음료의 웹사이트에 가보면 이런 주장을 뒷받침하는 50여 편 이상의 과학보고서를 볼 수 있다고 한 것이다.

자, 이제 어떤 결과가 나왔을까? 정가에 음료를 구입해 마신 집단은 반값에 음료를 구입해 마신 집단보다 좋은 결과가 나왔다.

문제지 소책자에 적힌 안내문도 영향을 미쳤다. 반값 집단이든 정가 집단이든 그 안내문을 읽고 효과에 대한 기대심리를 갖게 된 실험 집단은, 안내문을 읽지 않은 집단보다 문제를 더 잘 풀었다. 이번에는 이 음료가 사람들을 더 똑똑하게 만들어주었다. 이 음료가 정신적 기능을 향상시켜준다는 50여 편의 과학논문이 있다고 과대선전을 했을 때, 할인된 가격에 음료를 구입한 사람들은 평균 0.6개의 문제를 더 많이 풀었으며, 제값을 주고 음료를 구입한 사람들은 평균 3.3개의 문제를 더 풀었다. 논의의 여지가 있긴 하지만 음료용기 겉면, 혹은 문제지 겉장에 적힌 안내글귀는 가격과 마찬가지로 소비자에게 더 영향력을 발휘했다.

할인된 가격에 물건을 구입할수록 거기서 얻는 효과는 줄어들 수밖에 없는 것인가? 비이성적인 본능에 좌우된다면 그렇게 될 수밖에 없다. 반값에 파는 물건을 보게 되면, 우리는 본능적으로 그 물건의 질이 정가에 파는 물건보다 떨어질 것이라고 여긴다. 사실 그렇게 만드는 것은 우리인데 말이다.

해결책이 없을까? 잠시 멈춰서 물건과 가격의 관계에 대해 이성적으로 따져보자. 가격에 따라 제품의 질을 낮게 평가하려는 무의식적인 충동에서 벗어날 수 있을 것이다.

실험을 통해 이런 해결책이 가능한지 확인해보았더니 가격과 품질 사이의 관계에 더 이상 연연하지 않는 소비자는 반값 드링크제가 효능이 떨어진다는 생각을 하지 않았다. 결국 그들은 생각했던 것만큼 낱말 철자 재배열하기를 못하지도 않았다.

이런 결과를 보며 가격과 플라시보 효과의 관계에서 벗어날 수 있는 방법이 무엇인지 알 수 있었다. 또한 할인가격의 효과라는 것이 '싼 게 비지떡'이라는 무의식적 반응과 크게 다르지 않다는 것을 알 수 있었다.

단순한 심리작용인가, 과학적인 치료인가

또 한 가지 생각할 거리가 있다. 만약 플라시보 때문에 기분이 좀 더 나아진다면, 그냥 이것을 편안히 앉아 누리면 되지 않을까? 플라시보는 꼭 나쁜 것일까?

플라시보를 받아들일 수 없는 이유는 그것이 좋든 나쁘든 '거짓'이기 때문이다. 이런 문제에 대한 답을 하기 전에 문제를 더 깊이 생각해보자. 플라시보 물질 혹은 플라시보 과정으로 인해 기분만 나아지는 것이 아니라 실제로도 효과가 있다고 하자. 당신이라면 플라시보를 계속 사용할 것인가? 당신이 의사라면 어떻게 할 것인가? 플라시보 효과만 있을 뿐인 약을 처방할 것인가? 이런 질문에 대한 이해를 돕기 위해 다음 이야기를 살펴보겠다.

서기 800년, 교황 레오3세Leo Ⅲ 는 샤를마뉴Charlemagne를 로마황제로 임명했는데, 이로써 교회와 국가 간에 돈독한 관계가 형성되었다. 그때부터 신성로마황제를 비롯한 유럽의 왕들은 신성의 후광을 입게 되었다.

여기서 사람들을 치유하는 힘을 가졌다는 '왕의 손길royal touch'이 유래했다. 여러 역사가들의 기록에 따르면 중세시대 위대한 왕들은 백성들 사이를 누비며 왕의 손길을 나눠주었다고 한다. 특히 영국의 찰스2세Charles Ⅱ (1630~1685)는 통치기간 중 10만 명가량의 백성들을 손으로 만졌다고 한다. 그중에는 찰스 왕의 손길을 받기 위해 신대륙에서 영국까지 온 아메리카 식민지 정착민들도 있었다는 것이다.

왕의 손길이 과연 효과가 있었을까? 왕의 손길을 받고 나아진 사람이 아무도 없었다면, 그런 의식은 일찌감치 사라졌을 것이다. 그러나 역사를 보면 수천 명의 사람들이 왕의 손길을 받아 병이 나았다고 한다. 몰골이 흉측해져서 나병으로 곧잘 오인되었던 질병인 '연주창'은 왕의 손길만으로도 쉽게 낫는다고 사람들은 믿었다. 셰익스피어는 《맥베스》4막3장에서 다음과 같이 썼다.

"구더기와 상처로 차마 눈뜨고 볼 수 없는 지경의, 괴이한 병에 걸린 사람들이…… 신성한 기도로 치유의 은사를 받는다오.”

왕의 손길은 군주가 더 이상 하늘이 내린 존재가 아님을 사람들이 알게 된 1820년까지 계속되었다. 그래서 이집트 미라 연고라는, ‘새롭고 발전된’ 의학이 왕의 손길을 대체하기에 이른 것이 아닌가 생각된다.

왕의 손길에 치유의 힘이 있다고 생각한 것을 단순한 심리작용으로 치부할 수도 있겠지만, 플라시보의 힘이 그렇게 단순하지만은 않다. 그것을 통해 우리는 마음이 육체를 통제하는 놀라운 방식을 보게 된다. 마음이 놀라운 결과물을 이끌어내는 방식에 대해서는 명확히 알려진 바가 없다. 스트레스가 줄어늘고 호르본 분비 및 면역체계 능에 변화가 생기는 작용 정도만이 알려져 있을 뿐이다. 뇌와 신체의 관계에 대해 더 많이 알아갈수록, 예전에는 명확히 구분되던 것이 점점 더 애매해진다. 플라시보와 관련하여 명확한 것은 그 어디에도 없다.

그렇지만 실제로 의사들은 늘 플라시보를 사용해왔다. 2003년에 수행한 한 연구에 따르면, 인후염으로 항생제 처방을 받은 환자들 가운데 3분의 1이 나중에 바이러스성 감염으로 밝혀졌다. 그럴 경우 항생제는 아무런 소용이 없다.

그렇다고 바이러스성 감기에 걸렸을 때 의사들이 항생제를 더 이상 주지 않을 것 같은가? 천만에! 의사들은 감기가 박테리아로 인한 것이 아니라 바이러스로 인한 것이라는 사실을 알고 있을 때조차도, 환자들에게 뭔가 안심이 될 만한 것을 줘야 한다고 생각한다. 대부분의 환자들은 처방전을 들고 병원문을 나서길 바란다. 이렇게 의사가 환자의 심리적인 욕구를 채워주는 것이, 과연 옳은 일일까?

의사들이 환자에게 플라시보를 제공한다고 해서, 그것이 의사들이 바라는 바라고 말할 수는 없다. 내 생각에는 그런 처방을 하는 것이 의사들로서도 꺼림칙할 것이다. 그들은 스스로 과학자라는 자부심을 갖도록 교육받았으며, 병을 치료하기 위해 현대의학의 첨단기술을 모색하는 사람들이다. 그들은 스스로를 진정한 치료사라고 여기지, 부두교 주술사라고 여기지 않는다. 따라서 자신들이 플라시보 효과를 이용해 병을 치료한다는 사실을 공개적으로 받아들이려 하지 않을 뿐만 아니라, 스스로도 인정하려 들지 않을 것이다. 플라시보 치료를 하면 일부 환자에게 도움이 될 것이라는 사실을 마지못해 인정하는 한 의사가 있다고 치자. 과연 그는 열정적으로 플라시보 처방을 할까?

여기서 또 다른 문제가 제기된다. 건강관리에 관한 국가정책의 문제다. 다른 어느 서방국가보다 미국은 이미 GDP의 많은 부분을 건강관리에 할애하고 있다.

사람들이 50센트짜리 아스피린보다 1페니짜리 아스피린이 효과가 덜하다고 느끼는 문제를 어떻게 해결할 것인가? 사람들의 그런 비이성적인 행위를 방관하여 건강관리 비용부담을 늘릴 것인가? 아니면 약이 비쌀수록 플라시보 효과가 나는 것을 무시하고, 사람들에게 값싼 의약품을 구하도록 요구할 것인가? 치료효과는 유지하면서 할인된 가격의 의약품을 제공할 수 있는 방법은 무엇인가? 이는 건강관리시스템을 체계적으로 만들기 위한, 중요하면서도 복잡한 문제가 아닐 수 없다.

플라시보로 인해 판매자 또한 딜레마를 안게 된다. 그들은 직업상 사람들에게 인정받는 가치를 제시해야 한다. 객관적으로 증명된 것 이상으로 제품을 과대선전하는 것은 진실을 왜곡하는 짓이요, 뻔한 거짓말을 하는 것이기 때문이다. 그러나 의료, 건강음료, 화장품, 자동차 등의 분야에서 어떤 가치가 인정받게 되면, 그것이 그 자체로 진정한 가치가 될 수 있다는 사실을 우리는 살펴보았다. 그렇다면 그러한 플라시보 효과를 생각하며 제품을 판 사람들은 부도덕한 것일까? 소비자가 기대 이상의 만족을 얻었는데도? 플라시보와 소비자의 믿음, 그리고 현실 사이의 애매한 경계를 생각하다 보면 이 문제에 대한 답은 점점 더 오리무중이 된다.

플라시보 실험의 기회비용을 따져라

나는 과학자로서 우리의 믿음과 배치되는 치료효과를 검증하는 실험에 무게를 두게 된다. 하지만 동시에 의학적 플라시보와 관련된 실험이 여러 중요한 윤리적 문제를 불러일으킨다는 점도 안다. 앞에서 언급한, 내유동맥 묶음술과 관련한 실험은 윤리적 문제를 안고 있다. 즉, 환자에게 가짜 수술을 시행한 것에 대해 강한 항의가 있을 수 있다.

사람들에게 특정한 시술을 해도 되는지를 알기 위해, 다른 사람들의 행복과 생명을 희생할 수 있다는 생각은 받아들이기 어렵다. 훗날 다른 사람들이 더 좋은 치료를 받을 수 있도록 하기 위하여 소아암환자가 플라시보 치료를 받는다는 것은 말도 안 되며 용납할 수 없는 일이다.

동시에 플라시보 효과 실험을 하지 않은 채 그런 치료방법을 용인한다는 것 역시 받아들이기 어렵다. 앞서 봤듯이 그렇게 되면 많은 사람들이 불필요한 수술을 받을 수도 있다. 외과수술을 과학적으로 검증한 예는 극히 드물기 때문에 여러 수술이 과연 치료에 효과가 있는 것인지, 앞서 경험한 사람들처럼 그저 플라시보 효과를 보는 것은 아닌지 정확히는 모른다. 결국 우리는 연구가 좀 더 진척되었다면 받지 않아도 될 치료와 수술을 받고 있는지도 모른다.

치료에 관한 내 이야기를 해보겠다. 내가 받은 치료는 최상의 치료라고 알려졌지만, 실제로는 고통스러운 경험, 그 이상도 이하도 아니었다.

2달간 병원에 있을 때, 어느 날 주치의가 굉장한 소식이 있다며 나를 찾아왔다. 나 같은 사람을 위한 첨단 의복이 나왔다는 것이다. 잡스트 수트Jobst suit라는 이름의 살갗 같은 옷이었다. 얼마 되지 않는 피부에 압력을 가해 피부가 빨리 나을 수 있도록 해주는 옷이라고 했다.

그녀는 이 옷을 만드는 곳이 아일랜드에 한 곳, 미국에 한 곳 있다면서 내가 바지와 셔츠, 장갑과 마스크를 잡스트 수트로 착용해야 한다고 덧붙였다. 그것들이 내 피부를 항상 지긋이 눌러줄 것이며, 내가 움직일 때는 피부를 부드럽게 마사지해줄 것이라고도 했다. 그렇게 되면 상처의 붉은 기운과 상처가 확장되는 것을 막아준다는 것이다.

얼마나 설레었던가. 물리치료사도 잡스트가 얼마나 훌륭한지 이야기했다. 색상도 다양하다고 했다. 그 말을 듣는 순간 나는 스파이더맨처럼 머리부터 발끝까지 쫙 달라붙는 파란색 옷을 입은 나를 상상했다. 그런데 곧 그녀는 백인에게는 갈색, 흑인에게는 검정색 색상의 잡스트 수트가 주어진다고 했다. 잡스트를 입고 은행에라도 가면 사람들이 은행강도로 오인하여 경찰에 신고하는 일이 벌어질 수도 있어서라는 것이다.

그 이야기에 난 그 옷이 더 멋지게만 생각되었다. 그 옷을 입고 거리를 활보하면 마치 투명인간이라도 된 것 같을 테니 얼마나 멋질까 싶었다. 사람들은 내 입과 눈 외에는 아무것도 볼 수 없을 것이다. 화상 상처는 말할 것도 없고. 그 부드러운 보호복을 생각하고 있자니, 잡스트가 도착할 때까지 어떤 고통도 견딜 수 있을 것 같았다.

몇 주가 지나 마침내 옷이 도착했다. 물리치료사는 내가 옷 입는 것을 도와주었다. 바지부터 입었다. 바지를 펼치니 온통 갈색 빛이 감돌았다. 바지에 다리를 집어넣는데, 상처를 살살 마사지해주는 듯한 그런 부드러운 느낌은 없고 상처를 헤집을 것 같은 까칠한 재질이 느껴졌다. 그래도 아직 기대감에 사로잡혀 있었다. 옷을 다 입었을 때의 느낌을 알고 싶었다.

얼마 있지 않아 옷 치수를 쟀을 때보다 내가 살이 더 쪘다는 것을 알았다. 병원에서는 화상치료를 위해 나에게 매일 7,000칼로리의 음식과 30개의 달걀을 먹이고 있었으니 무리도 아니었다. 나는 좀 더 기다려야 했다.

마침내 옷을 늘리느라 많은 사람들이 애써준 덕에 비로소 완벽하게 옷을 입을 수 있었다. 셔츠는 소매가 길어서 가슴과 어깨와 팔을 심하게 압박했다. 마스크는 계속 나를 눌러대고 있었다. 바지는 너무 길어서 발가락부터 배꼽까지 덮었다. 장갑도 있었다. 밖으로 드러나는 부위는 손가락 끝과 눈, 귀, 입밖에 없었다. 나머지는 갈색 잡스트로 다 덮었다.

옷의 압박은 시간이 갈수록 세졌다. 옷 안의 열기도 대단했다. 화상을 입은 피부는 혈액순환이 원활하게 되지 않자 충혈되고 더 간지러워졌다. 야무졌던 내 꿈은 산산조각이 났다. 겨우 옷을 벗어 치수를 새로 잰 다음 아일랜드로 돌려보냈다.

두 번째 옷은 몸에 더 잘 맞긴 했지만, 치수 말고는 나아진 것이 없었다. 몇 달간 잡스트 치료로 나는 더 힘들었다. 가렵고 아픈 데다 옷입는 일도 만만치 않았으며 입을 때마다 연약한 새살이 찢어졌다. 새살이 찢어지면 아무는 데 시간이 많이 걸렸다.

결국 나는 이 옷에 아무런 이점이 없다는 것을 알게 되었다. 적어도 내게 있어서는 그랬다. 그 옷으로 덮여 있던 부위는 그렇지 않은 부위와 비교하여 외관상으로나 느낌상으로 아무런 차이가 없었다. 결국 그 옷에서 내가 얻은 것은 고통뿐이었다.

이 옷의 효과를 입증하기 위한 실험에 화상 환자를 동원하는 것은 윤리적으로 문제의 소지가 있다. 또한 플라시보 효과를 확인하기 위한 실험에 참가해달라고 하는 것도 쉬운 일이 아니다. 그런 치료를 받아야 하는 분명한 이유도 없이, 오랜 시간 많은 환자들에게 고통스러운 치료를 받게 하는 것 역시 윤리적으로 문제가 있다.

이런 옷을 다른 방법으로 실험했더라면, 즉 플라시보 의복이라는 측면에서 실험을 했더라면 내가 매일 겪고 있던 고통이 어느 정도 덜어졌을지 모른다. 실제 효과가 있을지도 모를 새로운 접근법에 대한 연구가 한층 더 활기를 띠었을지도 모른다. 나와 다른 환자들이 받은 고통이 그저 생고생으로 끝난 것은 그런 방법으로 실험을 하지 않았기 때문이다.

모든 시술과정을 검증하고 플라시보 실험을 해야만 할까? 플라시보와 관련한 의학실험에서 제기되는 윤리적인 딜레마는 엄연히 중요한 문제다. 그런 실험이 갖고 있는 잠재적인 이점은 그것을 위해 치러야 하는 대가와 비교하여 따져야 한다. 그렇게 되면 플라시보 효과를 입증하는 실험을 항상 할 수도, 항상 해서도 안 된다. 하지만 내가 느끼기에는 해야만 하는 많은 것들을 우리가 거의 하고 있지 않은 것 같다.

우리의 정직함에 대하여

PREDICTABLY
IRRATIONAL

왜 우리는 정직하지 못할까?
그리고 이 문제를 어떻게 해결할 수 있을까?

11장

2004년 한 해, 미국에서 절도로 인한 총피해액은 5억 2,500만 달러, 절도 건당 평균피해액은 1,300달러였다. 절도 피해액이 봉급생활자의 평균 실수령 급료보다 높은 것이다. 신문과 텔레비전 보도비용을 제외하고 도둑을 잡고 감금하는 데 사용되는 경찰, 사법, 교정인력 비용을 비교하면 총피해액은 그리 높은 것도 아니다.

범죄자가 되는 게 낫겠다는 소리를 하는 것은 아니다. 그들은 도둑이고 우리는 그들의 절도행위로부터 마땅히 보호받아야 한다.

하지만 다음의 경우를 생각해보자. 해마다 직장에서 일어나는 직원들의 절도와 사기행각으로 인한 피해액은 약 6,000억 달러다. 이는 강도, 주거침입, 경절도, 자동차절도 등의 총피해액(2004년의 경우 약 160억 달러)보다 훨씬 많다. 수백만 명의 범죄자들이 평생 훔칠 액수를 상회한다. 제너럴 일렉트릭General Electric의 시가총액보다도 2배가 많다.

이보다 더 심각한 것이 있다. 보험업계에 따르면 매년 도난으로 인한 개인 가입자들의 보험청구액수가 240억 달러라는, 믿을 수 없는 지경에 도달했다고 한다. IRSInternal Revenue Service(미국 국세청 – 옮긴이)는 거둬들일 수 있다고 생각하는 세금과 실제 거둬들이는 세금 사이에 격차가 난다면서, 연간 3,500억 달러의 세수손실이 있다고 추산한다.

소매업계에도 고민이 있다. 소비자가 옷을 구입한 후 상표를 떼지 않은 채, 한 번 입었던 옷을 고스란히 환불받는 바람에, 피해액이 연간 160억 달러나 된다는 것이다.

여기에 부정직한 일상의 여러 사례, 이를테면 로비스트로부터 골프접대를 받는 국회의원, 제약회사로부터 리베이트를 챙기는 의사, 최종급료를 높이기 위해 스톡옵션을 소급하는 회사 중역 등이 있는데, 이런 떳떳치 못한 경제활동과 관련된 피해액이 절도 피해액보다 훨씬 크다.

2001년 엔론이 6년 연속 〈포천Fortune〉 선정 '미국에서 가장 혁신적인 기업'으로 뽑힐 수 있었던 것이 눈속임에 불과했다는 사실이 만천하에 드러났다. 엔론 스캔들이 터졌을 때, 토론토대학 교수인 니나 마자르Nina Mazar, 캘리포니아대학 교수인 온 아미르On Amir, 그리고 나는 점심을 같이 하며 '정직'에 대해 토론했다.

왜 어떤 범죄들은, 특히 화이트칼라 범죄들은 다른 범죄보다 덜 엄격하게 다뤄지는지가 궁금했다. 화이트칼라 범죄자들이 10시 커피타임과 점심시간 사이에 일으키는 엄청난 재정적 피해가 일반 절도범이 평생 야기할 수 있는 피해보다 훨씬 큰데도 말이다.

우리는 이야기를 나누다가 이런 부정한 행위에는 두 가지 형태가 있다는 결론을 내렸다. 하나는 주유소를 배회하는 2인조 강도 타입의 부정행위다. 그들은 주유소를 둘러보며 카운터금고에 얼마나 들어 있을지, 주변에 경비나 경찰은 없는지, 잡혔을 때 어떤 처벌을 받게 될지, 폭력을 쓰지 않으면 얼마나 정상참작이 될지를 생각한다. 이와 같은 비용편익 분석을 바탕으로 그곳을 털지 말지를 결정한다.

두 번째 형태의 부정행위는 스스로를 정직한 사람이라고 생각하는 사람들이 저지르는 짓이다. 회의장에서 펜을 '빌렸다'고 하는 사람, 텔레비전 도난신고를 할 때 가격을 부풀리는 사람, 엉뚱한 사람과의 식사비용을 업무접대비로 처리하는 사람 등.

어떻게 해서 이런 일이 스스럼없이 행해지고 있을까? 과학적으로 통제된 실험에 정직한 사람들을 참가시킨 뒤 부정직한 행동을 하도록 유도하면, 그들은 어떻게 반응할까? 자신의 정직함에 오점을 남길까? 얼마나 많은 액수를 훔칠까?

부정행위를 향한
거부할 수 없는 유혹

하버드경영대학원은 미국에서 각별한 위치를 차지하고 있다. 기부금으로 넘치는 이곳은 미국의 최고 경영인들을 키워내는 곳으로 유명하다.

〈포천〉 선정 500대 기업에서 최고 서열 3위까지의 임원들 가운데 20퍼센트가 하버드경영대학원 출신이다. 그렇다면 '정직'이라는 주제로 간단한 실험을 하기에 이보다 더 좋은 곳이 어디 있을까?

연구는 아주 간단하다. 하버드의 학부생과 MBA과정 학생들에게 50개의 복수선택문항으로 이루어진 설문을 풀어달라고 하는 것이다. 문항들은 아주 기본적인 것들, 이를테면 '세계에서 가장 긴 강은?', 《모비 딕Moby Dick》의 저자는?', '급수의 평균을 일컫는 말은?', '그리스신화에서 사랑의 여신은?' 등의 질문들로 이루어져 있다. 학생들은 15분 동안 문제에 답해야 한다. 시간이 다 되면 학생들은 답을 채점표에 옮겨 적는다. 답안지와 채점표를 모두 제출하고 나면 강의실 앞에 있는 시험감독관은 채점표를 가지고 채점을 한다. 하나 맞을 때마다 10센트씩 주어진다. 간단하다.

다음 실험은 앞의 실험과 전부 똑같이 진행되는데, 한 가지 중요한 차이가 있다. 문제를 풀고 난 뒤 채점표에 옮겨 적는 것까지는 앞의 실험과 다름없지만, 이번 실험에 쓰이는 채점표에는 미리 회색으로 정답이 살짝 표시되어 있다. 그러니 세계에서 가장 긴 강으로 미시시피강을 골라 답안지에 표기한 학생이, 채점표를 보고 답은 나일 강이라는 사실을 알게 될 수도 있는 것이다.

답을 채점표에 옮긴 학생들은 맞힌 개수를 세어 채점표 맨 위에 개수를 적고 강의실 앞에 있는 시험감독관에게 답지와 채점표를 제출했다. 시험감독관은 채점표 맨 위에 적힌 숫자만 보고 정답의 개수를 확인한 후 정답 개수당 10센트씩을 지불했다.

과연 학생들이 속임수를 썼을까? 틀린 답을 선택한 뒤, 정답이 표시된 채점표를 보고는 답을 고쳤을까? 확신할 수 없었다. 어쨌든 다음 실험집단의 경우에는 유혹의 강도를 높이기로 했다.

학생들은 다시 문제를 풀고, 미리 정답이 표시된 채점표에 옮겼다. 이번에는 학생들에게 원래 표시했던 답지를 파기하고 채점표만 시험감독관에게 제출하라고 했다. 다시 말해, 부정행위를 했을 경우 그 증거가 될 수 있는 것을 없애라고 한 것이다. 학생들은 그 미끼를 물었을까?

마지막 실험에서는 유혹의 정도를 극단까지 몰아넣었다. 이번에는 원래 답지와 채점표까지 파기하라고 했다. 점수를 시험감독관에게 알려줄 필요도 없다고 했다. 답지를 파기한 뒤 강의실 앞으로 걸어가 동전을 넣어둔 통에서 맞힌 만큼 돈을 꺼내 강의실을 나가기만 하면 됐다. 속일 마음만 먹으면 완전범죄를 저지를 수 있는 기회였다.

그렇다. 그들을 유혹한 것이다. 최고 중의 최고라고 할 수 있는 이곳 젊은이들은 과연 그 미끼를 물었을까?

부정행위가 막무가내로
이루어지는 것은 아니다

첫 번째 실험집단이 자리에 앉자 우리는 규칙을 설명하고 문제지를 나눠주었다. 그들은 15분 동안 문제를 풀고 답을 채점표에 옮겨 적은 후, 답지와 채점표를 제출했다. 이 학생들은 우리의 통제하에 있던 집단이다. 정답 힌트를 전혀 받을 수 없었으므로 속임수를 쓸래야 쓸 수 없었다. 50개의 문항 가운데 그들이 맞춘 평균개수는 32.6개였다.

두 번째 집단은 어땠을까? 그들은 답을 채점표에 옮겨 적을 때 정답을 알 수 있었다. 질문 하나당 10센트를 더 받기 위해, 이들이 자신의 정직성을 카펫 밑으로 밀어 넣어버렸을까? 확인 결과 이 집단의 평균 정답개수는 36.2개였다. 통제집단보다 더 똑똑한 학생들이 많아서였을까? 아닌 것 같다. 실제로 우리는 몇몇 학생들이 부정행위를 저지르는 걸 포착했다.

세 번째 집단은 어땠을까? 이번에는 정답을 노출시켰을 뿐만 아니라 처음 답을 적어놓은 답안지를 파기할 수 있도록 했다. 그들은 미끼를 물었을까? 그랬다. 그들은 평균 35.9개의 정답을 맞혔다. 통제된 실험집단에 비해서는 많은 개수고, 두 번째 실험집단과는 별 차이가 없는 개수다.

마지막은 답지뿐만 아니라 채점표까지 파기할 수 있었던 학생들이다. 스스로 동전통에서 돈을 꺼내갈 수 있었던 그들은 천사처럼 답지를 파기하고 동전통에 손을 집어넣어 알아서 동전을 꺼내갔다. 문제는 이들 천사들이 엉큼한 속내를 가지고 있었다는 것이다. 그들은 평균 36.1개의 정답을 맞혔다고 했다. 이는 통제집단의 32.6개보다는 훨씬 많은 것이지만, 속임수를 쓸 수 있었던 앞의 두 집단과는 큰 차이가 없다.

이 실험에서 알 수 있는 것은 무엇인가? 첫 번째 결론은 기회만 주어진다면 정직한 많은 사람들이 속임수를 쓸 수 있다는 점이다. 대부분의 사람들은 조금씩이라도 부정행위를 저질렀다.

오해를 피하기 위해 이와 유사한 실험을 하버드경영대학원뿐만 아니라 MIT, 프린스턴, UCLA, 예일 등에서도 했는데, 비슷한 결과가 나왔다는 것을 밝힌다.

한편 속이기로 작정한 참가자는 걸릴 위험에 그리 연연하지 않는 것처럼 보였다. 답지와 채점표를 파기하지 않는 상태에서도 속일 기회가 주어지자 학생들은 정답을 32.6개에서 36.2개로 바꾸었다. 답지와 채점표를 파기할 수 있었을 때도 그 이상의 부정행위를 하지는 않았다. 부정행위는 거의 비슷한 수준으로 이루어졌다. 이는 우리가 걸릴 위험이 없다고 해서 무작정 부정행위를 하지는 않는다는 것을 보여준다.

답지와 채점표를 파기하고 직접 동전통에서 돈을 챙겨 유유히 강의실을 나설 수 있는 상황에서는, 누구나 스스로 최고점수를 매기거나 동전통에서 더 많은 돈을 가져갈 수 있다. 그러나 그렇게까지 하는 학생은 많지 않았다. 무언가가 그들을 붙잡았던 것이다. 그들 내면의 무엇인가. 그것이 대체 무엇이었을까?

사소한 부정에 눈감는 사람들

그런 의문에 대해 위대한 경제사상가인 애덤 스미스는 유쾌한 답변을 내놓는다.

"사회생활에 맞게 인간을 창조하면서, 자연은 인간에게 자신의 동족을 즐겁게 해주고자 하는 원초적 욕망과 동족에게 해를 끼치는 것에 대한 원초적 반감을 심어놓았다. 자연은 다른 사람의 호의어린 시선에 기쁨을 느끼고, 악의에 찬 시선에 괴로움을 느끼도록 인간을 가르쳤다.
성공을 거둔 이들을 보면, 그에게 호의를 보였던 이웃과 동시대인들의 좋은 평판을 발판으로 성공을 이룬 경우가 많다. 호의와 평판 없이 성공을 거두기란 극히 어려운 일이다. 정직이 최선의 방책이라는 옛 속담은 이 같은 상황에서 언제나 옳다."

이런 이야기는 균형 있고 조화로운 산업화시대에나 그럴 듯하게 들릴 만한 덕담 같다. 그러나 이런 견해가 낙관적으로 보이는 것과는 달리, 여기에는 어두운 측면이 있다. 사람들이 정직성과 관련하여 비용편익분석을 할 수 있다는 것은, 거꾸로 부정한 쪽으로도 비용편익분석을 할 수 있다는 것을 뜻한다. 이런 관점에서 본다면 개인은 다른 사람을 기쁘게 하고자 할 때를 포함, 자신에게 필요할 때만 정직하다는 말이 된다.

정직할 것인지 그렇지 않을 것인지에 대한 결정을 내릴 때, 우리는 자동차, 치즈, 컴퓨터를 고를 때 사용하는 것과 똑같은 비용편익분석에 기반을 둘까? 그렇지는 않다.

당신 친구가 새 노트북컴퓨터를 구입하기 위한 비용편익분석에 대해 설명하는 광경은 상상할 수 있겠지만, 노트북컴퓨터를 훔칠 것인지를 두고 비용편익분석을 하는 장면을 떠올리기는 어렵다. 당신 친구가 전문절도범이 아닌 이상 당연한 일이다. 오히려 나는 정직이란 무언가 대단한 것, 즉 거의 모든 사회에서 도덕적 덕목으로 여기는 중요한 것이라고 말하는 플라톤Platon 이후의 모든 사람들의 생각과 궤를 같이 한다.

지그문트 프로이트Sigmund Freud는 이 점에 대해 이렇게 설명했다. 그는 우리가 사회 속에서 성장하는 동안 사회적 미덕을 내면화한다고 했다. 이런 내면화의 과정은 초자아의 발달로 이어진다. 일반적으로 초자아는 사회적 윤리를 따를 때 기쁨을 느끼고 그렇지 못할 때 불행을 느낀다. 이런 이유 때문에 주변에 보는 사람이 아무도 없는 새벽 4시에도 빨간불에 차를 멈추는 것이다. 자신의 신분을 밝히지 않더라도 분실한 지갑을 주인에게 돌려줄 때 마음이 뿌듯해지는 것 역시 이 때문이다. 이런 행위를 하면 뇌의 보상중추가 자극을 받아 만족감을 느끼게 된다.

정직이 이렇게나 중요하고 정직하게 행동하면 기분이 좋아짐에도 불구하고 왜 그렇게 자주 부정행위를 하는 것일까? 이 점이 내가 밝혀야 할 문제다.

우리는 정직에 대해 진지하고 성실한 태도를 취한다. 문제는 정직한지를 감시하는 내면의 모니터가 커다란 부정행위를 하려고 할 때만 작동된다는 사실이다. 회의장에서 펜을 한 박스 가져올 때는 빨간불이 들어오지만, 한두 개를 집어올 때는 전혀 문제를 느끼지 못한다. 우리의 초자아는 아무 일 없다는 듯 여전히 잠들어 있다.

초자아가 나서서 정직성을 감시하지 않을 때, 자신의 부정행위를 막을 수 있는 유일한 방법은 이성적으로 비용편익분석을 하는 것이다. 물론 어느 누가 호텔에서 타월 한 장을 챙겨 나올 때의 이익과, 그러다 발각됐을 때의 비용을 의식적으로 비교하고 있겠는가? 또 어느 누가 세무신고를 할 때 영수증을 몇 장 더 끼워넣는 것을 가지고 비용편익분석을 생각하겠는가? 하버드에서 했던 실험에서도 보았듯이, 부정행위가 발각될 가능성만으로는 부정행위를 하는 것에 별다른 영향을 미치지 않는 것 같다.

정직을 강요하는 것의 문제 ▬

세상 돌아가는 이치가 그렇다. 신문을 펼쳤을 때 부정행위나 사기행각에 대한 기사가 하루라도 실리지 않은 날이 있던가? 신용카드회사는 높은 이자율로 고객을 쥐어짜고, 파산한 항공사는 직원들에게 줄 퇴직연금을 충분히 확보하지 못했다며 연방정부에 도움을 요청한다. 당분 함량이 높은 청량음료가 과잉행동장애와 비만을 유도한다는 사실을 잘 알고 있으면서도, 학교에서는 교내에 청량음료자판기를 그대로 두려 한다. 통찰력 있고 재능 있는 〈뉴욕타임스〉 기자 데이비드 케이David Cay는 '완전한 합법: 부자들에게 이익이 되도록 하고, 모든 사람들을 기만하기 위해 우리의 조세제도를 유린하는 은밀한 움직임'(2005)이라는 글에서 세금과 관련된 부분은 타락의 페스티벌, 그 자체라고 했다.

정부 차원에서는 어느 정도 이에 대한 제재가 가해졌다. 2002년에 입안된 사베인 – 옥슬리 법Sarbanes-Oxley Act은 엔론 사태와 같은 도덕적 해이를 구시대의 유물로 만들기 위해 통과된 것이다. 또한 의회는 '예산배당earmarking(정치가들이 지방 개발사업을 좀 더 규모가 큰 연방예산안에 끼워넣으려는 행위 – 옮긴이)'을 제한하는 안도 통과시켰다. 증권거래위원회는 임원 연봉과 특전을 추가로 공개하는 데 필요한 요구안을 통과시키기도 했다. 그렇게 하면 〈포천〉 선정 500대 기업의 임원들을 실어나르는 리무진을 보면서 그들이 얼마나 많은 돈을 받는지 알 수 있게 된다.

이런 외적인 조치가 모든 문제를 해결하고 부정을 막을 수 있을까? 사회비평가들 중에는 그럴 수 없다고 보는 사람들이 있다. 의회 내 윤리개혁을 생각해보자. 의회정관에 따르면, '대규모' 행사차원에서 로비스트는 의원들과 그들의 보좌관들에게 식사대접을 할 수 없다. 그렇다면 그동안은 어떻게 했을까? 그들은 '약간 명'의 손님과 함께 의원들을 오찬에 초대하는 식으로 정관을 피해간다. 이와 유사한 것으로 새로운 윤리규정에 따르면, 로비스트는 의원들을 '고정익fixed wing' 항공기로 모시는 것을 금하고 있다. 그렇다면 회전익 항공기인 헬리콥터로 의원들을 모시는 것은 괜찮단 말인가?

내가 들어본 것 가운데 가장 웃긴 규정은 '이쑤시개 규정toothpick rule'이라 불리는 것이었다. 그것은 로비스트가 의원들에게 테이블에

앉아서 먹는 정식만찬을 제공할 수는 없더라도, 여전히 로비스트는 입법자들에게 뭔가를 제공할 수 있고, 입법자들은 손이나 이쑤시개를 사용해서라도 음식을 먹을 수 있다는 내용이다.

이런다고 해서 워싱턴의 입법자들을 위해 해산물 파스타와 굴로 이루어진 만찬의 자리를 마련했던 수산업계의 계획이 바뀌었을까? 물론 아니다. 수산업계 로비스트는 이쑤시개로 먹느라 엉망이 됐을 파스타 접시는 내려놓았을망정, 갓 딴 신선한 생굴만은 여전히 의원들에게 대접할 수 있다. 물론 의원들은 그것을 후루룩 먹을 것이다.

사베인 – 옥슬리 법은 완고하고 융통성이 없으며 별 효과가 없다는 비판을 받고 있다. 이 법이 애매하고 일관성 없으며 비효율적인데다 터무니없이 많은 비용이 든다는 불만이, 특히 작은 규모의 회사로부터 거세게 터져 나오고 있다. 카토 연구소 Cato Institute 소장인 윌리엄 니스캐넌 William A. Niskanen 은 다음과 같이 말한다.

"그것으로 부패가 일소되진 않아요. 기업을 똥개 훈련시키는 것에 불과하지요."

외적 통제장치로 정직성을 강요하는 것에는 이런 문제가 있다. 물론 이런 방법도 먹히는 경우가 있겠지만 그렇지 않은 경우도 있다. 부정행위를 해결하기 위한 더 좋은 방법은 없을까?

십계명의
힘

　　이 문제에 대한 답을 모색하기 전에 우리가 했던 실험 이야기를 해보겠다. 몇 년 전, 나는 니나, 온과 함께 UCLA의 실험실에 일군의 실험참가자들을 모아놓고 간단한 수학문제를 풀어보라고 했다. 각 참가자는 더해서 10이 되는 2개의 숫자를 찾는 문제를 5분 동안 최대한 많이 풀어야 했다. 그다음에는 제비뽑기를 하고, 여기서 이기면 맞춘 문제 하나당 10달러를 받았다.

　　아직까지 이 실험과 관련하여 새로운 사실이 나오지는 않았다. 하지만 이 실험의 핵심은 준비과정에 있다. 참가자들이 처음 실험실에 왔을 때, 우리는 그들 중 몇몇에게 고등학교 때 읽었던 책 10권의 제목을 적어보라고 했다. 다른 참가자들에게는 십계명을 생각나는 대로 적어보라고 했다. 그다음에는 이어서 숫자를 더하라는 과제를 시켰다. 이런 실험을 한 이유는 고등학교 때 읽었던 10권의 책을 떠올리고 난 뒤 실험에 임하는 참가자들과, 십계명을 떠올리고 난 뒤 실험에 임하는 참가자들이 속임수를 얼마나 쓰는지 보기 위해서였다.

　　속임수를 쓸 수 없는 상황에서 참가자들의 평균 정답개수는 3.1개였다. 속임수를 쓸 수 있는 상황에서, 고등학교 때 읽었던 10권의 책을 기억했던 집단은 평균 4.1개를 맞혔다. 즉, 속임수를 쓰지 않은 집단보다 33퍼센트 많았다.

　　가장 궁금했던 것은 처음에 십계명을 쓰고 나서 실험에 임한 뒤 답안지를 파기한 학생 집단에게 일어난 일이었다. 그들은 과연 속임수를 썼을까, 아니면 십계명 때문에 자신의 정직함에 대해 다시 생각하게 됐을까? 그 결과는 우리에게조차 당황스러운 것이었다.

십계명을 기억했던 학생들은 속임수를 전혀 쓰지 않았다. 그들의 평균 정답개수는 3개였다. 속임수를 쓸 수 없었던 상황의 학생들과 거의 점수가 같았고, 속임수를 쓸 수 있는 상황에 놓인 채 책 제목을 떠올렸던 학생들의 점수에는 훨씬 못 미쳤다.

그날 저녁 집으로 돌아가면서 나는 좀전의 실험결과에 대해 곰곰이 생각하기 시작했다. 10권의 책제목을 적은 집단은 속임수를 썼다. 물론 많은 속임수를 쓴 것은 아니다.

놀라운 것은 십계명이 미친 영향력이었다. 우리는 참가자들에게 십계명을 일일이 읊어주지 않고 그저 기억해보라고 했을 뿐이었다. 게다가 십계명을 모두 기억할 수 있는 학생들도 없었다. 그러나 그 행위는 정직에 대한 생각을 일깨우는 데 충분했다. 십계명은 분명 그 역할을 했다. 그렇다면 이런 사실이 시사하는 더 큰 결론은 무엇일까?

우선 우리 삶에 성경을 다시 가져오면 어떨까 생각했다. 그리 나쁜 생각은 아니지만, 이에 반대하는 사람도 있을 것이다. 특정 종교를 부각시킨다거나 종교를 세속적인 이윤의 세계에 끌어온다는 이유에서다. 다른 종교의 계명도 같은 효과가 있을 수 있다. 십계명 가운데 1~2개의 계명만 기억할 수 있었던 학생들과 10개의 계명을 모두 기억할 수 있었던 학생들 모두 속임수에 미치는 영향력 면에서는 아무 차이가 없었다. 십계명이 학생들을 정직하게 만든 것이 아니라 어떤 도덕적 척도에 대한 숙고행위 자체가 그렇게 만들었다는 뜻이다.

사정이 그렇다면 정직함의 일반적인 수준을 높이는 데 비종교적인 기준을 사용할 수도 있다. 예를 들어 의사와 변호사들이 하는 선서는 어떨까? 직업상의 선서도 효과가 있을까?

여기저기서 드러나는
타락의 징후들

직업을 뜻하는 'profession'이라는 말은 '공개적으로 맹세하다'라는 의미의 라틴어 'professus'에서 유래했다. 이 말은 먼 옛날 종교에서 비롯되었고 나중에 의학과 법률 쪽으로 뻗어나갔다. 비법을 전수받은 사람들은 그것을 활용할 수 있는 독점적 지위를 인정받은 동시에, 그만큼 그 힘을 현명하고 정직하게 사용할 의무도 짊어지게 되었다. 말과 글로 표현된 선서는 전문직에 종사하는 사람들로 하여금 처신을 바르게 해야 한다는 사실을 일깨워줬을 뿐만 아니라, 직업을 수행하는 데 있어 지켜야 할 원칙들도 제공해주었다.

이런 선서들은 꽤 오래 지켜졌다. 그런데 1960년대에 들어서면서 전문직의 세계를 세속화하려는 사회적 움직임이 크게 일어났다. 전문직의 세계가 너무 엘리트집단의 성격을 띠고 있으니, 세상과 어우러질 필요가 있다는 것이다. 법률직의 경우 그런 변화는 소송기록을 쉬운 영어로 기록하고, 법정에 카메라를 들여오고, 광고를 하는 등의 형태로 생겨났다.

엘리트주의를 무너뜨리는 이런 조치들이 의학과 금융, 그리고 기타영역에도 번졌다.

이로 인해 좋은 점도 있었지만 직업의 세계가 노출되면서 잃어버리는 것도 생겨났다. 엄격한 직업정신 대신 무른 원칙, 주관적 판단, 장삿속, 부의 추구 같은 것이 자리했다. 그러면서 'profession' 위에 기반을 두고 있던 윤리와 가치의 토대도 사라졌다.

1990년대 캘리포니아주 법조계에서 진행한 연구에 따르면, 캘리포니아에 변호인들이 늘어나면서 법조인들은 일에 대한 자부심이 줄어들고, 법조 관련 직업의 환경에 비관적 입장을 보이고 있다고 한다. 3분의 2가량의 법조인들이 '오늘날의 변호사는 경제적 압박 때문에 직업정신과 타협한다'고 했다. 거의 80퍼센트나 되는 법조인들은 '부도덕한 변호사들이 적절히 처벌받지 못하고 있다'고 했다. 그중 절반은 기회가 주어진다면 다시는 변호사가 되지 않을 것이라고 했다.

메릴랜드 법률 특별위원회의 비교연구에 따르면, 변호사들 사이에는 비슷한 고민이 있다. 그들은 자신들의 직업이 너무도 쇠락하여 스스로가 '신경질적이 되고 성미가 급해졌으며, 만사가 시비조라서 언어로 상대를 괴롭히는 일이 종종 있다'면서 '외톨이 신세라는 생각에 움츠러들어 집착이 강해졌고 마음상태가 혼란하다'고 했다.

직업정신과 관련하여 점점 심각해지는 문제들이 일부의 썩은 사과 탓인지 아니면 전반적인 사회추세 때문인지를 버지니아주의 변호사들에게 물었을 때, 그들은 이구동성으로 사회 전반의 문제 때문이라고 했다.

플로리다주의 변호사들은 현재를 최악의 상태로 여기고 있었다. 2003년 플로리다 법조계는 '잘나가는 소수의' 변호사들이 '돈밖에 모르고 교활하며 비열하여 신뢰할 수 없다'고 말했다. 나아가 그들이 진실과 정의에는 별 관심도 없고 이기기 위해 진실을 왜곡하고 조작하며 숨기기까지 한다고 했다. 거만한데다 생색내기 좋아하며 부패해 있고, 밉살스럽기까지 하다는 이야기도 덧붙였다. 무슨 말을 더할 수 있을까?

의료계 역시 비판을 받고 있다. 비판을 하는 사람들은 수익을 더 올리기 위해 불필요한 수술과 처치를 하는 의사들을 언급한다. 그러한 의사들은 수수료를 많이 챙길 수 있는 검사만을 환자들에게 강요한다. 그래놓곤 그냥 자신들이 보유한 의료장비로 검사한 것만 가지고 진찰을 한다. 제약업계의 영향력은 또 어떤가? 진찰을 받기 위해 1시간을 기다리는 사이 제약회사 영업직원 4명이 진찰실을 들락날락한다는 이야기도 들린다.

거의 모든 직업군에서 이와 유사한 문제를 찾아볼 수 있다. 이를테면 석유지질학회Association of Petroleum Geologists를 보자. 내막을 몰랐을 때 내가 그 학회에 대해 가졌던 인상은 장사꾼이 아닌, 삼각주 퇴적물 같은 것을 논하는 인디애나 존스Indiana Jones의 이미지였다. 그러나 그 학회의 한 회원은 동료연구자에게 "거기서는 우리가 설마 하며 생각하는 것보다 더 큰 규모의 비윤리적인 행위가 벌어지고 있다"고 말한다.

석유지질학회 같은 곳에 만연한 부정행위라는 것은 도대체 어떤 것일까? 바로 지진과 관련된 극비 디지털데이터 유용하기, 지도와 장

290

비 빼돌리기, 부동산거래와 투자유치를 위해 석유매장가능성 과장하기 등이다. 한 석유지질학회 회원은 말한다.

"그런 부정행위는 명확히 드러나지 않고 회색지대에 놓여 두루뭉술한 경우가 많다."

석유지질학회만 그런 곳이 아니라는 점을 기억하라. 직업정신의 쇠락은 곳곳에서 발견된다. 더 많은 증거가 필요하다면 직업윤리학자와 관련된 논란을 찾아보라. 그들은 공청회와 재판 등에서 증언을 하기 위해 그 어느 때보다 많이 불려다니는데, 환자가 받아야 할 치료와 태아의 권리 같은 문제를 논의하기 위해 특정집단에 고용되어 일하기도 한다.

그럴 경우 그들이 사안을 왜곡할 가능성은 없는가? 아무래도 있는 것 같다. 한 윤리학 학술지에 실린 논문의 제목이 '윤리전문가의 실태: 직업윤리학자들의 직업윤리에 관한 문제'였다. 이미 말했듯이 타락의 징후는 어디서든 찾아볼 수 있다.

직업윤리에 대한
맹세를 상기하라

어떻게 하면 좋을까? 십계명을 되새기는 것보다 세속 차원의 맹세, 즉 우리에게 정직할 것을 요구하는, 직업윤리와 관련된 맹세에 서명하는 것을 습관화하면 어떨까? 그런 단순한 맹세도 십계명이 영향을 미쳤던 것처럼 우리에게 영향을 미칠 수 있을까? 그 점을 확인해보기로 하고, 역시 실험을 진행했다.

이번에는 MIT에서 실험을 했다. 첫 번째 참가집단은 수학문제를 풀고 답안지를 강의실 앞에 있는 시험감독관에게 제출했다. 감독관은 참가자들이 몇 문제를 맞혔는지 계산해서 그에 따라 돈을 지급했다. 두 번째 참가집단도 역시나 문제를 풀었지만 그들은 답안지를 접어 자신이 가질 수 있었고, 몇 개나 맞혔는지 강의실 앞에 있는 감독관에게 말하기만 하면 됐다. 그 말에 따라 감독관은 돈을 지불했고, 돈을 받은 참가자들은 강의실을 떠났다.

이 실험에서 새로운 부분은 세 번째 참가집단에 있었다. 이 집단에게는 실험을 하기 전, 답안지에 다음과 같은 문장을 쓰게 했다.

"본인은 이 연구가 MIT의 윤리규정에 따라 시행되는 것임을 확인합니다."

그들은 서명을 하고서 제시된 과제를 풀기 시작했다. 시간이 흘러 문제를 다 풀고 난 뒤, 그들은 답안지를 자신의 호주머니에 집어넣고 강의실 앞으로 나가, 자신이 몇 개나 맞혔는지 이야기하고 그만큼 돈을 받아갔다.

결과는 어땠을까? 속임수를 쓸 수 없는 통제상황에서 참가자들은 평균 3개의 문제를 맞혔다. 참가자가 답지를 호주머니에 집어넣을 수 있는 두 번째 상황에서는 평균 5.5개의 문제를 맞혔다.

자신의 답안지를 호주머니에 집어넣을 수는 있었으나 윤리서약을 한 세 번째 집단에서는 예상한 결과가 나왔다. 그들은 통제상황의 참가자들과 마찬가지로 평균 3개의 문제를 맞혔다. 이 결과는 십계명을 가지고 실험한 결과와 거의 같았다. 윤리서약에 서명을 한 것만으로 얻어진 놀라운 효과였다. MIT에 애초 윤리규정이라는 것이 없다는 것을 고려하면 이 결과는 더더욱 놀랍다.

학생들은 그럴 기회만 있으면 속임수를 쓴다. 하지만 한정 없이 속임수를 쓰는 것은 아니다. 정직에 대한 생각을 하게 되면 그들은 전혀 부정행위를 하지 않았다. 윤리적 사고를 할 수 있는 기준을 제거하면 부정행위를 저지를 가능성이 높아지지만, 유혹의 순간에 도덕적인 생각을 한번 떠올리기만 해도 정직함을 유지할 수 있는 가능성이 더 커지는 것이다.

현재 몇몇 주의 법조계와 직업단체에서는 직업윤리를 세우고자 애쓰고 있다. 윤리관련 코스를 이수하도록 해놓은 대학과 대학원도 늘고 있으며 예전에 배웠던 윤리과목을 다시 교육받는 곳도 있다. 한편 메릴랜드주 소재 하워드 카운티 순회재판부의 데니스 스위니Dennis M. Sweeney 판사는《변호사의 법정행동에 관한 지침Guidelines for Lawyer Court-room Conduct》이라는 책에서 이렇게 썼다.

"이런 규칙들은 대부분 우리네 어머님이 예절 바른 선남선녀라면 그렇게 해야 한다고 말씀하시던 간단한 처신들이다. 다른 할 일도 많으신 우리네 어머님이 우리 주의 모든 법정에 모습을 나타내실 수는 없으므로 내가 이런 규칙들을 제안하는 것이다."

이런 일반적인 규칙들이 과연 효과가 있을까? 의사들이 정식의사가 될 때 선서를 하듯 변호사들도 변호사가 될 때 선서를 한다. 그러나 처음에만 선서나 맹세를 하는 것은 충분치 않다. 선서와 규칙은 유혹이 일어날 때 혹은 그 직전에 반드시 상기되어야 한다.

시간은 더 이상 우리 편이 아니다. 4장에서 말했듯이 사회규범이 시장규칙과 충돌할 때는 사회규범이 밀려나고 시장규칙이 남는다. 직업윤리, 즉 사회규범이 쇠하기 시작하면 그것을 되돌리기란 쉽지 않다.

정직한 사회를 위한 해결책과 남은 문제들

왜 정직이 그렇게 중요할까? 잊지 말아야 할 것이 있다. 미국이 오늘날 세계에서 경제 강대국의 지위를 갖고 있는 이유 가운데 하나는 기업지배구조corporate governance 규범을 봤을 때, 세계에서 가장 정직한 국가 가운데 하나로 인정받기 때문이다.

2006년에 실시된 한 조사에 의하면 미국은 정직 부문에서 세계 20위라고 한다(163개국 가운데 핀란드가 1위고 아이티가 맨 마지막이었다). 이런 사실로 미루어볼 때, 미국과 사업을 하는 나라의 사람들이 과연 미국에서 공정한 사업을 할 수 있다고 여길까 의심스러워졌다. 문제는 기업스캔들이 미국 신문의 경제면을 채우기 직전인 2000년의 조사에서 미국이 정직성 부문 14위였다는 사실이다. 이는 장기적으로 큰 비용을 치러야 할 문제인지도 모른다.

애덤 스미스는 사업에 있어 정직이 최선의 방책이라고 말했다. 신뢰가 없는 사회로 추락할 때 어떤 일이 벌어지는지 알기 위해서는 다른 나라의 예를 살펴볼 필요가 있다.

중국에서는 한 지역에서 했던 약속이 다른 지역에서 이행되는 경우가 드물다. 라틴아메리카에서는 친척에게 돈을 빌려주는, 가족 단위의 카르텔이 만연해 있어서 채무자가 변제를 못해도 신용관계를 끊지 못한다. 이란은 불신으로 큰 위기에 처해 있는 나라다. MIT에 다니는 한 이란 학생은 그곳의 기업활동에는 신용의 토대가 전혀 없다고 말한다. 그러니 위험을 피하기 위해 아무도 돈을 먼저 지불하려고도, 돈을 빌려주려고도 하지 않는다. 직원을 고용할 때는 그나마 믿을 수 있는, 가족 중에서 고른다.

당신은 그런 곳에 살고 싶은가? 명심하라. 정직을 결여하게 되면 우리 사회도 눈 깜빡할 사이에 그런 상태가 되어버릴지 모른다.

정직한 나라를 만들려면 무엇을 해야 할까? 성경을 읽을 수도, 코란을 읽을 수도, 우리가 가진 가치를 되새길 수 있는 어떤 글을 읽을 수도 있다. 직업상의 규범을 되살릴 수도 있다. 정직하게 행동하겠다는 약속을 하고 거기에 서명할 수도 있다. 자신에게 경제적으로 이익이 되는 일과 자신의 도덕적 원칙이 배치되는 상황에 놓일 때, 현실과 타협하여 이기적인 이해관계로 세상을 바라보고 정직하지 못한 처신을 할 수 있다는 것을 먼저 자각하는 것도 또 다른 방편이 될 수 있다.

결론적으로 어떤 해결책을 제시할 수 있을까? 이 문제를 잘 안다면 처음부터 그런 상황에 빠지지 않도록 노력할 수 있다. 의사들이 자신들에게 이익이 될 그런 검사를 하지 못하게 만들 수도 있고, 회계사와 회계감사관이 같은 회사에 자문을 하지 못하도록 만들 수도 있으며, 국회의원들이 세비를 정하지 못하도록 만들 수도 있다. 할 수 있는 일은 무궁무진하다.

하지만 이것이 부정행위에 관한 논의의 전부는 아니다. 다음 12장에서 나는 부정행위에 관한 다른 문제들을 살펴보고 그것을 어떻게 해결할 것인지에 대해 구체적으로 살펴볼 것이다.

돈이 있고 없고의 차이

PREDICTABLY IRRATIONAL

왜 돈과 결부된 일에서
우리는 더 솔직해지는 걸까?

12장

MIT의 많은 기숙사에는 공동생활구역이 있는데, 거기에는 주변의 학생들이 공동으로 사용하는 냉장고들이 모여 있다.

어느 날 아침 11시경, 거의 모든 학생들이 수업을 받으러 갔을 시간에 나는 기숙사에 몰래 들어가 각 층의 공동냉장고를 찾아다녔다. 냉장고가 보이면 가까이 다가가 주변을 주의 깊게 둘러본 뒤, 문을 열고 6개 들이 코카콜라 1팩을 집어넣고는 서둘러 거기서 벗어났다. 안전한 거리에 도달하면 잠시 멈춰 서서 내가 콜라를 집어넣은 시간과 냉장고 위치를 기록했다.

이튿날 나는 내 콜라가 잘 있는지 확인하러 가서 냉장고에 몇 개의 캔이 남아 있는지 기록했다. 예상했듯이 냉장고에 있던 콜라가 사라지는 데는 그리 오랜 시간이 걸리지 않았다. 고작 72시간 안에 내 콜라는 모두 사라졌다.

그런데 나는 냉장고에 콜라만 넣어두진 않았다. 어떤 냉장고에는 6달러나 되는 지폐를 접시에 올려놓기도 했다. 그 돈은 콜라보다 빨리 없어졌을까?

펜은 되고 ▬
돈은 안 된다?

이에 대한 답을 하기 전에 한 가지 질문을 할까 한다. 당신의 배우자가 직장에 있는 당신에게 전화를 걸었다고 하자. 딸이 다음 날 학교에 빨간 펜을 가져가야 한다는 것이다.

딸을 위해 회사의 빨간 펜을 하나 갖고 나올 때, 당신은 찝찝한 기분이 들까? 그 기분이 어느 정도일까? 많이 찝찝할까, 아님 약간? 전혀 찝찝하지 않을 수도 있다.

다른 질문을 해보자. 회사에 빨간 펜이 없는 것을 알고 밖에 나가 사와야 하는 상황이다. 가격은 10센트. 그런데 사무실 내의 동전상자가 열려 있고 주위에는 아무도 없다. 거기서 10센트를 꺼내 연필을 살 것인가? 당신 수중에 현금이 없는 상황이라면, 그 동전상자에서 10센트를 꺼낼 때 아무런 거리낌이 없을까? '그럴 수도 있지' 하며 넘어갈 수 있을까?

회사에서 빨간 펜 하나를 가져오는 것은 별 거리낌이 없을지라도, 현금을 빼서 쓰는 것은 좀 불편할 것이다.

MIT 학생들도 현금을 집어가는 것에 대해서는 다른 기분을 느

졌다. 콜라는 72시간 만에 모두 사라졌지만, 돈을 놓아둔 접시에는 72시간 동안 아무도 손대지 않았다. 어떤 일이 벌어진 것일까?

주변을 돌아보면 직접적인 돈거래에서 한발 물러선 부정행위들이 만연하다. 회사는 회계부정을 저지르고, 임원은 스톡옵션을 소급하는 부정을 저지르고, 로비스트는 정치가들을 위해 만찬자리를 주선하는 부정을 저지르고, 제약회사는 의사들에게 부부동반 호화휴가를 보내주는 부정을 저지른다. 이들은 현금을 주고받는 부정행위를 저지르지는 않는다. 뭐, 간혹 그러는 경우도 있지만.

내 요지는 돈을 직접적으로 개입시키지 않고 한발 뒤로 물러섰을 때 부정을 서지르기가 훨씬 더 쉽다는 것이다.

엔론을 붕괴시킨 장본인들이 할머니들의 쌈짓돈을 직접 훔쳤다고 생각하는가? 그들은 분명 수많은 할머니들의 양로연금 수백만 달러를 횡령했지만 흉기로 할머니들을 위협하며 돈지갑을 빼앗은 것은 아니다.

직접적으로 돈이 결부되지 않은 부정행위를 저지르도록 만드는 요인은 무엇일까? 돈이 결부될 때 부정행위를 하지 못하도록 만드는 요인은 또 무엇일까? 이런 비이성적인 충동은 어떤 식으로 작용하는 것일까?

우리는 누구나
뻔뻔해질 수 있다

　자신의 사소한 부정행위를 합리화하려는 경향이 있는 우리로서는 돈이 직접적으로 개입되지 않았다는 사실이 부정행위에 어떠한 영향을 미치는지 명확하게 파악하기가 쉽지 않다. 사무실비품을 내 보수의 일부라고 여기거나 연필 한두 개쯤 집어오는 것은 누구나 하는 일이라고 정당화할 수 있다. 내가 넣어둔 콜라도 누가 가져가는 일이 있으므로 어쩌다 공동냉장고에 있는 콜라 하나쯤 마시는 것은 대수롭지 않다고 말할 수도 있다. 엔론에서는 나중에 사업이 잘되면 얼마든지 보완할 수 있는 일시적 조치이기에 회계장부를 조작하는 것이 그리 큰 문제가 되지 않는다고 생각했을지도 모른다. 그러나 그건 아무도 모르는 일이다.

　부정행위의 실체를 파악하기 위해서는, 변명의 여지가 없는 부정행위를 가지고 실험할 수 있는 기발한 방법을 생각해야 했다. 숙고하고 또 숙고했다. 그래서 생각한 것이 평범한 포커용 칩이었다. 그것은 현금도 아니고 그렇다고 콜라나 펜처럼 전후맥락이 있는 물건도 아니었다. 포커 칩을 가지고 부정행위의 실체를 파악할 수 있을까? 확신할 수는 없지만 어느 정도 타당해 보였다. 나는 니나, 온과 함께 그 실험을 하기로 했다.

　먼저 MIT의 카페테리아에서 점심을 다 먹은 학생들에게 5분 정도 소요되는 실험에 참여해줄 수 있는지 물었다. 그들이 해야 하는 일은 20개의 간단한 수학문제를 푸는 것(더해서 10이 되는 두 숫자를 찾는 것)

이 전부였다. 실험에 참가하면 정답 하나당 50센트를 준다고 했다.

세 가지 형태의 실험에서 시작부분은 비슷하게 설정했지만 마지막 부분은 각각 다르게 설정했다.

첫 번째 집단의 경우, 참가자들이 문제를 풀고 답지를 시험감독관에게 제출하면 감독관은 정답을 계산하여 그 개수만큼 돈을 지불했다.

두 번째 집단의 경우, 참가자들은 답지를 파기하여 자신의 호주머니나 가방에 집어넣을 수 있었다. 그리고는 감독관에게 점수를 말하면 됐다. 여기까지는 11장에서 했던 정직성 검사와 큰 차이가 없다.

다만 세 번째 집단의 경우에는 지시사항에서 큰 차이가 있었다. 우리는 세 번째 집단에게 앞서 두 번째 집단처럼 답지를 파기하고 얼마나 많은 문제를 맞혔는지 감독관에게 이야기하라고 했다. 그런데 이번에는 맞힌 만큼 돈을 주는 대신, 맞힌 개수만큼 포커용 칩을 주었다. 그것을 받은 학생들이 강의실을 가로질러 10피트 정도 떨어진 곳에 있는 다른 감독관에게 가면, 그 감독관은 칩 하나당 50센트를 내주었다.

그 자체로는 가치가 없는 비화폐 통화인 포커 칩을 거래에 개입시키는 것이, 학생들의 정직성에 영향을 미치는지 보고자 했던 것이다. 자, 포커 칩을 받는 학생들은 바로 현금을 받는 학생들보다 부정행위를 할 가능성이 더 높을까? 만약 부정행위를 한다면 그것은 어느 정도일까?

실험결과는 역시 놀라웠다. 부정행위를 할 수 없는 첫 번째 집단, 즉 통제집단은 평균 3.5개의 문제를 맞혔다. 답지를 파기한 두 번째 집단은 평균 6.2개의 문제를 맞혔다(고 주장했다). 그 학생들이 답지를 파기했다는 이유만으로 더 똑똑해졌다고 볼 수 없으므로, 평균 2.7개의 문제에 대해 부정행위를 했다고 보았다.

세 번째 집단의 부정행위는 훨씬 뻔뻔스러웠다. 그들은 처음 두 집단보다 머리가 더 좋은 것도 아니었는데, 평균 9.4개의 문제를 맞혔다(고 했다).

일반적인 조건에서 부정행위의 기회가 있을 때, 학생들은 평균 2.7개의 문제에 대해 거짓말을 했다. 그런데 부정행위를 할 기회는 똑같이 주어지고 거기에 현금이 개입되지 않은 상황에서는, 앞서의 경우보다 2배 이상 많은 5.9개의 문제에 대해 거짓말을 했다. 현금이 걸려 있을 때 부정행위를 하는 것과 직접적으로 현금이 걸려 있지 않을 때 부정행위를 하는 것 사이에는 이렇듯 큰 차이가 있었다.

이것이 의외라면 다음의 경우를 생각해보자. 11장의 정직성 실험에 참가한 2,000명의 학생들 가운데 문제를 다 맞혔다고 주장한 학생은 딱 4명이었다. 다시 말해 '100퍼센트 부정행위'를 한 비율은 2,000명에 4명꼴이라고 할 수 있다(물론 진짜 실력으로 문제를 다 풀 수 있는 사람도 있을 수 있다. 그러나 우리가 진행한 실험에서는 19개를 풀었다는 학생도 없었고, 18개, 17개, 16개, 15개, 아니 14개를 풀었다는 학생도 없었다. 따라서 이 4명의 학생들이 20개를 풀었을 가능성은 아주 희박하다).

포커 칩을 가지고 한 실험에서는 참가학생 450명 가운데 100퍼센트 부정행위를 한 학생이 24명이었다. 현금이 개입된 실험과 직접적으로 현금이 개입되지 않은 실험을 비교해보면, 이 극단적인 24명의 부정행위자들은 어느 쪽에 얼마만큼 있었을까?

이들은 모두 직접적으로 현금이 개입되지 않은 실험에서 나타났다. 이는 칩을 사용하면 도덕적 강제로부터 어느 정도 '해방'된 상태가 될 뿐만 아니라 완전한 방종상태가 되어 마구잡이로 부정행위를 하는 경우가 많아진다는 것을 의미한다.

이 정도의 부정행위만 해도 명백히 잘못된 것이지만 상황은 이보다 더 안 좋을 수도 있었다. 포커 칩을 바로 그 자리에서 현금으로 바꿔준 이번 실험과 달리 칩을 현금으로 바꿔주는 시간이 스톡옵션처럼 며칠, 몇 주, 혹은 몇 달 후로 달라진다면, 부정행위를 할 가능성은 어느 정도일까? 질적으로, 그리고 양적으로 부정행위를 저지르는 참가자들의 비율이 늘어나지 않을까?

이제 사람들이 기회만 주어지면 부정행위를 저지른다는 사실을 알았다. 정말이지 이상한 것은 이런 일이 벌어진다는 것을 아는 사람이 거의 없다는 점이다.

다른 실험에서 학생들에게 '현금보다 칩이 개입되었을 때 부정행위를 할 가능성이 더 높을까?'라는 질문을 던진 적이 있는데, 학생들은 한사코 아니라고 답했다. 그들은 부정행위에 있어 정도의 차이는 없을 것이라고 했다. 칩은 그 자리에서 현금으로 교환되는 것이므로 현금이나 같다는 이유에서였다.

그들의 예상은 완전히 빗나갔다. 직접적으로 현금이 거론되지 않는 상황에서 사람들이 얼마나 재빠르게 자신들의 부정행위를 합리화하는지 그들은 몰랐다. 실험을 했던 우리도 몰랐던 것은 마찬가지였다. 아마로 그래서 그토록 많은 부정행위가 계속되고 있는 것인지도 모르겠다. 몇 년 전 기소를 당한 엔론의 제프 스킬링Jeff Skilling과 버니 에버스Bernie Ebbers를 포함한 회사중역들이 자신들과 회사를 궁지로 몰아간 것도 그 때문일 것이다.

물론 모든 사람이 이런 약점에 넘어갈 위험을 가지고 있다. 계속되는 보험사기를 생각해보라. 보험가입자가 집과 자동차에 발생한 손해를 보고할 때 10퍼센트 정도는 부풀린다는 통계가 있다. 터무니없는 금액을 청구하는 일은 그리 많지 않지만, 예를 들어 17인치 텔레비전을 도난당하고서 32인치 텔레비전을 도난당했다는 식으로 보고하는 사람들은 많이 있다. 이들은 보험회사에서 직접 그만큼의 현금을 훔치라고 하면 그러지 않을 사람들이지만, 도난당한 물건에 대해 보험청구를 할 때는 도덕적 부담을 훨씬 덜 느낀다.

또 다른 흥미로운 예가 있다. '워드로빙wardrobing'라는 말을 들어본 적이 있는가? 워드로빙이란 옷을 구입한 뒤 하루 정도 입고 나서 구입 당시의 상태 그대로 판매처에 돌려주는 행위를 말한다. 판매처에서는 환불을 해줘야 하는데, 이렇게 돌아온 옷을 다시 팔기는 어렵다. 워드로빙을 하는 소비자들은 회사로부터 직접 돈을 훔치는 것은 아니지만, 구입하고 환불하기를 반복하며 의류회사에 손해를 끼친다. 의류업계 추산에 따르면 워드로브로 인한 연간 손실액은 약 160억 달러나 된다고 한다. 이는 도난으로 인한 연간 피해액과 차량 절도로 인한 연간 피해액을 합친 액수와 맞먹는다.

경비내역서는 또 어떤가? 출장을 보낼 때 회사에서는 직원들이 경비지출규정을 숙지하리라 기대한다. 그러나 경비내역서 역시 직접적으로 오가는 현금은 아니다.

한 연구를 통해 니나와 나는 지출을 경비로 처리할 수 있는 것도 참, 사람 능력이라는 것을 알았다. 예를 들어 해외출장에서 마음에 드는 외국인을 만났다고 하자. 그에게 5달러짜리 머그컵을 사주는 것은 경비 외 지출이지만, 같은 사람에게 바에서 8달러어치 술 한 잔을 사주는 것은 충분히 경비로 처리할 수 있다.

둘의 차이는 품목의 가격에도 있지 않고 발각될 위험의 여부에도 있지 않다. 그 둘의 차이는 지출한 돈을 합법적인 경비로 정당화할 수 있는 능력에 있다.

경비에 대한 부분을 좀 더 살펴보면 이와 유사한 사례를 더 찾아볼 수 있다. 한 연구를 통해 우리는 사람들이 비서에게 영수증을 줄 때, 자신은 부정행위에서 한 발짝 뒤로 물러선다는 것을 알았다. 그들은 문제가 되는 영수증을 살짝 다른 영수증들 틈에 끼워넣는다고 한다. 논리적으로 납득이 잘 안될지도 모르지만 교환매개가 비화폐일 때 부정행위를 합리화하는 인간의 능력은 비약적으로 커진다.

우리를 타락으로
이끄는 것들 ▬

나 역시 몇 년 전 부정행위와 관련된 경험을 한 적이 있다. 누군가 내 스카이프Skype(온라인전화소프트웨어 – 옮긴이) 계정을 해킹하여 수백 달러어치 전화를 사용해놓고는 페이팔Paypal(온라인지불시스템 - 옮긴이)로 지불을 한 것이다.

나는 이 짓을 한 사람이 냉혹한 범죄자라고 생각하지 않는다. 범죄자의 관점에서 볼 때, 스카이프를 해킹할 정도의 실력이라면 내 계정을 해킹하는 일은 그야말로 시간과 재능 낭비일 테니 말이다. 차라리 그럴 시간이면 아마존이나 델, 혹은 신용카드 계정을 해킹하는 것이 그에게는 훨씬 보람된 일일 것이다. 그럼에도 나는 내가 그 사실을 알고 계정을 차단할 때까지 내 계정을 해킹하여 '공짜' 전화를 한 이 친구가 영리하다는 생각을 했다. 그는 자신의 실력을 확인하고자 이런 짓을 했거나, 아니면 내 수업에서 나쁜 점수를 받아 나를 골탕 먹이려 했던 것이 아닐까 생각했다.

그러면 이건 어떨까? 잡히지 않는다는 보장이 있었다면, 그가 내 지갑에서 직접 돈까지 훔쳤을까? 그럴 가능성을 배제할 순 없지만, 내가 보기에는 그랬을 것 같지 않다. 그가 죄책감을 크게 느끼지 않고 이런 짓을 한 데는 스카이프와 내 계정의 특성이 한몫 했다고 본다.

돈이 아니라 통화를 훔친 그는 이 행위에서 실체가 뚜렷한 이익을 취한 것이 아니다. 그는 내게서가 아닌 스카이프에서 뭔가를 훔쳐낸 것이다. 이런 짓을 하고 난 뒤 그 피해가 내게 가는 것이 아니라 스카이프에게 가는 것이라고 생각했을지도 모른다. 마지막으로 통화료는 자동적으로 내 페이팔을 통해 결제되었다. 이 부분은 사건의 또 다른 측면으로, 결국 누가 통화료를 지불해야 하느냐 하는 애매하기 짝이 없는 문제를 낳았다.

그가 내게서 뭔가를 훔치긴 훔친 것일까? 물론 그렇다. 하지만 이 절도행위를 석연치 않게 만드는 여러 가지 문제가 있다. 나는 그가 스스로를 정직하지 않은 사람이라고 생각하지는 않을 것이라 생각한다. 현금을 집어간 것은 아니지 않는가? 누가 상해를 입은 것도 아니고. 이런 생각을 하다 보면 문제가 모호해진다.

이 사건이 스카이프와의 계약관계가 비화폐적인 특성을 띠고 있는 데서 기인하는 것이라면, 온라인서비스 전반과 신용 및 직불카드 사용에 있어서도 큰 위험이 도사리고 있다는 것을 의미한다. 돈이 물리적으로 거래되지 않는 모든 전자상거래에서는, 자신의 행위가 부도덕하다는 자각 없이 부정행위를 쉽게 저지를 여지가 있다.

한편 이 연구에서는 또 하나의 걱정스러운 측면을 볼 수 있었다. 실험에 참가했던 학생들은 영리하고 남을 배려할 줄 아는 훌륭한 친구들이었다. 그들은 포커 칩 같은 비화폐 통화가 개입돼 있다 할지라도 대부분 부정행위에 대한 명확한 선이 있어서, 그만두라고 하는 양심의 소리에 따랐다. 실험과정에서 봤던 부정행위는 경중으로 따질 때 중한 것이 아니다. 다시 말해 선하며 도덕적인 사람이 되고자 하는 사람이 저지를 수 있는 선에서의 부정행위인 것이다.

그럼에도 현금으로의 즉각적인 전환이 불가능한 비화폐통화로 실험을 할 때, 혹은 자신의 정직성에 대해 그리 신경 쓰지 않는 사람이 실험에 참가할 때, 아니면 사람들의 눈에 띄지 않는 행위가 개입된 실험을 할 때, 부정행위의 강도가 훨씬 높아지리라는 우려가 드는 것은 어쩔 수가 없다. 게다가 실험에서 관찰할 수 있는 부정행위의 강도는 현실세계에서 볼 수 있는 부정행위의 강도와는 비교가 안 될 정도로 작다.

'탐욕이 선'이라고 말하는 고든 게코Gordon Gekko(영화 〈월 스트리트Wall Street〉에 등장하는 주인공의 이름 – 옮긴이) 같은 인물이 운영하는 회사가 있다고 하자. 그는 부정행위를 획책하기 위해 비화폐적인 수단을 사용한다. 그 회사의 일자리를 놓치고 싶지도 않고 자신의 포부를 펼치고 싶기도 하지만 정직한 사람이 되고 싶어하며 또 그러한 사람으로 비쳐지기를 바라는 한 직원이 있다고 할 때, 허세부리기 좋아하는 게코 같은 사장은 이 직원의 마음을 어떻게 바꿔놓을까?

비화폐 통화가 우리를 타락시키는 것은 바로 이런 상황에서다. 그것은 우리로 하여금 양심을 무시하고 부정행위로 얻어질 온갖 이익에 집착하도록 만든다.

이런 세계관은 참 걱정스러운 것이 아닐 수 없다. 우리는 주변에 선하고 도덕적인 사람들만 있기를 바라지만, 현실은 그렇지 않다. 아무리 선한 사람이라도 양심의 한 부분이 맹목적으로 변하는 것은 어찌할 도리가 없다. 그렇게 양심의 한 부분이 닫히면 돈으로 치러지는 보상을 얻기 위해 자신의 도덕적 기준을 무시하는 행동을 하게 된다. 결국 선하든 선하지 않든, 도덕적이든 도덕적이지 않든, 위와 같은 동기부여에 기만당할 수 있다.

알게 모르게 빼앗기고 있는 돈

부정행위의 문제는 개인에게만 한정된 것이 아니다. 최근 기업활동을 살펴보면 정직성의 기준이 점점 약화되는 것을 볼 수 있다.

그렇다고 엔론과 월드컴Worldcom이 범한 것과 같은 엄청난 부정행위를 말하는 것이 아니다. 냉장고에서 콜라를 몰래 훔치는 것과 같은 자잘한 부정행위들을 말하는 것이다. 즉, 기업들도 우리가 접시에 올려놓은 현금을 훔치지는 않는다. 대신 직접적으로 현금이 개입되지 않은 것을 훔친다.

이에 대한 사례는 한둘이 아니다. 최근 휴가 때 사용하려고 항공마일리지를 차곡차곡 모았던 내 친구는 마일리지를 발급한 항공사를 찾아갔다가 낭패를 당했다. 그가 원하는 날짜는 무료탑승권 예약불가였다. 2만 5,000마일의 마일리지를 모았지만 그것을 사용할 수 없었던 것이다. 다른 날도 가능한지 확인했지만 허사였다. 대신 항공사 직원은 5만 마일의 마일리지를 사용하면 거의 모든 날에 자리가 남아돈다고 귀띔해주었다.

분명 마일리지 안내책자에는 이런 경우가 있을 수 있다고 자그맣게 인쇄되어 있을 것이다. 그러나 친구 입장에서는 2만 5,000마일의 마일리지가 꽤 큰돈이나 마찬가지였다.

그것을 가격으로 환산했을 때, 450달러라고 하자. 이 항공사는 그만한 액수의 현금을 고객으로부터 강탈할 수 있을까? 고객의 은행계

좌로부터 빼내갈 수 있을까? 그러지 못할 것이다. 하지만 직접적으로 현금이 개입되어 있지 않자 2만 5,000마일의 마일리지를 추가로 요구하면서 고객으로부터 그만한 현금을 강탈하고 있다.

다른 예로 은행이 신용카드수수료를 가지고 하는 일을 보자. 특히 2주기 청구two-cycle billing라는 것을 살펴보자. 이 청구방식의 기본 틀은 카드사용자가 전액결제를 하지 않았을 때 신용카드회사가 이후 새로운 결제분에 대해 높은 이자율을 부과할 뿐만 아니라, 지난 거래까지 거슬러 올라가 그만큼의 이자율을 부과한다는 것이다. 최근 상원 금융위원회가 이 문제를 조사하면서 은행들이 부정행위를 저지른 정황을 보여주는 많은 증언들이 터져나왔다. 그중 오하이오에 사는 한 남자는 카드 금액 3,200달러를 체납했는데, 수수료와 이자 등을 합해 1만 700달러를 갚아야 한다는 것을 알게 되었다고 했다.

이런 터무니없는 이자율과 수수료를 부과한 것은 어린아이가 아니라 광고를 통해 자신들은 고객의 '가족'이라는 것을 강조하는 미국 유수의 대형은행들이다. 가족의 지갑을 훔치는 사람이 있던가? 없다. 그럼에도 이 은행들은 그런 짓을 서슴없이 저질렀다. 이는 현금이 직접적으로 개입되지 않은 상황이었기 때문에 가능했던 것은 아닐까?

이런 렌즈를 통해 부정행위를 바라보게 된다면, 앞으로 신문을 펼칠 때마다 여기에 추가될 새로운 사례를 보지 않을 수가 없을 것이다.

현금이 사라지면 부정행위를
어떻게 막을까?

자, 이제 처음의 관찰내용으로 돌아가보자. 현금이란 과연 이상한 것인가? 돈이 직접적으로 개입되면 우리는 마치 윤리규정에 서명이라도 한 듯 우리의 행동을 돌아보게 된다. 1달러짜리 지폐를 대하면 마치 어떤 계약내용이 사람들 머릿속에 떠오르도록 조폐된 것만 같다.

그림자 처리를 하여 돈에 선명히 새겨진 미합중국이라는 글자는 입체로 보이고, 조지 워싱턴George Washington의 초상화도 보인다. 그가 거짓말을 해본 적이 없다는 것은 우리 모두가 익히 아는 바다. 뒷면을 보면 좀 더 심각해진다. '우리는 신을 믿는다'는 글이 새겨져 있다. 이상하게 생긴 피라미드 위에 우리를 뚫어져라 응시하는 눈도 보인다. 이 모든 상징과 더불어 돈이 명료한 교환수단이라는 사실까지 더해져 돈의 신성함이 부각된다. 이렇게 되니 10센트는 그냥 10센트가 아니며, 돈은 그냥 돈이 아니다.

비화폐의 경우를 보자. 거기서는 언제나 자기편의에 따른 합리화가 존재한다.

직장에서 펜 하나를 갖고 나올 때, 공동냉장고에서 남의 콜라를 마실 때, 스톡옵션을 소급하여 적용할 때, 다 핑곗거리가 있다. 자신은 부정행위를 한다고 생각하지 않으면서 부정행위를 한다. 양심이 깊은 잠에 빠져든 사이, 부정행위를 저지르는 것이다.

이 문제를 어떻게 해결하면 좋을까? 비품실의 물품에 일일이 가격표를 붙일 수도 있고, 주식과 스톡옵션을 언급할 때 화폐로 환산하여 표현할 수도 있다. 그러나 좀 더 근본적인 차원에서 우리는 비화폐 통화와 부정행위를 분명히 이해할 필요가 있다.

직접적으로 현금이 개입되지 않았을 때 우리는 생각했던 것보다 훨씬 더 부정행위를 할 가능성이 높다. 개인적 차원에서든 국가적 차원에서든 이 점을 분명히 자각해야 한다. 현금이 통용되는 시대가 막을 내리고 있기 때문이다.

현금은 은행이 수익을 내는 데 장애가 되고 있어 은행은 그것을 없앴으면 하는 현실이다. 반면 전자지불수단은 수익성이 높다. 1996년 90억 달러였던 미국의 신용카드 수익이 2004년에는 270억 달러로 높아졌다. 금융분석가에 따르면 2010년에는 새로운 전자상거래하에서 2004년 비자와 마스터카드가 벌어들인 수익의 거의 2배인 500억 달러를 벌어들일 것이라고 한다.

이제 문제는 현금이 개입되어야만 이성을 찾는 우리가 어떻게 부정행위에 대한 유혹을 떨쳐낼 수 있을지, 현금이 자취를 감추면 무엇을 해야 하는지 하는 것이다.

윌리 서튼Willie Sutton(20세기 중반에 악명을 떨쳤던 미국의 전설적인 은행강도 - 옮긴이)은 "돈이 거기 있기에 은행을 턴다"는 말을 한 적이 있다. 그런 논리라면 이제 그는 신용카드회사에 가입신청서를 적어 제출하거나 항공사 마일리지를 사용할 수 있는 날을 미리 표시해두어야 할 것이다. 거기 현금이 있지는 않지만, 거기 돈이 있는 것만은 확실하니 말이다.

맥주와 공짜점심

PREDICTABLY
IRRATIONAL

과연 공짜점심이라는 것이
있긴 할까?

13장

술집인 캐롤라이나carolina는 노스캐롤라이나대학 외곽의 프랭클린 가에 위치한 세련된 곳이다. 벽돌건물과 수령이 오래된 나무가 늘어선 그 거리에는 지방도시치고 레스토랑, 바, 커피숍 등이 많다.

캐롤라이나의 문을 열고 들어가면, 높다란 천정에 들보가 드러난 오래된 건물 실내가 눈에 들어온다. 커다란 맥주 컨테이너가 몇 개 놓여 있어 분위기를 살린다. 다른 일행들도 같이 앉을 수 있게 테이블도 여기저기 놓여 있다. 이곳은 학생들뿐만 아니라 나이든 사람들도 와서 맛있는 맥주와 음식을 즐기는 인기 술집이다.

MIT에 임용된 직후 나는 컬럼비아대학 교수인 조너선 레바브Jonathan Levav와 함께 이런 분위기 있는 술집에서 가지게 될 만한 질문거리들을 생각해보았다.

첫째, 사람들이 순서대로 주문을 하면 테이블에 둘러앉은 다른 일행들이 메뉴를 선택하는 데 영향을 미칠까? 즉, 사람들은 다른 일행이 주문하는 것에 영향을 받을까? 둘째, 그렇다면 다른 사람의 주문을 따라가는 형태가 될까, 아니면 그 반대가 될까? 즉, 다른 일행이 주문한 것과 다른 맥주를 주문하게 될까, 다른 사람과 같은 맥주를 주문하게 될까? 마지막으로 다른 사람의 선택에 영향을 받아 주문한 맥주를, 사람들이 마음에 들어 하는지 알고 싶었다.

내 맥주는
남들과 달라야 해!

지금까지 나는 여러분에게 다양한 실험들을 소개했다. 그 실험의 결과들이 뭔가 생각할 거리를 주었으면 하는 마음이다. 나아가 우리 인간이 근본적으로 이성적이라는 일반적인 가정과 맞지 않다는 점을 깨닫기 바란다.

셰익스피어가 "인간이란 피조물은 얼마나 대단한가!"라고 했던 말의 반증이 될 예를 나는 몇 번이고 제시할 수 있다. 인간은 고상하지 않다. 능력이 무한하지도 않으며, 이해의 깊이도 얕기 그지없다. 솔직히 셰익스피어도 이 점을 잘 알고 있었을 것이다. 그러니 햄릿의 그 독백은 반어가 아닐 수 없다.

마지막 장에서 나는 우리 인간의 예측 가능한 비이성적인 특징을 시사하는 또 다른 예가 될 만한 실험을 하나 소개하고자 한다. 그런 다음 인간행동을 바라보는 일반경제학의 관점을 설명하고, 그것을 행동경제학의 관점과 비교한 뒤, 몇 가지 결론을 이끌어내고자 한다. 실험부터 살펴보자.

우리는 캐롤라이나의 지배인에게 우리가 지불할 수 있는 한도 안에서 고객들에게 공짜맥주를 나눠줘도 되는지 물어보았다. 지배인은 흔쾌히 동의했다. 맥주는 우리에게 팔고 고객은 공짜로 마시는 셈이니, 이 참에 고객들을 단골로도 만들 수 있을 터였다.

지배인은 우리에게 앞치마를 건네주면서 한 가지 조건을 달았다. 손님이 자리에 앉고 1분 이내에 달려가 주문을 받으라는 것이다. 우리가 제시간에 주문을 받지 않으면 진짜 웨이터가 가서 주문을 받을 것이라고 했다.

일리 있는 요구였다. 지배인으로서는 우리가 웨이터 일을 얼마나 잘할지 알 수 없었으므로 마냥 손님을 기다리게 할 수는 없었을 것이다. 우리는 일을 시작했다.

한 일행이 자리를 잡자 그들에게 다가갔다. 더블데이트를 하는 학부생들 같았다. 두 남학생은 그들이 갖고 있는 옷 중에 가장 좋은 옷을 입은 듯했고, 두 여학생은 어찌나 화장을 진하게 했는지 그에 비하면 엘리자베스 테일러의 얼굴은 민얼굴이라 여겨질 정도였다.

그들에게 인사를 건네고 무료맥주를 제공한다고 하면서 다음의 네 가지 맥주에 대해 설명하기 시작했다.

- 코프라인 앰버 에일Coppeline Amber Ale | 미디엄 바디의 빨간색을 띠는 에일로서 홉과 맥아, 전통적인 에일의 과일향이 조화를 이룬 맥주다.

- 프랭클린 스트리트 라거Franklin Street Lager | 보헤미아 지방의 필스너 방식 황금빛 라거로 부드러운 맥아의 느낌과 바삭바삭한 홉의 뒷맛이 느껴지는 맥주다.
- 인디아 페일 에일India Pale Ale | 영국에서 희망봉을 거쳐 인도에 이르는 긴 바닷길에서도 맛이 변하지 않도록 양조된, 풍부한 홉의 감칠맛 나는 에일이다. 향긋한 뒤끝을 위해 캐스케이드 홉으로 풍미를 냈다.
- 서머 위트 에일Summer Wheat Ale | 바바리아 방식의 에일로 여름에 시원하게 마실 수 있도록 50퍼센트의 소맥으로 양조한 것이다. 독일 효모 균주에서 발산되는, 독특한 바나나향과 정향이 어우러져 있다.

당신은 어떤 것을 고르겠는가?

맥주에 대한 설명을 마친 뒤 나는 금발머리의 남자에게 무엇을 골랐냐고 물었다. 그는 인디아 페일 에일로 하겠다고 했다. 두 여자 가운데 머리에 더 공을 들인 여자는 프랭클린 스트리트 라거를 골랐다. 다른 여자에게 몸을 돌리자 그녀는 코프라인 앰버 에일을 선택했다. 그녀의 짝인 남자는 서머 위트 에일을 골랐다.

주문을 받아들고 나는 키 크고 잘생긴 바텐더이자 컴퓨터학과 4학년 학생인 밥Bob이 미소 짓고 있는 바로 돌아왔다. 우리가 바삐 움직이는 모습을 예의 주시하면서 그는 다른 주문보다 우리 주문을 먼저 처리했다. 나는 2온스들이 맥주 4잔을 쟁반에 받쳐 들고 더블데이트

하는 일행 앞에 맥주잔을 놓았다.

맥주잔과 함께 그들에게 술집 상호가 인쇄된 간단한 설문지를 나눠줬다. 설문지에는 맥주의 맛이 얼마나 좋았는지, 그리고 자신의 선택에 후회하지 않는지를 묻는 질문이 들어 있었다. 설문지를 수거한 뒤에도 나는 멀리서 그 2쌍의 남녀가 다른 사람의 맥주 맛을 보는지 계속해서 관찰했지만, 아무도 그렇게 하지는 않았다.

조나단과 나는 이 과정을 49개의 테이블에서 반복했다. 50번째 테이블부터는 방식을 바꿨다. 이번에는 맥주에 대한 설명글을 읽은 뒤 실험참가자들에게 4개의 맥주 이름이 적힌 조그만 메뉴를 건네주고 자신이 원하는 맥주를 입 밖에 내지 말고 글로 적어내라고 했다. 이렇게 함으로써 주문을 공공연한 것에서 사적인 것으로 만들 수 있었다. 즉, 다른 사람의 주문내용을 알 수 없으므로 그로부터 영향을 받을 수 없었다.

결과는 어땠을까? 사람들이 돌아가며 큰 소리로 주문을 할 때와 아무도 모르게 주문할 때, 주문결과는 전혀 달랐다. 순서대로 주문할 때는 구색을 맞추기 위해 주문이 더 다양했다. 사람들이 다른 맥주를 '선점'하면 어쩔 수 없이 그들이 고른 것과 다른 맥주를 골라야 한다는 느낌을 받는 모양이었다. 그 맥주를 처음부터 염두에 두고 있었고 자신은 무작정 다른 사람을 따라하지는 않는다는 것을 보여줘야 하는 것처럼. 결국 그는 자신의 개성을 보여주기라도 하듯 처음 염두에 뒀던 것과는 다른 맥주를 골랐다.

그렇게 주문한 맥주는 맛이 있었을까? 단지 자신이 독자적이라는 것을 보여주기 위해 아무도 고르지 않은 맥주를 고른다면 그 맥주 맛이 있을 리 만무하다. 아니나 다를까, 실제로도 그랬다. 일반적으로 레스토랑 같은 데서 주문을 할 때처럼 공개적으로 주문을 한 사람은 다른 사람이 무엇을 주문했는지 모른 채 비공개로 주문한 사람만큼 만족하지 못했다.

한 가지 중요한 예외가 있었다. 공개적으로 주문을 할 때, 일행 가운데 제일 먼저 맥주를 주문한 사람은 다른 사람의 선택에 구애받을 일이 없으니, 사실상 비공개로 주문을 하는 사람과 같은 조건이었다. 따라서 돌아가며 주문을 했던 일행 가운데 제일 먼저 주문한 사람은 비공개로 주문한 사람만큼 맥주 맛에 만족했다.

나중에 듀크대학 MBA 과정 학생들을 대상으로 와인을 가지고 실험을 했는데, 이 실험을 통해 우리는 참가자들의 개인적인 특징에 대해서도 어느 정도 파악할 수 있었다. 이 실험에서는 아주 흥미로운 점이 발견되었다. 일행이 고른 것과 다른 술을 주문하고자 하는 경향과 '독자적으로 보이고 싶은 욕구'라고 할 수 있는 개인적인 특징 사이에는 일정 정도 상관관계가 있었다. 독자성에 좀 더 집착하는 사람들은 자신이 남과 다르다는 것을 보여주기 위해, 다른 사람이 주문하지 않은 술을 주문하는 경우가 많았던 것이다.

실험결과를 통해 우리는 사람들이 때로 자신의 특정한 이미지를 다른 사람에게 심어주기 위해, 무언가를 소비함으로써 얻을 수 있는 즐거움을 기꺼이 희생한다는 사실을 알 수 있었다.

음식을 주문할 때 사람들은 두 가지 목적을 갖고 있는 듯하다. 즉,

자신이 가장 만족할 만한 것, 그리고 일행의 눈에 뭔가 특별하게 보일 만한 것을 주문하는 것이다. 문제는 주문하고 나면 자신이 원하지도 않는 음식을 처리해야 한다는 점이다. 번번이 후회하면서도 독자적이고자 하는 욕망이 강한 사람은 평판 때문에 자신이 필요로 하는 것을 희생한다.

독자적이고자 하는 욕구가 부정적으로 여겨지는 다른 문화권에서는 공개적으로 주문을 하더라도 그것이 소속감을 강조하고 튀지 않으려는 모습으로 나타난다. 홍콩에서 진행했던 한 연구에서 우리는 그런 예를 보았다. 참가자들은 비공개적으로 주문을 할 때보다 공개적으로 주문을 할 때 자신이 좋아하지 않는 음식을 고르는 경우가 많긴 했지만, 그것은 일행 가운데 먼저 주문을 한 사람과 같은 음식을 주문했기 때문이었다. 선택의 형태는 다르지만 유감스러운 결과인 건 마찬가지다.

인간 본성을 바라보는
관점을 수정하라
이상의 실험을 통해 우리는, '공짜점심free lunch(19세기 말과 20세기 초반 사이 미국의 술집에서 유행했던 상술을 가리키는 말. 공짜점심의 형태는 여러 가지였지만 적어도 마실 것을 한 잔 이상은 구입해야 한다는 단서가 꼭 붙는다. 공짜점심은 물론 술 한 잔 값보다 훨씬 비싼데, 주인은 손님 대부분이 술을 한 잔 이상 마실 것이며 곧 단골이 될 거라는 기대를 품는다.

"세상에 공짜는 없다There ain't no such thing as a free lunch"는 말은 바로 여기에서 비롯되었다 – 옮긴이)'이라고 하는, 간단한 생활의 지혜를 하나 발견할 수 있다. 우선 식당에 가면 종업원이 오기 전에 미리 무엇을 주문할지 결정하고 그것을 고수하는 것이 바람직하다. 다른 사람이 주문하는 내용에 휩쓸리면 제대로 된 선택을 할 수 없다.

다른 사람의 주문에 휩쓸릴 것 같으면 종업원이 오기 전에 자신이 고른 것을 미리 말하는 것도 좋은 방법이다. 자신의 주문에 쐐기를 박는 것이다. 물론 가장 좋은 방법은 주문을 제일 먼저 하는 것이다.

우리는 외식의 기쁨을 누리기 위해 많은 돈을 지불한다. 이때 다른 사람의 주문에 영향을 받지 않을 수 있다면, 그것은 외식의 기쁨을 최대한 이끌어낼 수 있는 가장 간단하면서도 값싼 방법이다.

이 실험에서 이끌어내고 싶은 더 큰 교훈이 있다. 사실 이것은 앞서 말했던 그 모든 실험들로부터 끌어내고 싶은 교훈이기도 하다.

표준경제학에서는 인간이 이성적인 존재라고 전제한다. 즉, 인간이란 스스로 내릴 결정에 대해 필요한 정보를 모두 알고 있을 뿐만 아니라, 자신 앞에 놓인 여러 선택사항의 가치를 충분히 따져볼 수도 있고, 각 선택이 미칠 결과를 가늠하는 데 인식론적으로 아무런 방해도 받지 않는다는 것을 전제한다. 결론적으로 인간은 논리적이며 분별력 있는 결정을 내릴 수 있다는 것이다.

이렇게 표준경제학에서는 우리가 간혹 잘못된 결정을 내린다 하더라도, 스스로 혹은 시장의 도움을 받아 그 잘못으로부터 바른 것을 찾아나간다고 본다. 경제학자들은 구매경향에서부터 공공정책에 이르기까지 이런 전제로부터 이끌어낸 결론을 폭넓게 적용한다.

그러나 인간은 표준경제학 이론에서 전제하는 것과는 달리, 의사결정에서 그리 이성적이지 못하다. 다만 우리의 비이성적인 행동은 우발적이라든가 막연하지 않다. 그것은 체계적이며 예측가능하다. 우리 뇌는 기본적으로 그렇게 작동이 되도록 만들어져 있기 때문에, 똑같은 형태의 실수를 거듭 반복하게 마련이다.

그렇다면 표준경제학의 이론을 수정할 때가 온 것이 아닐까? 나아가 판단력과 자기성찰에 대한 실험이나 경험적인 탐구를 잘못된 길로 이끄는, 단순하기 그지없는 심리학 역시 수정되어야 하지 않을까?

이론이 아닌 실제를 살펴보면 경제학이 좀 더 이치에 맞지 않을까? 서문에서 이야기했듯이 행동경제학의 기본을 이루는 것은 인간이 언제나 이성적으로 행동하지는 않기 때문에 의사결정에서 거듭 잘못을 저지른다는, 단순하면서도 직관적인 아이디어다. 이 책에 등장하는 연구내용도 결국은 새롭게 떠오르는 이 학문영역에 속한다.

인간의 이성적 능력에 한계를 두지 않기에 표준경제학의 관점과 셰익스피어식 관점은 여러모로 인간본성에 대해 지극히 낙관적이다. 그러나 인간의 결점을 잘 알고 있는 행동경제학에서 인간본성을 바라보는 관점은 그에 비해 한참이나 암울하다. 행동경제학은 우리 인간이 이상적인 존재와는 여러 면에서 거리가 멀다는 것을 보여주기 때문이다.

사실 사적인 생활에서든 일터에서든 사회생활에서든 우리 모두가 비이성적인 결정을 끊임없이 내린다는 사실을 안다면 더 침울해질 수도 있다. 물론 전혀 가망이 없는 것은 아니다. 실수를 한다는 것은 좀 더 나은 결정을 내릴 수도 있다는 것을 의미한다. 그러니까 공짜점심 도 가능하다는 것이다.

모든 이에게 이익이 돌아가는 것이 공짜점심의 핵심 ━

표준경제학과 행동경제학의 주된 차이 가운데 하나로 앞서 말한 '공짜점심'이라는 개념을 들 수 있다. 표준경제학은 인간이 모든 재화와 서비스의 가치, 그리고 거기서 얻을 만족감의 크기를 잘 알고 이성적으로 결정을 내린다고 전제한다. 이런 전제하에서는 시장에 참여한 모든 사람들이 이익을 극대화하고 자신의 경험을 최대한 활용하기 위해 노력한다.

표준경제학에서는 공짜점심이란 없다고 주장한다. 그런 것이 있다면 누군가 이미 그것을 찾아내 단물을 다 빼먹었을 것이기 때문이다.

행동경제학자들은 인간이 눈앞에 벌어지는 상황에 얼토당토않는 영향을 잘 받는 존재라고 본다. 뿐만 아니라 개연성 없는 감정과 근시안적 생각 등 여러 형태의 비이성적 행동을 곧잘 저지른다고 본다. 이 책을 아무 데나 펼치고 읽어봐도 그에 대한 여러 사례들을 만나볼 수 있을 것이다.

위와 같은 사실에서 어떤 좋은 소식을 기대할 수 있을까? 물론이다. 이런 오류에서 개선의 여지도 생긴다. 어떤 판단을 내릴 때 예외

없이 일정한 패턴의 오류들을 범한다고 한다면, 더 나은 판단을 내릴 수 있도록 새로운 전략과 도구, 방법을 계발할 수도 있지 않을까? 바로 이 점이 행동경제학의 관점에서 바라본 공짜점심의 진정한 의미이다. 더 나은 판단을 내림으로써, 원하는 것을 성취할 수 있도록 해줄 도구와 방법과 정책을 마련할 수 있다는 것이다.

예를 들어 미국인들이 충분한 노후자금을 모아두지 않는 이유를 묻는 것은 표준경제학의 관점에서는 무의미한 짓이다. 우리가 삶의 모든 국면에서 여러 상황을 잘 고려하여 올바른 결정을 내릴 수 있는 존재라고 한다면, 당연히 원하는 액수만큼 저축을 할 것이기 때문이다.

미래에 대해 별 걱정을 하지 않는다거나, 은퇴해서 청빈한 삶을 누리고 싶다거나, 자식들이 알아서 보살펴줄 것이라고 여긴다거나, 혹은 복권에 당첨되기를 바란다면, 저축을 그렇게 하려고 들지 않을 것이다. 어쨌든 표준경제학의 관점에서 볼 때는 사람들이 딱 필요한 만큼 저축을 하는 것이 당연하다.

하지만 인간을 이성적 존재로 보지 않는 행동경제학의 관점에서는 인간이 충분한 액수의 돈을 저축하지 않는다고 본다. 행동경제학에서는 사람들이 노후대비저축을 충분히 하지 않는 것에 대해 여러 가지 이유를 든다. 우선 사람들의 미루는 경향을 든다. 사람들은 저축을 하면 무엇이 좋은지, 그리고 저축을 하지 않았을 때 실제 치러야 할 비용이 어느 정도인지 잘 모른다. 하우스푸어house poor(집은 있어도 현금이 부족하여 노후를 궁핍하게 보낼 수밖에 없는 상태 – 옮긴이)라도 집이 있으면 자신들이 진짜 여유가 있다고 생각하기도 한다. 쉽게 생겨난 소비습관도 이내 버리지 못한다. 이유는 한도 끝도 없다.

행동경제학의 관점에서 볼 때 공짜점심은 사람들이 진정 자신이 원하는 것을 얻을 수 있도록 도와줄 새로운 방법과 구조에서 찾을 수 있다. 예를 들어 내가 6장에서 언급했던, 새롭고 혁신적인 자기절제 신용카드 같은 것이 있다면, 사람들은 소비를 자제할 수 있을 것이다. 또 다른 예로는 '점점 더 많이 저축하기save more tomorrow'라고 불리는 방식을 들 수 있다. 이는 몇 년 전 딕 테일러Dick Thaler와 슐로모 베나치Shlomo Benartzi가 고안하고 실험했던 방식으로, 신입사원이 입사하면 그에게 월급의 몇 퍼센트를 퇴직연금에 부을 것인지, 나아가 앞으로 월급이 인상되면 그 가운데 몇 퍼센트를 퇴직연금에 부을지를 묻는 것이다.

먼 미래를 위해 오늘의 소비를 줄여 저축을 하기란 어려운 일이지만, 심리적으로 볼 때 미래의 소비를 줄이는 것은 그리 어려운 일이 아니며, 아직 받지도 않은 미래의 월급인상분 가운데 일정부분을 저축하는 것은 더더욱 어려운 일이 아니다.

퇴직연금계획에 대한 테일러와 베나치의 실험에서 신입사원들은 앞으로 월급이 오르는 만큼 퇴직연금에 더 많은 비율의 돈을 붓겠다고 했다. 결과는 어떻게 나왔을까? 몇 년 동안 관찰한 결과, 월급이 오르자 저축율도 약 3.5퍼센트에서 13.5퍼센트로 늘어났다. 직원과 그들의 가족에게도 이익이었으며, 그로 인해 직원들의 만족도는 높아지고 미래에 대한 불안감은 줄어들어 회사로서도 이익이었다.

이것이 바로 관련된 모든 이에게 이익이 돌아가도록 한다는, 공짜점심의 핵심이다. 물론 이와 같은 공짜점심을 실현하기 위해서는 치러야 할 대가가 있다. 자기절제형 신용카드라든가 '점점 더 많이 저축하기' 등의 방식이 뿌리를 내리는 데는 비용이 든다. 그러나 이런 방식을 통해 비용보다 더 많은 이익이 생긴다면, 모든 이에게 골고루 혜택이 돌아갈 공짜점심의 방식을 생각해보아야 할 것이다.

무궁무진한 인간행동의 수수께끼

　　　　　이 책을 통해 소개한 연구로부터 중요한 첫 번째 교훈을 끄집어낸다면, 그것은 바로 사람들 대부분이 자신의 존재를 제대로 인식하지 못하고 있다는 점이다. 우리는 스스로를 운전석에 앉은 존재라 생각하고, 자신의 생명이 달린 결정을 내리고 방향을 정하는 전권이 자신에게 있다고 착각한다. 애석하게도 이는 현실과는 동떨어진, 스스로를 그런 존재로 보고 싶어하는 욕망의 발로일 뿐이다.

　이 책의 각 장에서 우리는 우리의 행동에 영향을 미치는 각 힘들, 즉 감정, 상대성, 사회규범 등에 대해 살펴보았다. 이런 힘들이 우리의 행동에 강력한 영향력을 발휘하는데도 불구하고, 우리는 본능적으로 그 힘을 과소평가하는 경향이 있다. 지식과 경험이 부족하다거나 의지가 약해서 그 힘에 휩쓸리는 것은 아니다. 그 힘은 희생양을 고를 때 애송이와 백전노장을 가리지 않는다. 그 결과 빚어지는 잘못은 우리의 삶과 일을 뒤흔들어놓는다. 그러다 곧 우리의 일부가 된다.

또 다른 예로 환각을 들 수 있다. 우리는 머리에 떠오른 '의사결정의 환각'에 속아 넘어간다. 무엇을 바라보거나 의사결정을 내릴 때, 그 정황은 오감과 그 모든 것을 통괄하는 우리 정신에 그럴듯하게 윤색되어 나타난다.

그렇다면 어떤 정보를 받아들이고 이해할 때, 그것이 현실을 제대로 반영한 것이 아닐 수도 있지 않을까? 오히려 그것은 현실에 대한 우리 식의 해석일 뿐이지 않을까? 우리는 본질적으로 태어나면서 부여받은 감각의 틀 안에서 현실을 파악한다. 우리가 의사결정을 내리는 방식은 이런 감각의 틀이 얼마나 정확한지에 따라 좌우된다.

두 번째 중요한 교훈은 비합리성이 제아무리 널리 퍼져 있다 할지라도 속수무책은 아니라는 점이다. 언제 어디서 잘못된 결정을 내리는지를 안다면, 결정을 내리는 데 좀 더 주의를 기울이고 그 결정을 다른 각도로 생각해볼 수 있을 것이다. 혹은 이와 같은 인간 고유의 결점을 극복하기 위해 기술의 도움을 받을 수도 있다. 그렇게 할 수 있다면 사업하는 사람들과 정치하는 사람들이 자신의 생각을 재고하고, 공짜점심의 효과를 발휘할 만한 제품과 정책을 고안할 수 있을 것이다.

끝으로 이 책을 읽어 주신 독자 여러분께 감사의 마음을 전한다. 나는 여러분이 인간행동에 관한 흥미로운 사실을 알게 되고, 인간을 움직이는 힘에 대한 통찰을 얻고, 더 나은 의사결정을 할 수 있는 길을 찾기를 바란다. 더불어 이성적인 것과 비이성적인 것에 대한 나의 깊은 관심을 여러분과 공유했기를 바란다.

인간행동에 관한 연구는 멋진 일이 아닐 수 없다. 그것을 통해 스스로의 모습과 우리가 매일 직면하는 인간행동의 수수께끼를 더 잘 이해할 수 있기 때문이다. 이런 주제는 중요하고 흥미로운 것이긴 하지만, 이에 대한 연구가 만만한 것은 아니다. 우리 앞에는 연구할 거리가 산더미처럼 놓여 있다.

노벨 수상자인 머리 겔만Murray Gell-Mann은 이런 말을 한 적이 있다.

"입자가 모두 사고를 할 줄 안다면, 물리학이 얼마나 어려워질지 생각해보라."

이 만만치 않은 여정을 같이 하고 싶다면, 'www.predictably irrational.com'으로 들어와 언제든 우리 연구에 대한 여러분의 생각과 의견을 남겨주기 바란다.

상식 밖의 경제학

개정 1판 1쇄 발행 2018년 10월 18일
개정 1판 10쇄 발행 2023년 8월 23일

지은이 댄 애리얼리
옮긴이 장석훈
펴낸이 고병욱

기획편집실장 윤현주 **기획편집** 장지연 유나경 조은서
마케팅 이일권 함석영 김재욱 복다은 임지현 **디자인** 공희 진미나 백은주
제작 김기창 **관리** 주동은 **총무** 노재경 송민진

펴낸곳 청림출판(주)
등록 제1989 - 000026호

본사 06048 서울시 강남구 도산대로 38길 11 청림출판(주) (논현동 63)
제2사옥 10881 경기도 파주시 회동길 173 청림아트스페이스 (문발동 518 - 6)
전화 02 - 546 - 4341 **팩스** 02 - 546 - 8053
홈페이지 www.chungrim.com
이메일 cr1@chungrim.com
블로그 blog.naver.com/chungrimpub
페이스북 www.facebook.com/chungrimpub

ISBN 978 - 89 - 352 - 1232 - 3 (03320)